復刻版

元つ神の「光ひとつ上《あ》ぐる」仕組み

白山大地

ヒカルランド

「日月は経綸の計画書じゃ。火水は経綸のワケじゃ」

「日月は浴びよ。火水は歩め」

火水伝文《ひみつつたえふみ》は日月神示、竹内文書、ヨハネの黙示録と共に

一厘の秘密を明かす！

カバーデザイン　櫻井浩（⑥Design）
校正　麦秋アートセンター
本文仮名書体　文麗仮名（キャップス）

はじめに――古神道で「岩戸開き」とは「アセンション」のこと

今、世界が大きく変わろうとしている。それをどこかで感じ取り、落ち着かない日々を送られている人も多いのではないか。実際に二〇一一年三月十一日の東日本大震災以後、人々の意識が変わり始めた。私たち人にとって一番大事なのは何かということを考え始めたのだ。お金や経済だと考える人は、今後も原発が必要だと思っているはずだ。しかし、それ以上に大切なものがあると知った人たちが脱原発に向かっている。

さらに、目に見えない世界があることに納得できた人たちは、新しい世界に向かいつつある。これまでの科学を超えた次元に飛び立とうとしている。本書は、そういう人たちに向けて、私自身が気づいた「真実」をお伝えしたいと、筆を執った次第だ。

今は、「頭」と「腹」の戦いの時代だという。理屈や論理、科学を信奉する「頭」と、目に見えない世界からの信号をキャッチする「腹」の主導権争いだ。誰もがこの戦いを自身のなかで行っていて、「頭」が勝った人たちは、目に見えない世界を否定する。

実は、世の中には、常識では説明できない多くの不思議な現象が存在する。たとえばＵＦＯ。未確認飛行物体だ。心霊写真といわれる不気味な写真もそうだし、幽霊を見たという人もたくさんいる。夢の知らせ、虫の知らせは多くの人が体験しているだろう。スプーン曲げ、透視というものもある。あるいは予言に踊らされたこともあっただろう。

これらのことは、ひと口に「オカルト」といわれ、良識ある人たちは無視するのが普通だ。つまり、頭が勝った人たちの世界では、受け入れてもらえない。

では、こうしたことがすべて錯覚かうそなのだろうか。実は、神霊界という目に見えない世界と人の霊魂の存在を認めると、すべてが不思議ではなくなる。不思議な現象は、神霊界や魂の存在を証明する状況証拠ともいえそうだ。

目に見えない神霊世界を否定することは、国にとっては大きなメリットがあるのかもしれない。宇宙の真理、人類の本当の歴史等から国民の目を背けさせることになり、国民を飼いならすことができるからだ。

いま、日本ではオンラインシステムによる住民基本台帳が整備され、国民総背番号制が敷かれつつある。いずれ、年金や税金の台帳もそこに統一され、国民はコンピューターにより一括管理されることになるだろう。国は着々とその準備を進めている。いやもう、すでにある程度管理されているのだろう。

コンピューターにＩＤナンバー（日本ではマイナンバーという）を打ち込めば、その人がどこに住み、誰と暮らし、仕事は何をやっていて、税金はいくら納め、預貯金はどのくらいあるか、年金はもらっているのか、犯罪歴はあるか、どういう病気をしたかなど、たちどころにわかるようになるだろう。指紋やDNAも登録されるかもしれない。

そういう社会になることに疑問をもたずにいられるのは、目に見えない存在に気づかず、魂のふるさとを忘れ、真の歴史を見失っているからだろうと私は思う。人としての尊厳が失われているこ とに気づいていないのは、目にすることのできない高次元の世界を忘れているからだ。人は魂のレベルでは同列なのに、いまの社会は権力者を頂点としたピラミッド型になっている。

いま現在、世界は一部の権力者によって支配されているのに、それすら気づいていないのだ。こういう意見は、陰謀説という言葉で葬られる。弱肉強食、強いものが勝つという社会原理によって管理されているのだ。

だから、人々は勝ち組をめざして頑張っているが、ほとんどの人はその努力が報われない。いま何も手にしていない人は、権力や権力者とその一族にすり寄る者しか成功できないのが現状だ。

この地球は、自然を見てもわかるように本来共存共栄の世界だ。人々が争わず、互いに助け合えば、いつでも誰もが豊かに暮らしていける。飢餓で死んでいく人は一人もいなくなるはずだ。

死後の世界を認め、魂の存在に気づけば、この世の成功など、ほんの一時の夢のようなものであることがわかるだろう。魂の永遠の時間に比べれば、百年足らずの人生など、一瞬のまばたきのような出来事に相違ない。そのわずかな時間だけの快楽を求めて、残りの時を悲惨なものにするような愚かなことを多くの人たちは行っている。

神霊界の存在を認めれば、人生も人生観も変わらざるを得ない。

私たち人は、肉体が主ではなく、魂や霊体が主体の存在だ。目に見える現実界と合わせ鏡のように霊界が存在し、さらに大きな（高次元の）神界がそれらを包んでいる。そこには、パラレルワールドと呼ばれる複数の別の「現実界」も存在するらしい。

そういう視点で、もう一度世の中を考え直してみてはどうだろうか。不思議と思われていた現象や出来事の謎は一瞬に氷解する。真の歴史も取り戻すことができる。

これを考えることこそ、宗教ではなく、科学だ。目に見えない世界は、現在の科学レベルではなかなか把握しにくく、証明することはできないが、間違いなく存在する。そして、そこからの視点でなければ正しい方向性は見出せない。

宗教とは、特定の神を想定し、その神に帰依することだ。その神に頼んで、現世的なご利益を求めることも多くの信者が行っている。

しかし、高次元の存在を認識し、そこからものを考えることは、宗教ではない。真理の探究だ。目に見えない世界は確実に存在する。科学がそれを理解できるレベルまで進歩すれば宗教は必要なくなるであろう。

だが、現在の低レベルの科学をそのまま「信仰」していると誤った道を進むことになる。目に見えない世界を無視しているから、いまの状況が生まれているといってもいいだろう。

人は死ねばすべてが終わるのではない。死んでからのほうがずっとずっと長い世界が待ち受けている。それを考えるだけでも、人生に対する見方が変わってくる。人は死ねば終わりと思っているから、でたらめをやっても平気でいられるのだ。

高次元の存在を神と呼ぶならそれでもかまわない。サムシンググレートという人もいる。大いなるすべてと表現されることもある。私は、古神道研究家だから、ここでは「神」という言葉を使わせていただく。この神の視点から、歴史、社会、経済を考え直し、これからの生き方を考えていくことがこれからは必要なのではないか。

ただし、あまり時間は残されていない。実は、次元の転換がもう間近に迫っているのだ。それはアセンションと呼ばれている。今の私たちの生活する空間世界の次元を3次元だとすると、5次元の世界に移行するという。そうなると、死者の魂が行くとされる4次元世界の幽界は消滅してしまう。

同時に私たちも、5次元世界にふさわしい肉体と魂に変換される。このアセンションは、古神道では、「岩戸開き」といわれてきた。

その移行期がいまだ。世界が閉塞感に満たされ、経済がにっちもさっちもいかなくなっているのも、政治や個人の問題だけでなく、そのせいともいえる。噴火や大地震、大津波に見舞われ、日本の多くの人々が辛酸をなめているのも同様だ。

この世界を支配している弱肉強食の世界はまもなく崩壊することになっている。現実界が主体の世界から神霊界が表に出る世の中に転換しつつある。そのことに少しでも気がついて、新しい世界をめざして歩むことがいまもっとも求められている。とくに日本人にはその責任がある。日本はそのためにある国だからだ。それを望む人は、誰でも新世界に生まれ変わることができる。

この拙著は、株式会社「ヒカルランド」から出版していただけることになった。代表取締役社長の石井健資氏に心より御礼申し上げたい。「ヒカルランド」とは、アセンション後の、新しい大地を連想させる。人々も道端の小石も光を発するといわれているからだ。もちろん、石井社長は、それを意図して命名されたのではなかろう。

しかし、偶然はない。この幸運に感謝申し上げる。

白山　大地

【復刻版】元つ神の「光ひとつ上《あ》ぐる」仕組み　目次

第二章　火水伝文が説くアセンション／神々の政権交代で「元つ神」復権！

第三章　善と悪が一つになるアセンションの型示し／イシヤの仕組み、金のいらぬ世へ！

第四章　光ひとつ上ぐる仕組み／天意転換《てんいのてんかん》と意乗《いの》り真仮名《まかな》ヰ行《いぎょう》で「神人合一」へ向かえ！

第六章

蛇と龍の戦い／元つ大神の御霊統（龍）が蛇の道を薙《な》ぎ払う！

あとがき

付録

恐怖の大王は国常立大神《くにとこたちのおおかみ》／ノストラダムスの予言は成就していた

序章

精神世界への目覚め／目に見えない意識体の存在と出会う！

あるときのことだ。明け方頃、私は、突然、殺される！　という恐怖で目が覚めた。頭に直接拳銃を突きつけられ、いまにも引き金が引かれそうな場面を思い浮かべてもらいたい。それと同様の恐怖がやってきたのだ。私は思わず、がばっと体を起こした。

不思議なことに、自分を殺そうとしている「存在」がどこにいるのか、はっきりわかる。見えるわけではない。声が聞こえるのでもない。それでも確かにいまにも自分を殺そうとしている存在があり、それがどこにいるのかはっきりわかるのだ。それは「わかる」としかいいようがない。目、耳、鼻、口、肌のいわゆる五感で感じているのではないからだ。

その存在は、家から道を隔てたやや遠くにある大きな家の屋根のところにいた。大きさも見当がついた。いまはそこにじっとしているようだ。私は恐ろしくて立ち上がった。いてもたってもいられず、別室でまだ寝ている家族を全員起こして、助けてと叫んで、みんなに守ってもらいたい衝動にかられた。

しかし、家族になんといったらいいのだろう。どう説明すればよいのか。あそこにへんなのがいる。殺される、助けてくれといえばいいのか。そして、助けを求めれば救われるのか。大学生にもなってそんなことはいえなかった。もし、いったら間違いなく精神科の病院へ連れていかれると思った。しかし、それでも怖いものは怖い。

私はそのままはだしで家を飛び出した。夏だったので、それほど寒さは感じず、外はすでに明るかった。当時は牛乳を個別に配達するのが一般的で、自転車で運ぶ人の姿が見えた。新聞配達の人もいた。そのまま走って遠くへ逃げたかったが、ここで少し理性がはたらいた。このパジャマ姿のままはだしで走っていたら、変に見られないだろうかと。

私は塀の陰に隠れてひとまず様子を見ることにした。「恐怖の存在」の居場所はわかっている。もし、襲ってくるなら、そのときは全力で逃げようと身構えていた。

それから何分たったかはわからない。おそらく十分か十五分ぐらいのことだろう。突然、その存在が消えた。あっ、いなくなったと瞬時にわかった。恐怖感もまったくなくなった。私は家に戻り、雑巾で足を拭いて、何事もなかったようにまた眠りについた。再び現れるとは思えなかったからだ。

しかし、そんなことが、数回あった。いまから思えば、そういう存在は瞬時に移動できるはずだから、逃げようとしたのは滑稽《こっけい》だろう。しかし、そのときはそうせざるを得ないほど怖かったのだ。

そして、学生生活最後の年だった。ある日私は、犬を連れて海岸を散歩していた。そこは、夏の間は海水浴客でにぎわう場所だったが、そのときは秋も深まり、夕暮れも間近だったせいか、見渡す限り人はいなかった。数百メートルある砂浜の海岸を端から端まで歩いて、さて戻ろうと思ったときだ。

反対側の桟橋《さんばし》の近くにある大きな石碑のところに、今度も突然、なにやら不気味な存在が現れたことが「わかった」。その「存在」も恐ろしいものだったが、これまでの存在とは違うこともわかる。すぐに襲ってくるような気配も感じられなかった。

もちろん、そう感じられるだけで根拠はない。このときも、見えたわけでもないし、声が聞こえたわけでもない。ただ「意識体」というべき存在が感じられるのだ。しかも、気味の悪いことに、それは恐怖の意識体だった。

その存在までは数百メートルはある。そちらの方に向かうと恐ろしい「気のようなもの」が感じられるが、背中を向ければ何も感じない。自分がその存在と対峙《たいじ》しなければ恐怖は感じられなかった。その点がこれまでとは大きく違っていた。そして、もう一つ違っていたことがあった。それは私が犬を連れていたことだ。

犬はどうしているのか見ると、私がその存在と向かい合っているとき、犬も「ウー」という低い唸り声を上げている。そして私がリードを引っ張りその存在の方へ連れて行こうとしても、両足で踏ん張り、後ずさりして前へ進もうとしない。それならと方向転換をして後ろを向くと、犬もまったく普通に戻る。何事もなかったように振る舞う。もちろん、犬がそんな行動を取ることは初めてだし、広い海岸で、見渡す限り誰もいないのだから、犬を恐怖させる存在は、自分が感じているもののほかにはないことは明らかだった。

私は試しに三度それを繰り返した。怖い存在の方に向いたり、背を向けたりした。犬もその度に同じ行動を繰り返す。

もう間違いがない。犬もその存在がわかり、そして、それに恐怖を感じているのだ。私はそう確信した。と同時に、私がそれまで何度か体験した「死の恐怖」も間違いのない事実だと確信した。実はそれまで、何度も体験しながら、心の片隅で、この体験は、私の気がふれたのか、何かの気の迷いか、錯覚なのではないか、という思いも捨てきれなかったのだ。

しかし、今度は違う。犬がいる。犬が生き証人だ。犬は絶対にうそをつかない。この体験を人に話しても信じてもらえないかもしれない。けれども、その体験が真実であることを、自分自身は確信できたのだ。目に見えない存在は一〇〇%実在する！　と。

これが、私が目に見えない世界に目覚めるきっかけだった。光が自分を包み込んだとか、まばゆいほど輝く神や仏を見たとか、光が突然自分のなかに飛び込んできたというような、美しい体験ではなかった。自分が情けなくなるようなしょぼい体験だ。けれどもその体験は私にとってあまりにも強烈だった。

大学は理系に進んだが、自分が学んだ科学そのものが根底から崩れ去った気もした。目に見えない世界が存在するなら、科学は土台から崩れてしまうと、そのときは思ったのだ。

人に恐怖を与える存在が実在するなら、神もまた存在するのではないか。そう思えるようになった。そして、人の運命も。それなら予言も……。私の興味の対象は、科学から一八〇度、転換してしまったのだ。

その後も、これとは別の、不思議な体験を数多くした。自動車事故を起こしそうになった瞬間、目に見えない存在に命を助けていただいたこともある。

朝起きると、頭に四つもの大きなたんこぶができていたことがあった。そのときは、猛烈な頭の痛みで目が覚めた。もちろん、寝ている間に頭をぶつけたのではない。それは間違いない。それならば、ぶつけた瞬間に飛び起きたはずだ。それほどのたんこぶだった。

こんな状態では仕事もできないので、朝一番で東大の大学病院へ行って診察を受けた。大病院なら原因がわかるかもしれないと思ったのだ。CTスキャンで検査もしてもらったが、内部に異常はないという。こぶは確認できたが、ぶつけたのでなければ原因は不明という。結局、薬ももらえず帰された。その後、頭の痛みは徐々におさまり、こぶは数カ月で消えたが、原因はいまもわからない。後日、ある霊能者からは、龍神のたたりだといわれたが。

私に霊能力はまったくないので、霊や神を見たり、声を聞いたりすることはできない。しかし、これらの体験から、霊も神も存在することを確信できた。

さらにもう一つ、目に見えない霊魂の存在に気づいた人の例を挙げておこう。それは、「週刊現代」の二〇一三年三月十六日号の記事だ。東大病院の救急部長が実名で、「死後の世界」を語っていたので紹介したい。

その医師も、臨床医として日常的に多くの「死」に立ち会ううちに、霊魂の存在を確信するようになったという。東京大学医学部附属病院救急部・集中治療部部長で、東京大学大学院医学系研究科・医学部救急医学分野教授の矢作直樹医師（五十七歳）だ。

東大病院では年間三千人もの患者が集中治療室で治療を受けるそうだ。なかには、軽い病気だと思われた患者の体調が急に悪化して、息を引き取ったり、反対に、心肺停止状態で脳機能に障害が出ているはずなのに、脳のダメージがまったく残らない状態で回復したりと、奇跡としか思えない例を数多く見てきたそうだ。いずれのケースも医学的には説明がつかないという。人間の生死には、理解を超えた「何か」がはたらいていると考えざるを得ないと、はっきり述べられていた。

また、死の数日前になると、多くの末期患者の顔が、なぜかほころぶことがあるそうだ。最期の時を迎える瞬間にも、まるで別世界にいるような感じで、顔がほころぶこともある。よく観察すると、その表情は、「えっ」と何かにかるく驚いているようにも見受けられるそうだ。まるで、「お迎え」に反応しているようだという。

こうした体験や人からの話を聞くと、「人間には霊魂がある」と確信せざるを得ないそうだ。

東大の教授が実名で週刊誌に発表したものだ。体験にうそはないはずだ。私ももちろん霊魂は存在すると信じている。

それなら、予言も存在する……？

ノストラダムスは人類の滅亡を予言したのではない／驚くほど強い恐ろしい王とは？

本書を手にされた読者なら、ノストラダムスの予言はご存じかと思う。今からおよそ四五〇年前、

「諸世紀」と訳されたフランスのミカエル・ノストラダムスが遺した予言詩のことだ。一番有名なものに次のものがある。

【第10章　72】
一九九九年の七か月
天から驚くほど強い恐ろしい王がやってきて
アンゴルモアの大王をよみがえらせ
その前後火星はほどよく統治するだろう

大乗和子訳『ノストラダムス大予言原典（諸世紀）』（たま出版）より

この予言詩が最初に紹介されたとき、日本中が大騒ぎになった。この詩が地球の滅亡を予言していると解釈されたからだ。

その頃の私は、まだ学生。将来の学者を夢見て勉強していた。宗教のしの字も知らず、もちろん、神の存在など信じていなかった。例の体験もその後のことだ。知り合いの女性が女性誌に掲載された記事を読んで、私に伝えてきた。「エー」と思いながらもいつしか予言に興味が引かれ、その後、単行本となった五島勉氏の『ノストラダムスの大予言』（祥伝社）を読んでみた。当時、グラシェラ・スサーナというアルゼンチンの歌手が人気で、ノストラダムスのことを考えると、その美しい歌声がいまでも思い出される。

知らないということは恐ろしい。氏の巧みな文章に私はのめり込んだ。早い話、すっかり信じてしまったのだ。何しろ、目に見えない存在がいることを確信したばかりだ。予言があっても不思議ではないと思われた。

そして……。

心配された一九九九年は無事に過ぎ去った。コンピューターの二〇〇〇年問題も大きな影響はなく、二十一世紀が静かに始まった。ほとんどの人は、ノストラダムスのあの予言は外れたと思ったに違いない。ノストラダムスのことをいう研究家もほとんどいなくなった。

しかし、私は、そうは思わない。ノストラダムスの第10章72の予言詩は的中した。そんなことといったって、何も起こらなかったじゃないかといわれるかもしれない。外れたと思う人は詩の解釈が間違っていたのだ。

一九九九年の七か月
天から驚くほど強い恐ろしい王がやってきて
アンゴルモアの大王をよみがえらせ
その前後火星はほどよく統治するだろう

この詩は、人類の滅亡を予言したものではなかった。むしろその反対だったのだ。問題は、天からやってくるという「驚くほど強い恐ろしい王」の解釈だ。当時は、これが原爆やミサイルだとか、隕石あるいは彗星だとか、環境を破壊する化学物質だとかいわれていた。

私は、『大予言の真実』（扶桑社／絶版）という著書のなかで、それを「UFO」だと解釈した。UFOが、アンゴルモアの大王すなわちモンゴリアンの大王をよみがえらせると解いた。さらにモンゴリアンの大王を日本の王、すなわち「神なるもの」と考え、「人類のまことなるもの、神なるものがUFOのはたらきで呼び覚まされる」と解釈した。

また、「その前後火星はほどよく統治するだろう」は、火星のエネルギーがその前後の期間に地球に強い影響を与え、内にある神なるものの復活の手助けをすると考えたのだった。

しかし、どうやら私の解釈も外れたようだ。UFOは飛んでこなかった。いや、来ていたのかもしれないが、私にはわからなかった。少なくても公にならなかった以上、私の解釈は外れたのだ。

そこで、私は、ここで訂正したい。過ぎ去ったあとからつじつまを合わせるように解釈してもあまり意味はないかもしれないが、ノストラダムス氏の名誉は回復できるかもしれない。予言は正しかったのだ。

ではどういうことだったのだろう。「驚くほど強い恐ろしい王」とはなんだったのか。いまでは、それは、「神」だと思っている。ご神名を示せば国常立大神《くにとこたちのおおかみ》だ。

人々に祟り神だと恐れられ、丑寅《うしとら》の方位（北東）に封じ込められていた神だ。その鬼門の神が国常立大神。私は、霊界の入り口にいるといわれている閻魔大王《えんまだいおう》とはこの国常立大神だと思っている。

この神は、経綸神団と呼ばれるいくつかの団体により、何度か復活の型出しの儀式が行われ、一九九一年十月十日に完全復活がなされている。そして、一九九九年のあたりに、モンゴリアンの大王を復活させているのだ。一九九九年の七か月という日付は、「アンゴルモアの大王をよみがえらせ」にかかるとすれば、そういうことになる。

そして、その大王の正体とは、カムスサナルノオオカミと考えている。

「その前後火星はほどよく統治するだろう」にある火星とは、他の研究者のように素直に火星が象徴する「軍神」と解釈したい。つまりは、アメリカあるいは「闇の勢力」「陰の支配者」のことで、アメリカや闇の権力者たちが世界を支配しているいまの状態のことをいうのだろう。もしかすると、彼らの魂は火星にいたことがあるのかもしれない。

そう、予言は的中したのだ。ということは、人の運命は定められており、もちろん変えられる部分もあると思うが、人類は、定められたレールの上に乗せられて生かされていると考えるのが自然だ。ではいったい、そのレールとはどういうレールだろう。

古神道では、それを経綸《けいりん》と呼んでいる。宇宙創造の神が宇宙進化のために考えた大きなストーリーだ。それによれば、この宇宙と地球、そして人類は、次元転換するらしい。一般には、それはアセンションと呼ばれている。

アセンション《岩戸開き》の鍵を握るのは火水伝文《ひみつつたえふみ》／日月神示とヨハネ黙示録の3点セットで「あやま知」を超えていけ！

第一章

ついに始まった宇宙の大経綸／アセンションへの道

二〇一二年十二月二十一もしくは二十二日あるいは二十三日にマヤのカレンダーが終わるといわれていた。

マヤ人は、自分たちの世界が始まった日から二万五六二五年までの暦を作った。この期間を十三パクトゥン（一パクトゥンは十四万四千日）で割り、それを五つに分けた。最後のカレンダーは、紀元前三一一三年に始まり、二〇一二年十二月二十二日に終わるそうだ。

ただ、マヤの神官によれば、十六世紀にスペインに侵攻された際、貴重な資料の多くが燃やされてしまったので、今の西暦と照らしての正確な日付はわからないという。そこで、二十一日や二十三日などの説も出ていた。

いずれにしろ、そのあたりで、今の文明は一区切りを迎えるそうだ。では、そこで何が起こると考えられていたのか。

二〇〇八年三月に、グァテマラ・アンティグア在住のキチェー・マヤ族の十三代目最高神官が来日した。アレハンドロ・シリロ・オクスラという名前の人で、マヤの伝統をいまに伝えるメッセンジャーの役割を果たしている。

スピリチュアル系の月刊誌「アネモネ」の二〇〇八年五月号によれば、氏は、四百四十人の男女の長老たちからなるグァテマラ国立マヤ会議のリーダーでもある。つまり、マヤの伝統的なことに対して語ることのできる最高責任者がアレハンドロ氏だ。

マヤの最高神宮アレハンドロ氏

氏は、アネモネ誌の取材に対してこう答えている。

「たくさんの研究者が二〇一二年について書いている。本当の伝統を保っている私たちマヤは、イヤーゼロ（二〇一二年十二月二十二日とするマヤ暦の最後の日）の年を太陽の周期の終わりと考えている。太陽の周期は五千二百年。ただし、この年が二〇一二年十二月二十二日かは確定していない。なぜなら、五〇〇年前に侵略があったときにすべての本が燃やされたからだ。グレゴリオ暦が始まったときにも混乱があり、ずれも生じた。マヤのカレンダーと比較しようにもできない状態になってしまったのだ。

確かなことは、いま、太陽の五千二百年周期の終わりにいること。終わりの日時は特定できないが、終わりが近づいていることは保証できる。

そして、そのとき、地球が何時間か暗闇に包まれる。二十四時間か四十八時間か、それはわからない。その後、新しい太陽のサイクルが始まるのだ。このことは過去に何度か起きており、初めてではない。新しい周期が始まれば、憎しみ、民族の対立、すべてが終わる。鳥のように自由に国境を越えられるだろう。だから、その日を怖がる必要はない。マヤでは創造主に『その日が来ることをありがとうございます』といっている」

太陽の一つのサイクルが終わるとき、なぜ地球は真っ暗になってしまうのか、その理由についてはこう述べている。

「毎回、周期の終わりを迎えるたびに地球は闇の時間に入る。それは、地球が宇宙のマグネティック・フィールド（電磁気フィールド）の中心に向かって進むからだ。私たちは、これを『磁石のような』といっている。銀河の中心に電磁気を放出するアクセスポイントがあり、この力があるからこそ星々が回っていられる。このアクセスポイントは多次元宇宙への扉でもあるのだ。地球を含む太陽系は、いま、この中心に向かって進んでおり、もうじきこのエネルギーに引き寄せられるのだ。マグネティック・フィールドのなかへ入れば、太陽を見ることはできなくなる。マグネティック・フィールドのなかは、エネルギーが大きく、私たちの肉体や心も調節が必要になってくるだろう。闇の時間のあと、再び太陽の光を浴びることになるが、新しい太陽が東から上がってくるのか、西から昇るのか、それはわからない」

太陽が東から上がるのか西から昇るのかわからないというのは、地球の地軸の傾きが変わり、方位も、もしかすると回転方向も逆向きになるかもしれないということだろう。

これまで、いわゆるポールシフト（自転軸や磁極の移動）と呼ばれる現象は過去何度も起こっている。磁北は現在も一年間に約六十四キロメートルの速さで東に移動しているし、北極星（現在はこぐま座のアルファ星・ポラリス）も地球の歳差運動のため、あと二千年もすれば変わるという。

もちろん、こうした変化は、通常は極めてゆっくりと起こる。しかし、今度は、この物理運動が急激に起こるのだ。そうなれば、地球環境は激変し、人類が大混乱に陥るのは間違いない。

そして、アレハンドロ氏によれば、その後は、新しい太陽のもと、新しい地球の活動が始まるという。どうやらその一連の変動がアセンションと呼ばれているものらしい。

しかし、これがいわゆるアセンションだろうか。アセンションとは「次元上昇」ともいわれている。このとき、次元が上昇するのだろうか。

そもそも次元とは何だろうか。数学や物理学では、空間の認識として捉えられている。一次元が点と線の世界。二次元が面の世界だ。三次元は立体で、いまの私たちの住んでいる空間がそれだ。四次元は、時間。五次元以後の世界は、数式で表すことができ、数学の世界ではいろいろと論じられているが、物理学では、その存在はまだ仮説にすぎない。

リサ・ランドール博士の五次元世界／姿を消した素粒子が行く場所

物質の究極を突き詰めると、「ひも理論」に行きつく。その理論によれば、十次元まで存在するのだという。かつて、物質は、原子（元素）から成ると明らかにされた。さらに、その原子は、陽子と中性子から成る原子核の周りを電子が飛び回っている構造であることがわかった。陽子や電子らは、物質を作る究極のものであるから、素粒子と名づけられ、素粒子が究極の物質であるとされたが、実は、最近の研究では、素粒子も、数種類のクォークから成るという。

そして、そのクォークも、ひものような形状のものが振動してクォークのように振る舞うのだという。ひもには、両端が閉じたものと開いたものの二種類あり、さらに振動の違いよって数種類のクォークを形作るのだ。

いま、欧州合同素粒子原子核研究機構（ＣＥＲＮ）というところが、スイス・ジュネーブの郊外に巨大な粒子加速器（ＬＨＣ）を完成させ、試運転を経て本格実験を始めた。

ここでは、三・五兆電子ボルトの高エネルギーで陽子を加速し、衝突させる。すると陽子は破壊され、陽子を形作るものの正体が一瞬垣間《かいま》見えることになる。今後フル運転に入る予定で、結果が大いに期待されている。ひも理論が仮説ではなくなるかもしれない。

こうして素粒子を衝突させると、この三次元空間から姿を消すものがある。そこで物理学者は、姿を消した素粒子は、五次元空間に移行したと考えた。ではその五次元空間はどこにあるのか。当初、それはごく微小なもので、小さすぎて認識できないのではないかと考えたが、それでは説明できない現象もあった。

それでも五次元以上の空間は存在すると考え、五次元以上の存在を余剰次元と呼んだのだ。

ところが、新たな説を発表した学者がいた。

リサ・ランドール博士は5次元を科学的に実在するものとしてとらえた！

アメリカ・ハーバード大学物理学教室のリサ・ランドール博士だ。彼女は、五次元は確かに存在すると考え、ある仮説を立てた。宇宙飛行士の若田光一氏との対談でこう説明した（『NHK未来への提言　リサ・ランドール　異次元は存在する』日本放送出版協会より）。

「パンの塊をスライス状に切ってみると、スライスになったもののうち一枚が、私たちの存在する三次元世界とみなすことができます。そして、ほかの一枚一枚がまた別の三次元世界であり、そのパンを取り巻く空間が高次元世界です。さらに私たちのパンの隣のパン、つまり、別の三次元世界には何か別の生き物が棲んでいるかもしれない」

実際のパンには厚みがあるが、三次元世界が張り付いているパンには厚みはない。だから、リサ・ランドール博士はそのパンを「膜」と呼んでいる。シャワーカーテンに付いた水滴のように、膜に張り付いて存在しているのが、私たちの住む三次元世界なのだ。パンでいえば、パンに生えたカビのような存在が私たちだ。たとえが悪いが……。

つまり、三次元世界のなかに高次元世界があるのではなく、高次元世界のなかに三次元世界が存在するということだ。

この膜の考え方はとても興味深い。たとえば、パンの一枚が現在だとすると、両隣りのパンは過去と未来になる。そうなると、現在と、過去と未来は同時に存在していることになる。人の「今」という意識だけが移動していくのだ。

そうであれば、タイムトラベルも可能になる。

また、膜の裏側にあるのが、霊界という見方もできる。現界と霊界を一枚の薄い膜が隔てているのだ。霊界もまた、カーテンの裏側にある水滴のように存在していたのだ。

さらに、別の列のパンの塊には、別の生き物ではなくて、違う未来を選択した自分がいるとも考えられる。それが、よくいわれるパラレルワールドだ。

物理学では、四次元を時間と捉えているが、精神世界では、霊界もしくは幽界と考える人が多い。私は、幽界ではないかと思う。

五次元以上がいわゆる神界になるが、それが何次元まで続いているのはわからない。

話をアセンションに戻すと、地球を取り巻く三次元世界が、五次元世界へと移行するのが、アセンションだと私は考えている。

5次元世界は神界だ。それなら、とてもすばらしい世界に移行することになる。何も心配ないと思われるが、それがそうでもなさそうなのだ。

いわゆる古神道では、建て替え建て直しがあるという。

古神道の「経綸」が伝える宇宙の仕組み／今回は七度目のラストチャンス！

このことには説明が必要だろう。実は、いまの文明は、これが最初ではない。もう六度も文明が起こり、滅びていると、古神道では伝えられている。その証拠は、世界各地に残されており、前著（『火水伝文と⊙九十《まこと》の理《みち》』四海書房）では、詳しく紹介させていただいた。しかし、もう絶版になってしまったので、浅川嘉富氏の『謎多き惑星地球《このほし》』（徳間書店）等を参考にしていただければ、納得していただけるのではないか。

ムー、アトランティスの時代といわれた前文明が滅びたとき、神々の世界でも政権交代が行われた。日本書紀では、天地開闢のとき最初に出現された神を「国常立尊《くにとこたちのみこと》」と記してあるが、その国常立尊が引退され、一霊四魂《いちれいしこん》の魂は、艮《うしとら》（北東）のどこかへ隠遁《いんとん》されたという。そして、新たな

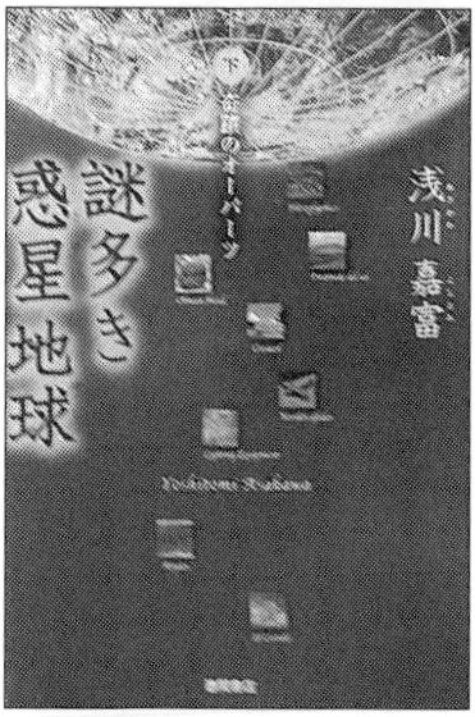

先史文明の存在をフィールドワークと自ら撮った貴重な写真で伝える本『謎多き惑星地球（上）神々の爪跡』同じく『（下）奇蹟のオーパーツ』と著者の浅川嘉富氏

文明が成長し、さらに行き詰まったとき、再び現れて、新しい世を導かれるというのだ。

このことを明確に伝えたのが、明治時代に巨大宗教・大本を興した出口王仁三郎だ。その彼が口述筆記で著した『霊界物語』の第一巻に事の経緯が詳細に記されている。

その復活の予言を、十六世紀にノストラダムスが行っていたわけだ。

本来なら、ムー・アトランティスの時代にアセンションが行われてもよかったそうだが、この時代も晩年、文明が荒廃し、それは叶《かな》わなかった。それで、新たないまの時代が生まれ、七度目の正直となったのだ。今度は最終で、もうやり直しはきかないそうだ。

この神の計画というべき経綸について、詳しく述べられているのが、「火水伝文」という神からの伝えだ。同じく経綸を伝える神示である「日月神示」はよく知られているが、「火水伝文」のほうは、なじみがないと思われるので、事の次第を細かにお伝えすることとしたい。

火水伝文《ひみつつたえふみ》との出会い／地球最後の転生のとき！

一九九一年（平成三年）のことだ。その頃私は、東京・杉並区の一角に住んでいた。十一月のある日、郵便ポストにこんなチラシが入っていた。それは薄茶色のA4用紙一枚に表だけ印刷されたもので、きちんと三つ折りされたものだった。

「90年代の中葉を境に、日本人は何故かくも悲惨な末路をたどらねばならないのか?」

と最初にみだしがあり、次に大きくこう記されていた。

「すでに遅し! 時、至れたればなり……
最期の時199XDayが始まりの時ぞ!」

当時、前述のノストラダムスの予言が評判になっており、一瞬そのことが頭に浮かんだ。さらにその下には、もっと恐ろしいことが述べられていた。

「死に行くワケ、語りて聞かすぞ。
生き残されしワケ、語りて聞かすぞ。
神、一人でも戻り来たりて欲しいのぞ……」

そして、右端には、

「火水伝文

ヒミツタエフミと読みます。この度このフミ、世に出される予定です。何故予定かと申しますと『このフミ読みたいと心から願われる方々をまず三千人見つけなければならない』からです。見つからねば、このフミ今更世に出しても救い難しということのようです。

この『火水伝文』自体は一冊で内容は3部構成になるものです。内2部は既に世にだされ、残り1部も今年の十二月の初旬までには出せる予定ですが、問題はその三千人の期日が年内（一九九一年）一杯までということです。残りいくばくもないのです。（以下略）」

そして、この文の左側には、火水伝文を抜き書きしたと思われる文が並んでいた。

「時いよいよ現れ来たりたぞ。これより先、新しき世に至るまでの暫しの年月、辛抱肝心ぞ。人民様、程度の差こそあれ、業火の死、遂げる者。生き残り塗炭《とたん》の苦しみ、受くる者。二つに一つになりたぞよ。人ごとでないぞ。汝も同じぞ。悪人、善人らちもない。死に行かれる者も、残し置かれる者も聞くのざぞ。

この度は地球最後の転生の時、天意転換の時ぞ。それ由の厳しさぞ。全人類、己が囚われ積みしケガレ、一点の曇り無きまで払い清めせなならんから、数多の民、死ぬる者も残りし者も相等しく、阿鼻叫喚の地獄の如き洗礼をその身に受けねばならんのぞ。ケガレ無き者一人として無し。女、子供辛きこと哀れであるが、一人とてこれ避けること出来んから、早よう魂磨きてくれよと申してきたであろうが。（以下略）」

チラシの下段には、『火水伝文』普及賛助申し込みシート（申し込み用紙）と申し込み・問い合わせ先が記されていた。賛助費は、一冊につき三千円、シートと一緒に封書で送るのだ。

チラシには、三千人が集まらなかった場合でも、公開はされないが、賛助した者には完全原稿の形で届けるとある。

申し込み先は、

「〒〇〇〇　東京都杉並区〇〇郵便局留置

『火水伝文』普及事務局」

となっていた。電話番号は記されていない。具体的な名前もない。インチキの可能性もあったが、とりあえず申し込んでみることにした。ヒミツツタエフミとは、なんとも意味ありげな名前ではないか。どんな秘密を伝えてくれるというのか。それに、「火水伝文」と思われる文章の表現が、「大本神諭」「日月神示」など大本系の神示に似ている。「〜ぞ」「〜のざぞ」などの独特の言葉遣いは、これらの神示に共通しているのだ。

さて、それから数カ月たった。申し込み締め切りの年内はとうに過ぎている。じれた頃葉書が届いた。結局、三千人は集まらなかったが、約束どおり原稿を送るという。ただし原稿はまだ編集中だという。そして、しばらくしてから、今度は三十数ページ分の原稿が届けられた。これは、火水伝文の一部で、完成までまだ時間がかかるので、とりあえずこれを読んでほしいとあった。

早速、読んでみた。ところが意味がよくわからない。字づらを追っているだけで頭に入ってこないのだ。そして、三回読んだときようやく内容が理解できた。これは大変なことだと思った。

葉書は二回送られてきた（一九九二年の一月と四月）が、最初のものに名前と電話番号が記されていた。名は「我空徳生」とある。読み方はわからない。男性か女性か、読みようによってどちらとも考えられる。火水伝文に関してもっと知りたかったので、思いきって電話をしてみた。

女性が丁寧に応答してくれた。一瞬、この方が「我空」さんかと思ったが、そうではなかった。「我空《がくう》は今、留守なのでもう一度こちらから連絡する」という。そして、その日の夜、電話をいただいた。我空さんご本人からだった。

何はともあれ、お会いできることになった。吉祥寺駅前のルノアールという喫茶店に午後の一時に待ち合わせをした。

約束の時間に現れたのは、ネクタイとスーツでびしっと決めた男性だった。年齢は自分と同じくらい。名前は、「がくうとくお」と読むそうだ。「我」を空《むな》しくしろということで、神様がそう名乗れとおっしゃったと説明してくれた。

まず、火水伝文が降ろされた経緯をうかがった。これは我空さんからお聞きした話をまとめたものだ。

「一九九一年七月十二日のことだ。突然、目の前に文字が現れた。目の前の空間に浮かんでいる感じ。『火』という字だった。不思議だとは思ったが、無視することにした。動物霊か何かに使われるのはご免だからだ。しばらくして文字は消えた。やれやれと思ったが、そのうちまた現れた。今度も無視。何度か繰り返すうちに文字が消えなくなってしまった。

そうなると仕事に支障をきたす。仕事はグラフィックデザイナー。仕事が手に付かず、喫茶店で数時間を過ごしたり、一日公園でぼんやりもしていた。結局仕事はキャンセルせざるを得なくなり、家賃の支払いもままならなくなる。それでも無視していたら、棚の上から一枚の紙が落ちてきて目に入ってしまった。幸い危ういところで目を傷つけずに済んだ。

しかし、それは神（？）の最後の警告だった。ついに両手を上げて（降参して）文字を書き写すことにした。たとえポチ（犬の名前の意／動物霊のこと）のしわざだとしても文字を写すだけなら問題ないと思った。

現れては消える文字を必死で書き取った。全部を写し終えて読んでみると、意味がさっぱりわからない。まるで文章になっていないのだ。今度は、それをパソコンに入力しろという。そして、それも入力し終えた。

すると今度は、文章を整理しろという。あっちの文字をこちらへ。そちらの一文をここへ挿入。

パソコンだからそれは自在にできる。そうすると、ついに意味のある文章が浮かび上がってきた。それでも問題があった。文章の内容を納得しないと先に進むことができないのだ。理解するだけではだめ。なるほどそういうことか、よくわかったと合点しなければだめなのだ。それで時間がかかってしまった。こんな内容、納得できるかという気持ちだった。だから、もっと早くみんなに送るつもりがまだ仕上がっていない」

もう少し待ってくれと、我空さんは謝った。それからいろいろなことを話してくださった。今から思えば、火水伝文の内容がほとんどだったが、とても面白く、私には納得がいった。

ふと、窓の外を見ると、すでに暗くなっていた。もう夕方か、帰らなければと、時計を見ると、午後九時だった。結局、八時間そこにいたことになるが、ほんの一、二時間ぐらいの時間しか感じられなかった。こんなことは初めてだ。

文字の編集作業と並行して、チラシを作れといわれたという。内容は、初めに紹介したとおりのものだ。グラフィックデザイナーだから、それはお手の物。一万枚印刷して、自ら配り歩いた。私の自宅は、我空さんの住まいの最寄り駅から三つ目だったので、そのうちの一枚が郵便受けに入れられたのだった。私のアパートに入れたことはよく覚えていると後からいわれた。

やがて、火水伝文が送られてきた。全部で二百七十八ページ。しっかりと製本され、本の形態となっている。意外に申し込み者が多く、お金が集まって製本できたのだという。申し込んでから半年がたっていた。もちろん、三千人は集まらなかったので、書店で売られることはない。

火水伝文のあとがきにこんなことが記されていた（一部抜粋）。


「（前半略す）今回本となりました分は【火水伝文】として拝受致しました全体の約半分ですが、ご神霊のお導き通り過不足なくお伝え出来ているものと存じます。尚、このフミは、国祖・国常立大神様のご守護、ご指導、お導きのもと、この度この世に下されたと知らされました事、この場を借りましてご報告申し上げたいと存じます。また【日月は経綸の計画書じゃ。火水は経綸のワケじゃ】と知らされ、このフミと併せ【日月神示】を必ず読まれる様、皆様に伝えよと申し渡されて居ります。どうか、お読みになられまして、大神様のご神意をお取り頂ければと存じます」


これを読むと、火水伝文は、日月神示とセットのような関係があると思われる。ここでもう一度、最初のチラシの内容をよく読んでいただきたい。

「この『火水伝文』自体は一冊で内容は3部構成になるものです。内2部は既に世にだされ」とある。いったいいつ火水伝文が世に出されたのであろうか。まったく気がつかなかった。そこで、我空さんに直接お聞きしたところ、世に出された2部とは、日月神示と聖書のヨハネの黙示録のことだそうだ。

やはり、火水伝文と日月神示はセットだったのだ。それだけではない。ヨハネの黙示録も同様だ。

さらに、我空さんはこんなこともおっしゃった。これも神様からの伝言だ。

「日月は浴びよ。火水は歩め」

日月神示は意味をあれこれ考えずに、浴びるように繰り返し読めということだそうだ。火水伝文のほうは、読んだだけではだめで、行動せよということらしい。内容を理解したならそれを実行せよということだ。

岡本天明の日月神示／「日月は経綸の計画書、火水は経綸のワケ」

ここで、日月神示をあまりご存じない方のために、少し説明をさせていただくことにする。

まだ、太平洋戦争のさなかの一九四四年（昭和一九年）に、当時、東京の鳩森八幡神社の留守居役神主だった岡本天明《おかもとてんめい》に降りた神示が日月神示《ひつきしんじ》だ。天明が、千葉県の天之日津久神社に誘《いざな》われると、そこで突如霊動が起こり、右腕に激痛が走って自動書記が始まったのだ。

そのほとんどが数字で、あとは少数の漢字と記号だった。その後、毎日のように神示が降りたが、天明には意味がわからず、そのまま放置されていた。その後、神聖龍神会の矢野祐太郎夫人である矢野シンの呼びかけで霊能者が集まり、そこで解読された。ただし、日月神示は八通りにも読める

岡本天明氏（上）と日月神示原文（下）

とされ、今、世に出ている神示はそのうちの一つの読み方であるともいわれている。

日月神示は、天之日津久之神による神示とされる。ただし、天之日津久之神が直接降ろしたのは、全巻（二十三巻）中、十一巻（松の巻）と十二巻（夜明けの巻）だけで、あとは、「ひつ久のか三」などの取次ぎによる。これらの神がどのような系統の神様なのか、それはよくわからない。天之日津久之神は国常立大神だとする研究者もいる。しかし、いずれにしろ経綸の流れのなかにあることは間違いない。

火水伝文は、「国常立大神様のご守護、ご指導、お導きのもと」とあるので、国常立大神が直接かどうかは別にして、そのご意志で降ろされたと考えていいだろう。日月神示の岡本天明は、出口王仁三郎の「大本」と関係が深く（大本の所有する新聞社に記者や編集者として入社している）、それゆえ、大本の経綸の続きのものと考えている研究者は多い。

ところが、火水伝文は、あとがきではっきりと「日月は経綸の計画書じゃ。火水は経綸のワケじゃ」と書かれているのにもかかわらず、経綸の書と認めない人も多い。というより、認める人はごくわずかだった。今は、世の中が不安に満ちてきて、火水伝文に注目する人が出てきたが、私が当時、『火水伝文と⊙九十《まこと》の理《みち》』で紹介しても賛同者はほとんどいなかったのが実情だ。

その理由の一つに、我空さんの言動が挙げられると今にして思う。我空さんは、当初から、「友だちや知り合いに神示の話をしても、お前に降りた神示（神）だけは信用できないとみんなからよく言われた」と話してくださった。

というのも、失礼を承知で述べると、我空さんは、当初はいわゆる「遊び人」といわれるタイプの人で、まじめ、品行方正、清廉潔白という言葉とは正反対に見える人物だったからだ。

自分でもどうして神様が降りたのか、不思議だったようだ。「自分のような者に神が降りたということは、誰にでも神が降りる可能性があるということを見せているのに違いない」と、何度も話されていたのを思い出す。

だから、初めは自分でも「ポチかもしれない」といって警戒していたのだ。ただ、○にゝ《チョン》を入れるマークは、大本系でよく使われ、火水伝文の表紙やチラシにも入れられている。そのチョン（ポチ）こそ、国常立大神様の印だから、実際正しかったと我空さんは後でおっしゃっていた。

そういえば、大本の出口王仁三郎も品行方正のタイプとはほど遠く、教祖の出口直とは正反対の人で、教祖を尊敬するグループからはいじめすら受けていたのだ。

それはさておき、いまでもそうかもしれないが、神ごとをする人や宗教者は、修行や精進を重ね、見るからに清潔そうな人でなければなかなか信用されない。まったくの善人でなければならないのだ。

ところが、我空さんには、愛人がいた。仮にB子さんとしておこう。最初私が電話したときに応対してくださった方は、正式な奥様だった。こちらはA子さんだ。B子さんは京都の方だ。東京に来られた折に我空さんがナンパしたようだ。いわゆるダブル不倫で、そのB子さんにもご主人がいた。

しかも、B子さんのほうには、我空さんの子どもが生まれたのだった。奥様にも子どもが授かったが、生後間もなく亡くなってしまった。だから、夫婦間でもこのことは当然、トラブルになっていた。

こんなことは断じて許せないと、我空さんのもとを去った人は少なくない。人の道に反した人に正神が降りるはずがないと考えたようだ。

実は、正妻と愛人という構図が、仕組みの型を示していたのだ。もともと神の世界（次元）には善悪はない。事の善悪に囚われていると、真理には近づけないようになっているようだ。

正妻が善で愛人が悪、正妻が東で愛人が西、正妻がスメラで愛人がユダヤという形を作るために、我空さんにとっては、愛人の存在が不可欠だったのだ。もちろん、我空さんもそのようなことを意識して行ったわけではないし、B子さんご本人が悪とかユダヤということではない。あくまで象徴（型）としての話であるから、そこは誤解のないようにお願いしたい。

もう一つ大事なのは、我空さんが神仕組みを成就させる上で、お二人の力が必要だったことだ。

正妻のA子さんが「不動の構え」、B子さんは「浮動の構え」がお役だったという。我空さんご本人の神人合一にとってB子さんの「浮動の構え」は欠かせないものだった。

だから、B子さんは、我空さんとの縁も逆縁ではない。我空さんの御子を宿すのが神仕組みであったと神様からも知らされたという。A子さんとの間に生まれた御子は、お二人の離婚の危機を救うおはたらきで生まれ、その使命を果たして去られたのだそうだ。

しかし、お二人の女性にとっては、辛いことだった。とくに、正妻の立場のA子さんには、大きな葛藤があったはずだ。もちろん、我空さん本人も頭を悩ませていたことは間違いない。けれども、三人にとって、それはケガレを祓《はら》うために必要なことでもあったのだ。だから、このことは隠さずにオープンにせよと神様からもいわれていたのだった。

現実世界の善悪に囚われていると、このお三人のことは理解できない。

我空さんを取り巻く二人の女性の存在。それは、この世は相対二元で成り立っていることを示していたのである。そして、愛人の方に御子が生まれたのは、相対二元を超えた世界がこの現実界に成就することを型として示していたのだ。なぜなら、現実界の型はB子さんが担っていたからだ。

地球を含むこの宇宙は、元つ神の子宮にあたる！

日月神示を降ろされたのが、天之日津久之神。この神様がどのような神かはわからないが、日月神示・第四巻・天つ巻・第二十六帖にこうある。

「天《あめ》の日津久《ひつぐ》の神と申しても一柱《ひとはしら》ではないのざぞ、臣民のお役所のやうなものと心得よ、一柱でもあるのざぞ」

これを読むと、天之日津久之神は役職名と考えてよさそうだ。一柱であり、一柱ではない。これはどういう意味だろうか。もともと神とか魂とかいうのは物質ではないので、物を数えるようにはいかない。だから、神の依《よ》り代としての柱という数え方をするのが一般的だ。人の魂の場合でも、古神道では、一霊四魂といい、一霊という根源神の直霊《なおひ》と、奇魂《くしみたま》、荒魂《あらみたま》、和魂《にぎみたま》、幸魂《さきみたま》の四魂が集まったものとされる。

ろうそくの炎が魂と考えればわかりやすいかもしれない。数本のろうそくを束ねて一つの炎にしたものが魂とすれば、それぞれの炎は混じり合い一つの魂のようにもなる。また、一つの炎を別のろうそくに移せば、二つに分けることができる。

天之日津久之神の場合も、何柱かの神が交替でその役職を担ったり、あるいは共同で動いたりするのかもしれない。孫悟空が髪の毛を抜いて分身を作るように、必要とあらば、いくつもの分身を作ったり、また一つに戻るのかもしれない。

いずれにしろ、人を数えるようにはいかないということだ。宗教では一神教と多神教に分けられることも多いが、あまり意味がないのかもしれない。

問題はどのようなお役目を担われているかだが、それははっきりとは明かされていない。

一方、火水伝文にはこうある。


「この方が天をも含む地を創り、総ての構えを創りたも……」（P．114）

「この方《ほう》」とは、神様がご自分のことをいっている。つまり、「私（神自身）が天をも含む地を創り、総ての構えを創っ」たと読みとれる。

つまり、火水伝文を降ろされた神、おそらく国常立大神が、この宇宙を創造したということだ。

我空さんは、かつてこう説明された。


「私たちの住む地球を含む宇宙は、元つ神の子宮にあたる」


ということは、元つ神が宇宙を孕《はら》んだということになる。

リサ・ランドール博士の五次元世界を思い出してほしい。スライスされたパンが並ぶ三次元世界を取り囲むように五次元世界があるという。これはまさに、子宮をイメージさせる。

火水伝文では、元つ神、中つ神という、神に明確な区別がある。宇宙を創ったのが元つ神で、中つ神は、元つ神によって創造され、元つ神が創造された宇宙を統括するお役目の神だ。そして、中つ神は、元つ神が存在することに気づけなかったのだ。

今、チャネリングやＵＦＯに遭遇するなどして、プレアデス星やオリオン星、あるいはシリウス星、そしてクラリオン星などからのメッセージが伝えられている。アセンションについても、多くが語られている。

ところが、火水伝文を信じるなら、これらの星々の存在は、すべて中つ神ということになる。もちろん、記紀に記される天津神、国津神も中つ神だ。ユダヤ教、キリスト教、イスラム教における宇宙創造神も同様だろう。すべて中つ神。

そして、この度のアセンションは、元つ神が仕組んだものだ。火水伝文にはこうある。

「そは始源の時、宇宙創りた、元つ神の神仕組みなり」（P．7）

だから、中つ神ではわからないこともあるのだ。もちろん、中つ神からの情報がすべて間違っているということではない。九分九厘までは、中つ神もお見通しなのであろう。しかし、最後の一厘は、元つ神でなければわからないのだ。

「こ度の事は元つ神の仕組みなれば、中つ神々様でも解からぬ事ぞ」（P．10）

と火水伝文にもある。

そうであれば、日月神示や宇宙からの情報だけではアセンションの肝心な部分を見逃してしまうことになる。何しろ火水伝文には「経綸のワケ」が明かされているのだ。

火水伝文抜きで、アセンションを考えると、大きく誤ってしまう恐れすらある。

元つ神の光ひとつ上《あ》ぐる仕組み／これがアセンション！

では、アセンションについて、火水伝文にはどのように記されているのだろうか。

「この度の天意転換は、この宇宙創りたる始源より決まりてありたことなのぞ。汝等の宇宙、光ひとつ上ぐる仕組み、七つに別けて進み来たりたのじゃ。この度がその最期なり。七期目の仕上げの時になりたのじゃ」（P．8）

これまで、多くの書物がアセンションを伝えているが、それは、地球や私たち地球人のことだった。しかし、火水伝文には、「汝等の宇宙」とある。銀河系宇宙そのものがアセンションする、つまり、次元が上がると読みとれるのだ。

だからこそ、宇宙の仲間たちが地球に注目し、アドバイスや情報を送ったり、逆に私たちの状況を探っているのだ。

しかし、多くの書では、地球だけがアセンションすると記されている。

我空さんは、元つ神と地球の姿を次のような図（P．54〜55）を示して説明した。

我空さんによれば、アセンションとは、「宇宙の出産」ということになる。子宮内で成熟した宇宙が五次元世界に生まれ落ちるのだ。

「光ひとつ上ぐるのじゃから、ケガレ持ち越せぬのじゃ。汝初めてのこと由、解かり難きも無理なきが、ケガレ持ちたまま何処へ生まれ落つるつもりぞ」（P．10）

出産後に向かう五次元世界は、ケガレなき世界だ。ケガレがあったままでは生まれることできない。だから今、私たちの魂も地球もケガレを落とす作業が行われている。

「しかあれ、こ度の大変は天意転換なるが由でなきこと、先ず知りおきて下され。世界の人民様ケガレ無くありたなら、マコト麗しき幕の上がりでありたのじゃ。なれどケガレ逆巻く気枯《きか》れ世と成り成してしもうたが、こ度の大変招きしワケなるぞ」（P．8）

◎子宮内宇宙の型示しの図⇩今、我々はどのような時・所にいるのか

※（人間は）㊐㊊㊞の神成ル身＝そこに自由はない（日月地＝霊力体＝口心行）

このことが人間に訪れ来る総ての現象の根本因!!!

元ツ御祖《ミオヤ》（太神様）の真姿（似姿）

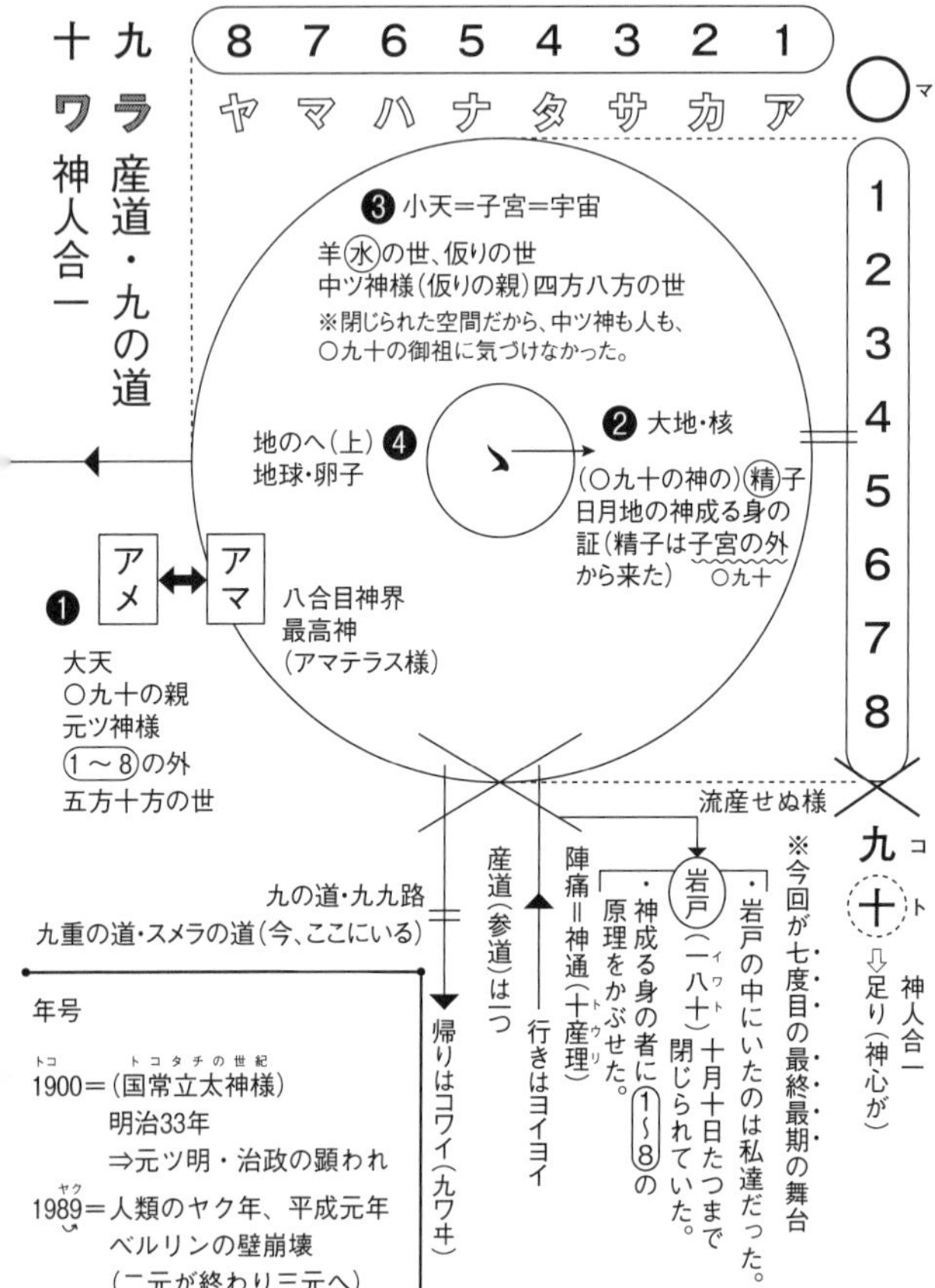

年号

1900《トコ》＝（国常立太神様《トコタチの世紀》）
明治33年
⇒元ツ明・治政の顕われ

1989《ヤク》＝人類のヤク年、平成元年
ベルリンの壁崩壊
（二元が終わり三元へ）

1990＝産道に入った（九十）
バブルの崩壊

1991＝「火水伝文」降ろされる
ソ連崩壊

1992＝霊のヘソノオ切った
ＥＣの統合

1999＝限定解除（限った世界解く）

古くから伝わる型示しの歌『通りゃんせ』

通りゃんせ通りゃんせ
ここはどこの**細道じゃ**
天神様の**細道**じゃ
ちっと**通して**
くだしゃんせ
御用のないもの
通しゃせぬ
この子の**七**つのお祝いに
おふだをおさめに
まいります
行きは**よいよい**
かえりは**こわい**
こわいながらも
通りゃんせ
通りゃんせ

参考資料／自然環境保全施設基金機関誌「ドンカメ」

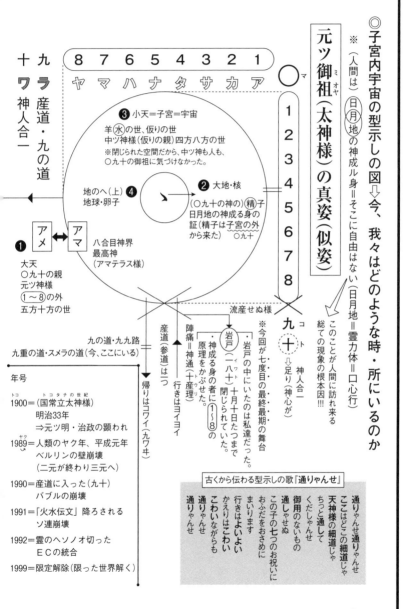

図1

子宮内宇宙の型示しの図

人間⇨人(一十《ヒト》)

◎ヒトになるには間がある＝九の間
◎オタマジャクシ⇨（ヨミ）カエル（帰る）
- オタマジャクシはカエルの子だが、未だカエルではない（人間は元津神の子だが、未だ神ではない）
- 水の中では生きられるが、空気の中では死ぬ（1〜8の原理では生きられるが、マコトの世では死ぬ）
- エラ呼吸から肺呼吸　カエル改心の間（頭を下にし、自然分娩せぬと生まれない）

◎アクアラング・足ヒレ等⇨スッ裸で生まれる
- 人間は皆、酸素ボンベを背負っているが、残量ゼロ（自分の物と思っている囚われを放さないと生まれない）
- ア㋑ウエオ→ア㋔ウエイの原理へ（君が代＝㋑は㋔となりて）

◎ノストラダムス等の天変地異とは、産道を通るときの陣痛のことを語っているが、最も大切な日月地の神として生まれる喜びを語っていない。

霊のヘソノオを切った

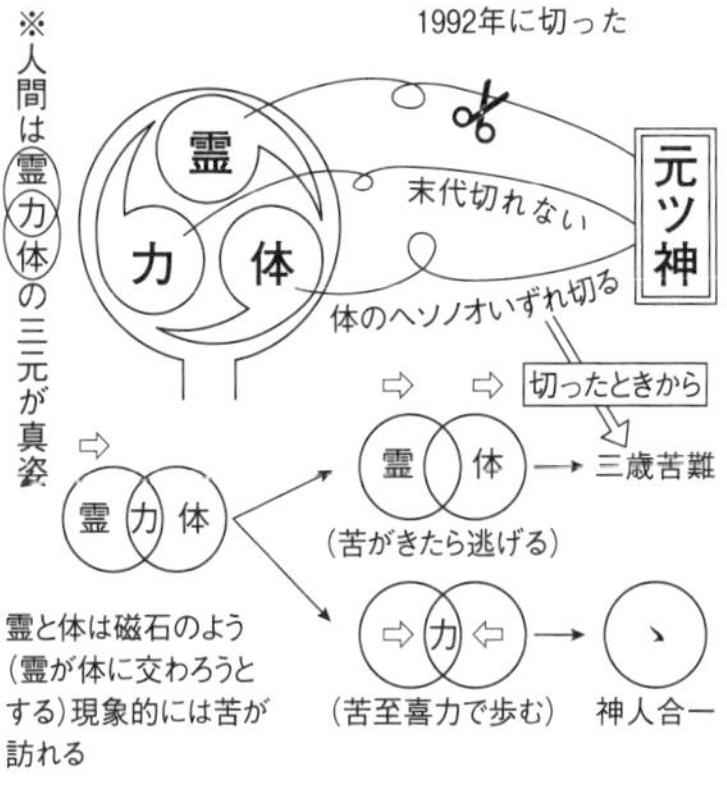

総ての霊のヘソノオを1992年に切った
※人間は霊力体の三元が真姿
霊
力
体
元ツ神
末代切れない
体のヘソノオいずれ切る
⇨
⇨
切ったときから
三歳苦難
(苦がきたら逃げる)
⇨力⇦
(苦至喜力で歩む)
神人合一
霊と体は磁石のよう(霊が体に交わろうとする)現象的には苦が訪れる

「力のある者が、力のない者に支えられている」（オカシキこと）

〈逆子〉

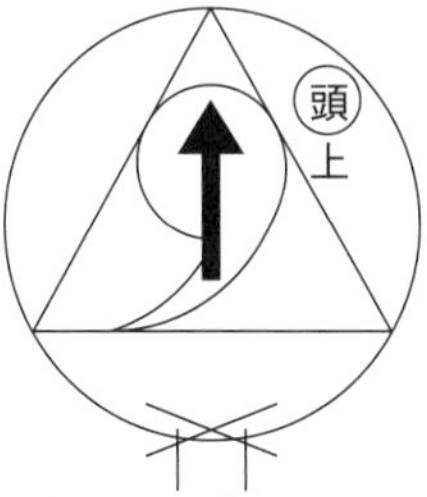

頭
上

- 岩戸閉める者
- 競争原理
- 我善し・保身・身欲が基

『生きるもならず、死ぬるもならず三歳苦難、麻酔なしの帝王切開』

一九㊇㊈（平成元年）を境に、人類は二つに分かれた

「力のある者が、力のない者を支えている」（〇九十）

〈自然分娩〉

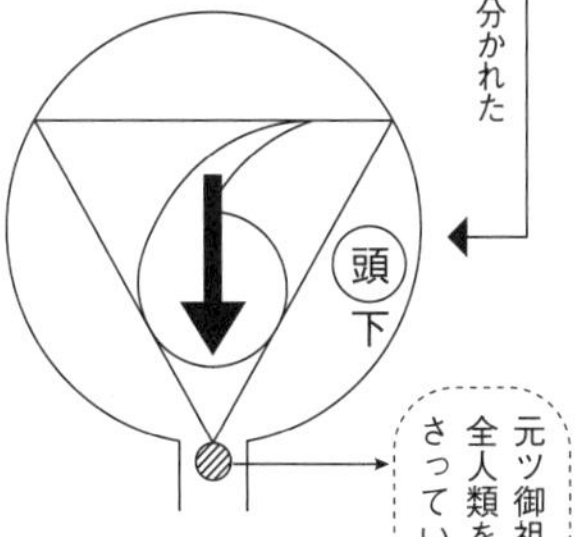

頭
下
元ツ御祖ご一柱で全人類を支えて下さっている

- 岩戸開ける者
- 真釣り原理
- 神産九九路《カムココロ》が基

『ゆっくりついて参られよ。呼べば助くる手だしする』

※頭を下に下に下にしないと、日月地の神と生まれることはできない。そのためには、五つの杖と意乗り真仮名ヰ行を、日々に行動に結ぶ。

つまり、私たちは、自らの「身魂《みたま》の大掃除」をしなければ出産を迎えられないのだ。

「由に申して居る、こ度の災難、天意転換の仕組みより受くるのでないぞ。神仕組みで無いぞ。汝等自身の仕組みし大変の事なるぞ。巷で騒ぎつる世の破滅、汝等の仕組みし世を祓う大掃除のことであるぞ」（P．10）

そしてその大掃除は、私たち自身が仕組んだということだから、これはカルマの清算ということになるのだろう。このカルマを神示では、「メグリ」と呼んでいる。正確にいえば、カルマとメグリは違うらしいのだが、ここでは、メグリという言葉で統一したい。

火水伝文が降ろされたのが一九九一年。二年前の一九八九年は、八九でヤク年といわれ、この年に年号が平成に変わった。ベルリンの壁が崩壊したのもこの年だ。平成の平を分解すると一八十となり、イワトと読める。平成は「イワト成る」すなわち「岩戸成る」だ。

岩戸というのは、子宮の出口に掛けられていたもので、実は岩戸で子宮を閉じることによって、内部を保護し流産を防いでいたのだ。しかし、そのために、岩戸の外のことがまったくわからなくなってしまい、岩戸の内部だけが宇宙だと人類は（中つ神も）思い込んでしまったのだ。

大本系の古神道では、「岩戸閉め」ということがいわれており、日月神示や火水伝文にはその説明がある。たとえば、記紀のイザナギ・イザナギによる岩戸閉めや天照大神による岩戸隠れがそれにあたる。

その岩戸が成るということは、岩戸を閉めることによって成されるべき事柄が成就したということにほかならない。つまり、胎児が充分に成長し、出産を迎えたということだ。そこで今度は岩戸が開かれるのだ。

だから、翌一九九〇年は、地球が産道に入ったことになり、日本ではバブルの崩壊が起こった。さらにその翌年の一九九一年に火水伝文が降ろされ、ソ連の崩壊が起きた。一九九二年には、ECの拡大統合が決まり翌年にEUとなる。

一方、地震活動も活発になり、一九九五年の阪神・淡路大震災をはじめとして大きな地震が頻発し始めた。異常気象が日常的となり、洪水、土砂崩れなど、水害も多発した。

しかし、火水伝文によれば、この程度はまだ序の口のようだ。

「人民様、程度の差こそあれ業火の死、遂げる者。生き残り塗炭の苦しみ、受くる者。二つに一つになりたぞよ。(中略) 全人類、己が囚われ積みしケガレ、一点の曇り無きまで払い清めせなならんから、数多の民、死ぬる者も残りし者も相等しく、阿鼻叫喚の地獄の如き洗礼をその身に受けねばならんのぞ。女、子供辛きこと哀れであるが、一人とてこれ避けることと出来んから、早よう魂磨きてくれよと申してきたであろうが」(P.1)

確かに当時、災害に遭われた人は、地獄のような洗礼を受けられたかもしれないが、いまはまだ、日本国民全員が「塗炭の苦しみ」を受けたとはいえないだろう。火水伝文を注意深く読むと、二〇〇〇年までには、前述のことが起こると予想できる。

となると、内容が外れた（変更になった）のか、これからそのようなことが起こるのかのいずれかになる。火水伝文はやはり本物ではなかったと思った人も多かったはずだ。火水伝文が忘れられる存在になっていったのも無理がないのかもしれない。

ところが、二〇一一年三月十一日、宮城県沖から茨城県沖にかけて三度の揺れが起こり、マグニチュード九・〇となる巨大地震が発生した。この地震は国内観測史上最大の地震で、世界でも一九〇〇年以降第四位の大きさだ。地震の直接の被害もさることながら、大津波が発生し、太平洋沿岸の人たちを中心に、二万人に達するほどの死亡もしくは行方不明者が出た。阪神・淡路大震災をも超える戦後最大の被害となってしまったのだ。

地震と津波は、原子力発電所を制御不能に陥れた。冷却装置の停止により、福島第一原発の一号機から三号機と四号機の燃料棒が高温となって溶けだし、炉心溶融が起きた。これにより、大量の水素が発生して爆発が起きた。そして大量の放射性物質が飛散してしまったのだった。溶融した燃料は、圧力容器を突破してメルトスルーと呼ばれる状態である可能性が指摘されている。現在は、冷却されて安定しているようだが、大きな余震が起き、燃料棒を収めている容器が破壊されるような余震も考えられるので、安心するのは早計かもしれない。

この後、東海地震、東南海地震、南海地震や東京直下型地震等の大地震が誘発され、同時に全国の火山が噴火を始めれば、まさに、火水伝文どおりの有り様に日本は突入する。原発は、日本に五十四基も存在する。


「既に世界はウラにて一つになりたぞよ。真中を過ぎし不測の時、世界の悪勢一挙に入り来たり全土を一つと七つに分け占めて修羅の地獄と化さしめん。これ、こたび始めの神仕組みなり。これ日本の事ぞ。マコトぞ。仕組みありて、真先に日本払い清めせなならんからぞ。国、土台から破壊されれ。ケガレし権力潰えしも外なるケガレ逆巻きて内なるケガレ払うのぞ。私有財産壊滅し、衣食住にも窮迫し、国民同士の戦ある。人と獣との分かれ目ぞ。ケガレしものの消ゆるまで、三歳苦難の道行きぞ」（P．２）

この文からは、外国が日本に攻め入り、日本は、一つと七つの計八つに分割統治されると読める。日本は、国の土台から破壊されて、私有財産はなくなってしまう。食べるものや着るもの、住むところにも困るようになるのだ。国民が互いに争うようにもなると解釈できる。

はたして、これがこれからこのようなことが起こってしまうのか。「三歳苦難《みとせくなん》」とある。三年間は大変な辛抱が必要らしい。おりしも、お隣の韓国とは竹島で、中国とは尖閣諸島の領土問題で争いが起こっている。とくに中国とは一触即発の状態だ。

「よいな、三年の間ぞ。三年の間、汝等の心魂、修羅場と化せしその地にて耐え難きを耐え魂磨くのぞ。死して逃れんと欲っせしも、異界にて万倍の地獄飲まなならんのぞ。神、頼むぞ」（P．3）

いや、辛抱どころか、三年間は、地獄のような有り様らしい。魂が磨かれれば、アセンションでき、すばらしい世界に移行できるようなのだが、それまでは筆舌に尽くしがたい苦労があるようだ。

こうした出来事は、魂を磨くために行われるわけだから、魂が磨けていれば必要なくなる。しかし、いまの日本を見ると、どれだけの魂が磨けているか、疑問が残る。だから、計画が変更になったと考えるよりも、予定より計画の進行が遅れていると見たほうが正解だろう。

天変地異を食い止めるべく、善神と善人がはたらかれて、予定を遅らせているのだろう。少しでも多くの人たちが改心できるようにと。

人の出産でも予定日より過ぎて生まれるということはよくあることだ。まして、やり直しのきかない前例のない宇宙の出産ともなれば、数年あるいは数十年延びたとしても何ら問題はないのかもしれない。

実際、我空さんは神様から「人の十年は神にとっての一年」あるいは「フジの年（二〇二〇年）

までに終わればよいぞ」といわれたそうだから、これから、三歳苦難の本番が始まる可能性が高い。

マヤのカレンダーが終わるとされる、二〇一二年でもアセンションは終わらなかった。しかし、アセンションは確実に行われるのだ。

火水伝文の全国行脚と東西二つの仮宮の開設／神仕組みのポイント

吉祥寺の喫茶店での話の後、私の自宅、あるいは近くのコーヒー店や我空さんのお宅などで、何度かお話をおうかがいすることができた。これまで述べたことは、そうしたなかで得られた情報もある。

私は、当時執筆した『大予言の真実』（扶桑社／絶版）に火水伝文のことに触れておいたので、興味をもたれた読者が火水伝文を求めたケースも結構あった。それに加え、火水伝文に縁があった人たちが口コミで広めていたので、少しずつ火水伝文の読者が広がりを見せた。

そこで、我空さんは、「自分では講演会を開かないが、ある程度の人数を集めてくれたら、そこで話をしたい」とおっしゃった。周りの人たちに呼びかけると、講演会を開きたいという人が現れた。

第一回は、東京の大塚で開かれ、私を含めて十四名の人が参加した。話の内容は、火水伝文に記されていることだけでなく、元つ神による神仕組み、つまり経綸の全体像にまで及んだ。そして、私たちはこれからどう生きていけばいいのかという、具体的な事柄にまで触れられた。

この会がきっかけとなり、各地で講演会が催された。初めのうち私はできるだけ参加した。話の内容はいずれも大きくは変わらなかったが、何度も話を聞くうちに内容が頭のなかへ刷り込まれたようだ。

七名しか集まらなかったが、私の自宅でも一度、お話会を開くことができた。こうして我空さんは全国各地を巡り、百回を超えるお話をされたのではないか。もちろん、関西方面にも広がっていった。それには、B子さんのはたらきが大きかった。

我空さんの東京の杉並のご自宅には、神棚があった。神社のお札が納められていたわけではないが、一般的な家庭にあるものとほとんど変わりがないものだった。ここが東の宮の仮宮だった。神様からの要請で作られたものだ。「仮の仮でよいぞ」といわれたそうだ。簡単なものでいいということでもあったのだろう。いずれ本格的なものをという意味も含まれていたのだと思う。

我空さんは、神様からいわれて、西にも仮宮を開くことになった。それを準備したのは、もちろんB子さんだ。初めは、京都に開かれた。

この東と西の二か所にお宮を開くことが、我空さんが担った神仕組みの大事なポイントだった。そのために、B子さんが必要だったともいえる。

アセンションのテーマは善悪二元論からの脱却

火水伝文を認めない人がいう、その理由のもう一つは、善悪をはっきり区別しないという点だ。これまでの宗教は、善悪の基準がしっかりあり、悪いことをするな、善行をせよというのが、教えの要となっている。

そして、厄を払い、来福を祈る。そのことは、「鬼は外、福は内」という節分の豆まきに象徴されている。ところが、その鬼門の神が国常立大神というのだから、一般の人が理解に苦しむのは無理もない。

火水伝文は、「悪は人が自ら作りだしたもので、悪神が用意したものではない」と説く。また、悪は、私たちの行動の過ちを指摘してくれる神の情けだとも読み取れる。だから、仮に災いをもたらす鬼がいても、元つ神がそれを祓うことはない。というより、鬼を陰で操っているのが、元つ神だ。私たちの行動を改めさせたり、メグリを解消させたり、私たちの魂を磨くために必要だからだ。

私たちの魂が磨かれていれば、豆を撒かなくても鬼は裸足で逃げ出すだろう。もともと裸足だけれども。

この考えを受け入れられない人は、火水伝文を悪魔の書として遠ざけてしまう。

善と悪の二元論からの脱却。それが、我空さんが行おうとした仕組み（型出し）であり、火水伝文の主旨であった。というのも、これが霊と体の合体につながっていくからだ。リサ・ランドール博士の説でいう三次元を支えている膜がなくなり、現実世界と霊界が一つになるということだ。まさに幕（膜）の上がりだ。

このことは、今度のアセンションのテーマでもある。それゆえ、火水伝文の受け入れがアセンションの肝《きも》となっているのだ。なぜなら、元つ神の世界には、善悪の区別はなく、その次元に私たちは、移行しようとしているからだ。

アセンションは、宇宙の出産にたとえられるが、人にとってみれば、オタマジャクシがカエルになるようなものだと我空さんはおっしゃった。

オタマジャクシは水中に棲み鰓《えら》で呼吸する。ところが、カエルになれば肺で呼吸する。そのため陸上でも生活できる。呼吸という生命にとって命に関わる大切な原理が変わってしまうのだ。

もちろん、人の出産でも同じことが起こる。胎児のときは、母親の胎盤を通して血液から直接ガス交換を行っていたが、生まれおちて、オギャーと一声を発した途端、肺が急速にふくらみ肺呼吸となる。

さらに人の場合、へその緒を切るという大仕事がある。胎児にとっては大変なストレスになるはずだ。

へその緒は胎児が自分では切れないので、産婆さんが切っていた。アセンションも最後の最後のところは元つ神が手を下すらしく、へその緒の切断は、元つ神様が行うアセンションの型となっている。

これまで、地球を取り巻く環境は、二元で成り立っていると考えられてきた。オスとメス、善と悪だ。この単純な仕組みが二元論を象徴していた。つまり、陰と陽が物事の基本とされたのだ。

たとえば、太陽と月、火と水、霊と体、干潮と満潮、海と陸、裏と表など、自然環境だけでなく、様々なことに当てはまる。

たとえば、また、神様の世界。記紀では、天津神と国津神という二つのグループ分けがされている。歴史では、縄文と弥生、源氏と平氏、南朝と北朝のように、これまた対立するグループによる争いがあった。

ところが、火水伝文によれば、本当は三元が元だったのだ。男と女がいることだけが重要ではない。両者が合体して子ができることが本質だったのだ。

太陽と地球と月、火と土と水、霊と力と体、善と悪の場合は、きちんとした言葉が見つからないが、善でも悪でもない至善《しぜん》、あるいは善であり悪でもあるという状態が現実には存在する。

あるいは、神でいえば、天津神（天孫族／伊勢族または日向族）と国津神（出雲族）を束ねる元つ神が存在する。天津神も国津神も、中つ神なのだ。このことをきちんと明確に説明したのは火水伝文が初めだろう。

実は、日月神示にも、「神には人のいふ善も悪もないものぞ」（上つ巻第二十一帖）と述べられている。だが、深く読みとる人は少数だ。

そして、アセンションのときには、1+1の答えが2ではなく10（いちぜろ）になる変化が起こる。10（いちぜろ）は、二進法の答えだが、位が一つ上がるのだ。そのために、善と悪の合体が必要だ。だから、悪を退けてはならない。祓ってはだめなのだ。同様に、霊界と現実界との合一が起こる。これが五次元への移行だ。日月神示でいう、半霊半物質の世界となるのだ。

男女でいえば、スーパーチルドレンが生まれるようなものだ。

人は、日月地の神として生まれ変わる。

真釣りと魔釣り／天意の転換とは何か⁉

火水伝文は、経綸のワケを伝えているというが、メッセージはそれだけではない。もう一度内容を整理してみよう。

まず、天意の転換が行われる。天意の転換とは、中つ神の統治から元つ神に政権が交代することだと思われるが、これはもう成就したようだ。国常立大神が元つ神として復活して神々の政権交代が行われたのだ。

そして次は、光ひとつ上がることになる。地球は次元上昇し、人は、日月地の神となる。

このことは宇宙創造のときから決められていたことで、本来、すばらしいイベントとなるはずだった。ところが私たち人の魂がケガレに満たされてしまったので、ケガレを祓わなくてはならなくなった。なぜなら、ケガレは新しい世界には持ち越せないからだ。

そこで、ケガレを祓うために、天変地異などによる大きな災害が起きたり、人同士争い、メグリの清算がなされることになった。

「こ度ケガレ祓うは元つ神なるぞ。こ度はハラとアタマの戦いぞ。神力と学力の戦いであるぞ。アタマ『あやま知』用いて汝等の神気いずるを封じ込め。さんざん世を気枯れケガレし【マコト】無き世と成さしめたのじゃ」（P．8）

どうやら、私たちは「あやま知」なるものにすっかりやられていたようだ。「ヒノモトは《元つキの国》なるを『あやま知』に惑わされすっかりだまされ忘れ去り、神気息も出来ぬほどにケガレ気枯らしてしもうた」とある。

とくに「上に立つお偉い様方」の責任は重いそうだ。

「三千年の昔より、汝等には解らぬよう汝等の心身の薄弱化を図り続け来たる力ありたぞよ。そは汝等の身魂捕らえるがためぞ。汝等の心、曇り曇らせ汝等の光輝忘却させ、自ら思考する事の出来ぬ獣と化さしめ、欲望のままに生くる者となさしむがためぞ。そは汝等アメとム

チにて治めんがなるためぞ。そは己が野望を成就せんがためなるぞ。そは自ら地球の盟主とならんがためでありたのじゃ。

汝等を獣化《じゅうか》せしむるに用いたる、主たる力が『あやま知』なるぞ」（P．17～18）

三千年前から地球を支配するために企んできた勢力があるという。確かに、今の日本および日本人は、すっかりその勢力にやられてしまったようだ。お金のためにはなんでもやるような人が現れ、殺人すら日常茶飯事になりつつある。

一億総中流とされた時代は終わり、一部の勝ち組だけが財をなし、一般人は、食べるのに汲々とするようになってきた。

とくに教育は、科学一辺倒で、魂の存在や霊界、神界について教えることはない。地球を支配している勢力については、ベンジャミン・フルフォード氏や中丸薫氏の著作に詳しく解説されている。ぜひ参照してほしい。

しかし、最終的には、彼らの企みは成就しないだろう。すでに崩壊の兆しも見えている。


「『あやま知』操る者どもも『あやま知』振りまく害毒を、知るが唯一の者なれば自ら冒され無き者と、勝ち誇りておるなれど、こ度は悪の影さえ残さぬのざから最期の仕上げを見てござれ。こ度の相手は元つ神ぞ。決死の覚悟で来てござれ」（P．19）

人では悪神に敵わないかもしれないが、元つ神が相手なら、悪神もその下ではたらく勢力もこれまでといえるだろう。

しかし、私たちは、これらを悪神のせいにはできない。私たちの「我善し」心につけこまれただけだからだ。

「汝、外に悪認めしと申すなれど、悪現われたる元見れば、汝の手元に結ぶのぞ。汝の集めしその糸は『我善し』汝のご都合に合わせ作らる欲糸ぞ。『あやま知』生みたる悪の糸。汝の育む欲糸じゃ。汝の厭う原子力、背後で育む悪親は『あやま知』病みたる汝等の『我善し』使うる電力のひたすら消費が真の親ぞ。汝等、悪滅っせんと申すなれど、握りた糸切ったかや。汝等欲糸引かずば悪育たず。生ぜず。自ら滅するの他無きであろうが。糸切りて滅びる産業、悪の業と知る時ぞ。惨業でありたのじゃ。滅びる他に無きものでありたのじゃ。お役目終わりぞ」（P．22〜23）

結局、私たちの欲が悪を引き込んだと火水伝文ではいっている。東日本大震災についてのコメントで、「日本人は欲をアイデンティティとしている」といって世間のひんしゅくをかった知事がいたが、実際はまさにそのとおりなのだ。ただ、震災は天罰ではない。もともと神の世界に善悪はないのだから、罰などない。

ただ、このままでは私たちが新しい世界に生まれ変わることができないので、魂の掃除をしてくださっているだけだ。今回、被災しなかった人たちも別の形で同じようなことが起こるのだ。

私たちは、原発を必要としない生活をしなければならない。私たちの生活から欲を切り離して、必要な電力だけを使う節電が求められている。

私たちはどうしたらいいのだろうか。

三真《みまつ》釣り持ち行け／ミロクの世へ生くる唯一のミチ

私たちがすべきことは火水伝文に述べられている。

「大変起こるそれまでに『あやま知』捨つるミチのれよ。大変起きしその後は『マコト』貫くミチのれよ。ふたミチ貫く大切は『ロ・心・行』とぞ知れぞかし。三真釣り合わぬミチのりは、神も仏も無きものと思う世界へ向かうなり。三真釣り合わせしミチのりは、意乗り（祈り）神来るミロク世へ生くる唯一のミチなるぞ」（P．24）

まず、「あやま知」を捨て、「ロ・心・行」を行い、そして、三真釣りをもつことがただ一つのミチだと読みとれる。「口・心・行」とは口の真釣り、心の真釣り、行いの真釣りのことだ。すなわち三真釣りを指す。

では三真釣りとはなんであろうか。真釣りとは何か。「神真釣り」について火水伝文ではこう述べている。

「【神真釣り】なるは初め無き始めよりオワリ無き終わり迄、無限絶対力徳を、備わしめある尊きマコト力徳の、御ハタラキを称し奉りてあるのぞ。汝等の宗教におきてもマツリ、マツリ言うは数多あるが、マコト神真釣りを開き立てたるところは今に無いのぞ。この方が無い申すは、殊にこ度の事に関わりて始源よりの【真釣り】と『智恵』と《快欲》の因縁を、【スメラ】と『ユダヤ』と《逆十字》の因縁を、タテワケ解かりて取り開きたるところが無かりたと申して居るのぞ。幾許かのマコトの者が【真釣り】を取りたに過ぎぬ程の深きご経綸でありたのじゃ」（P．28～29）

「真釣《まっ》り」とは、調和、正しく結ぶ、真に釣り合わせるなどの人の言葉では表現できない、神聖なハタラキのようだ。これは、言葉を超えたところの感覚で感じ取るべきものなのかもしれない。それこそ「火水を歩む」ことが真釣りを理解するためには必要らしい。

「こ度はいと易くお伝え致すためのご苦労なれど、マコト真釣るをアタマにて取るるは適わぬ事なれば、日々、三真釣り持ち行きて行に結ぶをやかましく、くどくどうるさく申し行くも、残る時節を鑑みて直しの利かぬ神真釣り。万古末代に一度の事であるから申すのぞ」（P．30）

「そこまでお陰が取れたなら、汝が真釣りを外しては、生くるは適わぬ事でありたと気付くから、天地の御祖の大神に、自然と感謝の響きが出る様に成りて来るぞ。真釣るマコトの力徳に、自然と頭が下げられる様に成るれば、足場のアの字が見えてくるぞ」（P．30～31）

真釣りを外しては、生きることが適わないとある。そして、真釣りについて、キチンと説明したことはこれまでの人の歴史ではなかったことのようだ。いかなる宗教でもだ。さらに、

「これより汝等は、マコト真釣るを知りて後、真釣りてマコトを現すが、大事な事と解りて参るから、マコトとは何であるか。真釣りとは何であるか。大元をしっかと響きで取りて下されよ。響きで取れ申すは、響きを出せ申すことであるぞ。こ度の大変は学や知お金では、越すは叶わぬからであるぞ。心スミキリたる響き鳴り出さねば叶わぬのじゃ。それ由、三真釣り持ち行け申して居るのぞ」（P．31）

火水伝文が私たちに伝えたかったことの内容は、この「真釣り」の体得に集約される。頭で理解することはできないので、火水伝文を読むだけでは不可能だ。やはり、「火水を歩む」ことが肝心なのだ。

「真釣りの響き」を出すことができれば、アセンションがスムーズに行われるのだろう。

そして、真釣りの響きを出すには、ハラにマコトを立てて、マコトをきっちり行に結ぶことが必要だ。

「この方が汝等に解かりて居る、解かりて無い申すは、マコトをキッチリ行に結んだか、結び得なんだかをいうて居るのぞ。行に結ばざるにありては話の外じゃ。ハナから相手に出来はせんぞ。マコト申すは【行に結びて】初めて開く神の徳にござるのじゃ」（P．38〜39）

私たちは、身欲と保身によってハラ（真中）を曇らせ、神の一厘であるマコトを忘れて、真釣りを外してきたのだ。マコトは行いで示さなければ、ないのと同じだ。

「人が神成るお仕組みは、元つ真釣りに依り立つが、唯一叶うるミチなれば、真先に身欲を控え捨て、外した真釣りを取り戻し、真釣るマコトに帰一するが事にてござるのぞ」（P．

40)

身欲と保身を控え、外した真釣りを取り戻す、これこそアセンションに向けて私たちがなすべき準備にほかならない。

第二章

火水伝文が説くアセンション／神々の政権交代で「元つ神」復権！

天意転換《てんいのてんかん》とは神々の世界の政権交代／隠れていた元つ神

アセンションの鍵を握る火水伝文。しかし、伝文にアセンションという言葉はない。語られているのは、「天意転換《てんいのてんかん》」についてのことだ。前章では詳しく説明しなかったが、天意転換とはどういうことだろうか。

この天意転換を理解するには、初めに経綸についての知識が必要だ。そこで、まず、経綸について簡単に説明しておこう。我空さんの説明によれば次のとおりとなる。

私たちが認識できる宇宙は、元つ神の子宮にあたるところで創造された。P．54をもう一度見てほしい。最初にできたのは、大天だ。大天は宇宙を取り巻く世界すなわち元つ神（元津神）のことだ。

次に創られたのは、大地。大地といっても地球のことではなく、大地の核のことで、元つ神の精子と考えてよい。そして、子宮内宇宙つまり、小天が創られた。私たちは、大天があることは認識できないので、天とは小天のことと思い、小天を司る中つ神（中津神）をこれまであがめてきた。

四番目にできたのが、地球。これは、人でいえば、卵《らん》にあたる。その卵に大天から元つ神の精子が入ることで、宇宙すなわち地球や人類の生命活動が始まった。

だから、私たち人は、すべての者が、元つ神の一厘を宿している。それが古神道でいう、一霊だ。

古神道では、私たちの魂は、一霊と四魂で成り立っているという。一霊は直霊《なおひ》とも呼ばれ、元つ神の精子すなわち分魂のことだ。四魂とは、奇魂《くしみたま》、荒魂《あらみたま》、和魂《にぎみたま》、幸魂《さきみたま》の四つをいう。

地のへ（地球の上、表面）に住む人類は、中つ神のご指導のもと、胎児として十分に成長したら、やがて出産して日月地の神となることが決まっていた。そのとき、地球や人類を統括するのは、中つ神ではなく、元つ神となる。

この神々の世界の政権交代を天意転換という。そして、それまでは、元つ神は陰に隠れていたのだ。

大本教の出口王仁三郎は、『霊界物語』第一巻・子の巻で次のように述べている。


「ここに国常立尊《くにとこたちのみこと》は神議《かむはか》りに議られ、髪を抜きとり、手を切りとり、骨を断ち、筋を千切り、手足所を異にするやうな惨酷な処刑を甘んじて受けたまうた。されど、尊は実に宇宙の大原霊神《おほもとがみ》にましませば、一旦肉体は四分五裂するとも、直ちにもとの肉体に復《かへ》りたまひ、決して滅びたまふといふことはない。

暴悪なる神々は盤古大神《ばんこだいじん》と大自在天神《だいじざいてんじん》とを押し立て、遮二無二におのが要求を貫徹せむとし、つひには天の御三体の大神様の御舎《みあらか》まで汚し奉るといふことになり、国常立尊に退隠の御命令を下し給はむことを要請した。さて天の御三体の大神様は君系であり、国常立尊は臣系となってゐらるるが、元来は大国常立尊は元の祖神《おやがみ》であらせたまひ、御三体の大神様とい

へども、元来は国常立尊の生みたまうた御関係が坐します故、天の大神様も御真情としては、国常立尊を退隠せいしむるに忍びずと考へたまうたなれど、ここに時節の已《や》むなきを覚りたまひ、涙を流しつつ勇猛心を振起したまひ、すべての骨肉の情をすて、しばらく八百万の神々の進言を、御採用あらせらるることになった。そのとき天の大神様は、国祖に対して後日の再起を以心伝心的に言い含めたまひて、国常立尊に御退隠をお命じになり、天に御帰還遊ばされた」（第二十二章／大本教典刊行会編）

これは、霊界物語だから、霊界での出来事だ。しかし、霊界でのことは現実界に反映されるという。

出口王仁三郎によれば、国祖・国常立尊は艮《うしとら》（北東）の方位に鎮まり、妻神の豊雲野尊《とよくもぬのみこと》は、坤《ひつじさる》（南西）に隠遁したという。それで、国常立尊は艮の金神、豊雲野尊は坤の金神と呼ばれるようになった。

そして、八百万の神々は、国祖が再び現れないように、七五三《しめ》縄を張りめぐらせ、「煎豆に花が咲くまで出てくるな」という呪いの言葉を投げかけた。これが今日の節分の行事につながっているという。「煎豆に花が咲くまで出てくるな」ということは、永遠に出てくるなということだ。煎った豆に花が咲くはずもない。

柊《ひいらぎ》の枝を戸に挿すのは、葉のトゲで国祖の目をつぶすためで、鬼の目突きと呼ばれる。鰯《いわし》の頭

植村花菜さんが歌った大ヒット曲「トイレの神様」は「金勝要神《きんかつかねのかみ》」のことだった⁉

を串刺しして門戸に挿すのは、国祖の頭を鰯のそれに見立てているからだ。「鬼は外、福は内」の鬼は、もちろん国祖・国常立尊のことだ。

また、切断された国祖・国常立尊の屍は、それぞれ五節に配当して、「艮の金神調伏の儀式」が行われた。それも行事として今日まで伝えられている。

正月元旦の鏡餅は国祖の骨、三月三日の蓬《よもぎ》の草餅は国祖の皮膚、五月五日のちまきは国祖の鬢髪《びんぱつ》、七月七日の素麺《そうめん》は国祖の筋、九月九日の酒水《さかみ》は国祖の血だ。さらに、鞠は国祖の頭、弓の的は国祖の目、門松は国祖の墓標、正月の雑煮は国祖の臓もつ煮なのだ。

このとき、隠遁したのは、ほかに大地の主宰神・金勝要神《きんかつかねのかみ》と宰相神・大八州彦命《おおやしまひこのみこと》その他、有力な神々がいらっしゃるという。

ところで、「トイレの神様」という植村花菜《うえむらかな》さんの曲をご存じだろう。泣ける歌として一時話題になり、NHKの紅白歌合戦に出場すると、人気は一気に全国区となった。歌詞によれば、トイレには美しい女神様がいらして、トイレ掃除をすれば、女神様の功徳でべっぴんさんになれると、おばあちゃんから教えてもらったとある。これは実話だと植村花菜さんはインタビューで答えていた。子どものときからトイレ掃除を熱心に行った植村花菜さんは確かに美しい人だ。これは偶然だろうか。

このトイレの神様は、金勝要神のことだ。霊界物語には、教祖（出口直）の御話としてこう記されている。

「金勝要神、全身黄金色であって、大便所に永年のあひだ落され、苦労艱難の修行を積んだ大地の金神様である」

さらに、神の御用をするものは、トイレなど汚いところを楽しんで掃除しなければならないと述べられている。金勝要神も復活し、これからいよいよおはたらきになる。この歌のヒットはその証といえるだろう。

金勝要神は、弁財天に代わって経済を司る。お金で苦労している人は、まずトイレ掃除から始めるといいだろう。

なお、御三体の大神様とは、天照大御神、日の大神（伊邪那岐尊）、月の大神（伊邪那美尊）のことだそうだ。

さて、話を元に戻そう。国常立大神が隠遁された艮の方位は、長い間「鬼門」として避けられてきた。しかし、ついに復活されて、このたびのアセンションを指揮されることになった。それで我空さんに火水伝文を下されたのだ。

国常立大神の一霊四魂の全霊の甦りの儀式が岡山の大元教《たいげん》で行われたのは、一九九一年十月十日のことだった。その経緯は、前著『日天意神示と神一厘の仕組み』（四海書房）に詳しく記してあるので興味のある人は参照してほしい。

復活までには、出口王仁三郎をはじめとして多くの経綸に関わる人々の関与があった。

そのご苦労、おはたらきがあったことを私たちは忘れてはならない。

神は万能だと思われているが、そうではないようだ。この現実界では、現実界でのルールがあり、たとえ、宇宙創造神であってもそのルールに従わなければならない。そうでなければ秩序が保たれないことになる。

だから、国常立大神の復活にも人の手が必要だった。つまるところ、天意転換とは、国常立大神の復活をいう。これまで中つ神による統治から、元つ神が治めることになった。中つ世から元つ世へ、中つ神から元つ神への転換が天意転換だったのだ。

人類進化と子宮内宇宙／岩戸を閉めて子宮を守る役は出雲の神々

聖書には、神の姿に似せて人を創ったとある。私たちの宇宙や魂をお創りになった元つ神（『霊界物語』では大国常立尊）を元つ御祖《みおや》と呼ぶ。姿形は見えないが、あえて図にすると、図2のとおりとなる。

頭の部分にあたる○をマと読み、コケシのような形の胴体が小天の世界だ。正確には子宮の中だが、わかりやすくするために、胴全体が小天の世界としてある。ここにアイウエオ五十音図を重ねてみる。

実は、アイウエオ五十音図は、宇宙そのものを示していたのだ。アから順に数字をつけると、ア行が1、カ行が2、サ行が3、そして、ヤ行が8となる。ここまでが、子宮の中だ。ラ行は九で産道、ワ行は十となり、大天すなわち元つ世の世界となる。

中つ世は、ア行からヤ行までの世界となり、数字でいえば、1〜8の世界だ。九と十を漢数字で記したのは、そこは小天の外の世界だからだ。次元が異なるので区別した。

アイウエオ五十音図のア、イ、ウ、エ、オ……のそれぞれをマ（間）というそうだ。そのマの一つ一つが元つ神だ。アの神、イの神、ウの神という。そして、アイウエオ五十音図のすべてを合わせてスの神というそうだ。古神道でいうス（主）の神のことだ。だから、スの神とはご一柱であり、五十の柱の神それぞれでもある。

小天では八合目神界が最上位となり、また、小天の世界をアマという。だから、八合目神界の最高神を天照大御神《あまてらすおおみかみ》と申し上げる。アマ（小天）を照らす大神だ。

一方、大天の世界はアメというので、古事記に記された最初にご出現される天之御中主神《あめのみなかぬしのかみ》は、元つ神となる。

小天内部の今の宇宙は、四方八方の世で、東西南北の方位がそれを象徴している。宇宙が出産して、地球が生まれ変われば、五方十方の世となる。艮の金神と坤の金神がお隠れになっていたとこ

図2

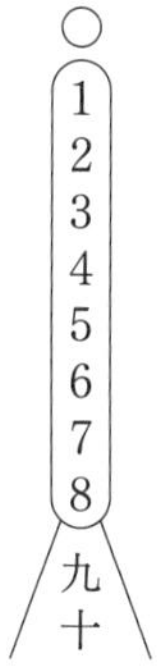

宇宙（人）をアイウエオ50音図でたとえると……

アイエウオ50音（仮名）

	十	九	8	7	6	5	4	3	2	1	○	
ン	ワ	ラ	ヤ	マ	ハ	ナ	タ	サ	カ	ア		← 一霊
	ヰ	リ		ミ	ヒ	ニ	チ	シ	キ	イ		四魂
	ウ	ル	ユ	ム	フ	ヌ	ツ	ス	ク	エ		四魂
	ヱ	レ		メ	ヘ	ネ	テ	セ	ケ	ウ		四魂
	ヲ	ロ	ヨ	モ	ホ	ノ	ト	ソ	コ	オ		四魂

隠り身の五神

神人合一

ラ行産道（荒れコト）

Ka	A
Ki	I
Ku	U
Ke	E
Ko	O

一霊四魂が成り立っていく

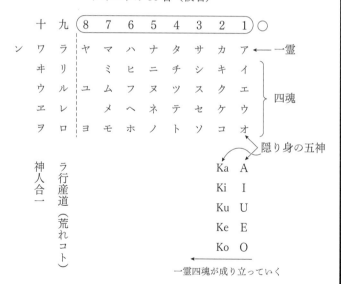

ろの方位が復活して十方位となると考えてもいいだろう。

南無妙法蓮華経の「南無」が、本来の北と南が隠されていたことを黙示していたのだ。

子宮（小天）が創られ、人類の創造のために元つ神の精子（一厘）によった受精がなされたあとは、子宮の入り口は、しっかり閉じておかなければならない。人なら流産してしまうからだ。

そのお役の神様は、出雲の神だった。我空さんは講演で、神様からの伝えとして、こんなことをおっしゃった。


「行きと帰りは開いた出雲。閉じた守りは伊勢の型」


伊勢神宮のお社は、唯一神明造と呼ばれる。屋根の両端に千木《ちぎ》がそびえ、その間に鰹木《かつおぎ》が並べられている。鰹木の数は、内宮では十本、外宮では九本と決められている。千木の形はV字型だ。

一方、出雲大社は大社造のお社だ。大社造の屋根にも千木が載せてあるが、その形は、X型。

Xの中心から半分に折るとV字になる。実は、Xは人が足を開いた形を示し、Vは、足を閉じた形を表していると我空さんはおっしゃった。人は、受精のときは足を開き、その後は足を閉じて流産から身を守る。そして、出産のときは、再び足を開くのだ。

また、ローマ数字では、VはV（5）であり、XはX（10）を表す。五も十も神を表すが、五の神は片ハタラキであることを示している。

伊勢神宮のV字型の千木

出雲大社のX字型の千木

「行きと帰りは開いた出雲」とは、受精と出産のときは、X字型に象徴される千木のお社を持つ出雲の神が担当することを意味していた。「閉じた守りは伊勢の型」とは、その間、流産しないようにしっかり足を閉じて子宮内宇宙を守るおはたらきは、V字型の千木が型示ししている伊勢の神が受け持つことをいっている。

そのために、出雲の神が産道のところに岩戸を仕掛けた。記紀にそのことが述べられている。天照大御神が、須佐之男命の乱暴に耐えかねて、天の岩屋の中にお隠れになったことだ。

記紀では、神々の連携で岩戸を開け、天照大御神は岩屋から出られたことになっている。しかし、そうではなかった。天の岩屋の中にお隠れになったということは、子宮の中に閉じこもったことを意味していたのだ。正確にいえば、もともと岩戸の中にいたのは、八百万の神々だった。天照大御神は岩戸の外へ隠れたが、再び岩戸の中に戻られたということだ。そして、岩戸は再び閉じられた。そのきっかけを作られたのが、須佐之男命だ。

記紀では、須佐之男命はこのあと出雲の神となる。そして、この度の出産すなわちアセンションにはたらかれるのは、もともとの出雲の神であるカムサスサナルノオオカミだ。

初発の岩戸閉めとは／囚われをほどく情けの仕組みと真釣りに結ぶタテナオシの花の仕組み

前項で、宇宙はアイウエオ五十音図で表すことができると述べたが、本当は、これだけでは半分だ。宇宙は、鏡に映った世界のような、もう半分の世界が存在するようだ。そこは一般に霊界と呼ばれている。リサ・ランドール博士の五次元モデルが正しいとすれば、膜の裏側に存在しているのかもしれない。その霊界もアイウエオ五十音図で表すことができるのだ。それを「火の田」と呼ぶそうだ。我空さんによれば、アイウエオ五十音図で表せる世界を田というそうだ。

もう一方の、私たちが認識している世界は「水の田」だ。この火の田と水の田が合わせ鏡のように、あるいは膜の裏表に存在しているらしい。ただし、決して接してはいない。

私たちが、火の田を認識できないのは、霊界との交流を断ってしまったことによる。岩戸閉めがその元だ。古事記には、伊邪那岐命と伊邪那美命の争いの物語として語られている。

それは、伊邪那美命が火の神である迦具土神《かぐつちのかみ》を産んだとき、やけどがもとで亡くなってしまう話のことをいう。そこで、伊邪那岐命は伊邪那美命に会いに、黄泉の国（霊界）に出かける。そして、現世に戻るよう話すが、伊邪那美命はもはや黄泉の国の神と相談しなければ戻れないので、少し待っていてほしいと頼む。ただし、その間、私の姿を見てはならないといった。

ところが、待ち切れなかった伊邪那岐命は約束を破り、蛆《うじ》のわいている女神の身体を見てしまうのだ。伊邪那岐命は驚いて逃げ帰ろうとするが、伊邪那美命は恥をかかされたと怒り、追いかける。そして、現世と黄泉の国との境の黄泉比良坂《よもつひらさか》まで逃げてきた伊邪那岐命は、そこに巨大な千引《ちびき》の岩を掛けて通路を遮断してしまうのだ。

イツキマツル鏡 **鏡**（自らに向ける鏡で、五ツが一如の一面鏡と成る程までに使いこむ。
今はまだデコボコの鏡であり、又、人に向けていては、冷たきを渡すことになる。）

※1 真釣り ⇨総て（顕幽共）を喜びに生かしある力。原理原則。
真釣りを外す⇨（顕幽共）滅ぶ（神でも真釣りを外せば滅ぶ）。

※2 心の鏡

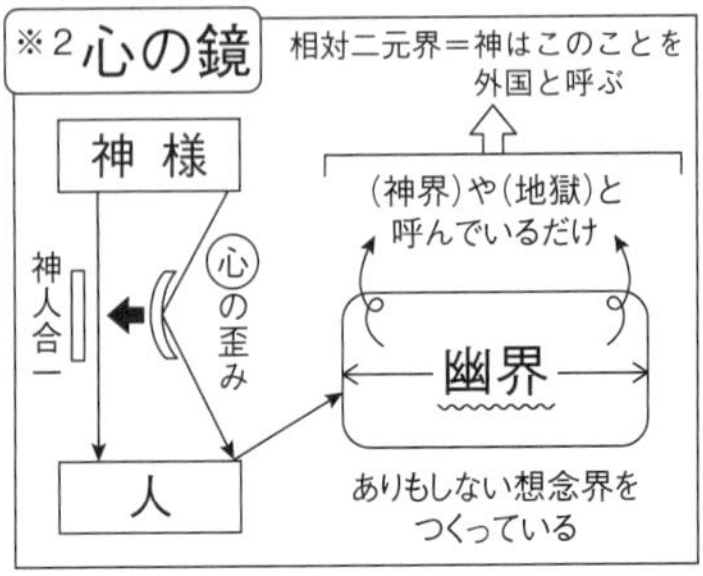

※3 霊・体

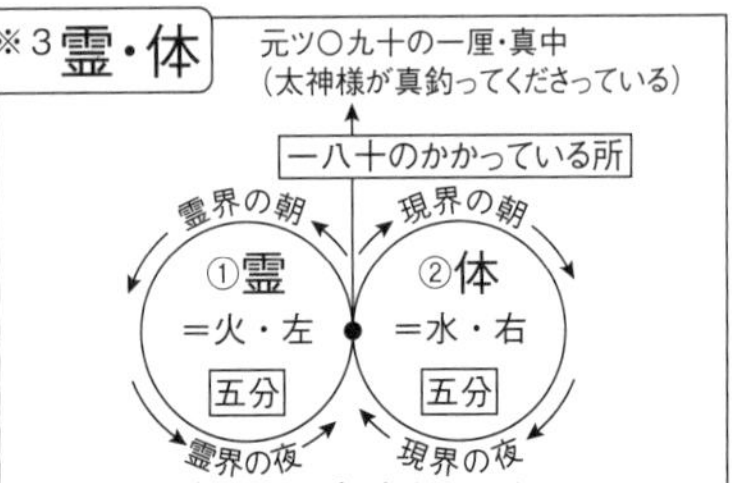

※起きること、寝ることさえ自ら何もしていない
①②順番・五分順位（はたらきは五分と五分）

※4 中今

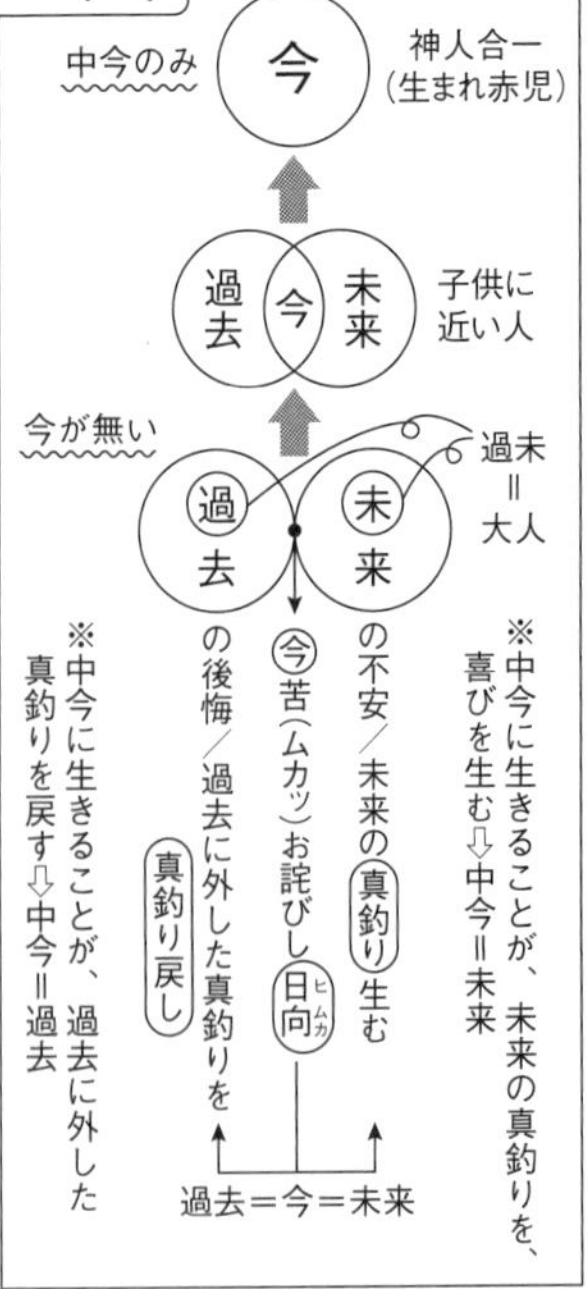

※5 ムカの図

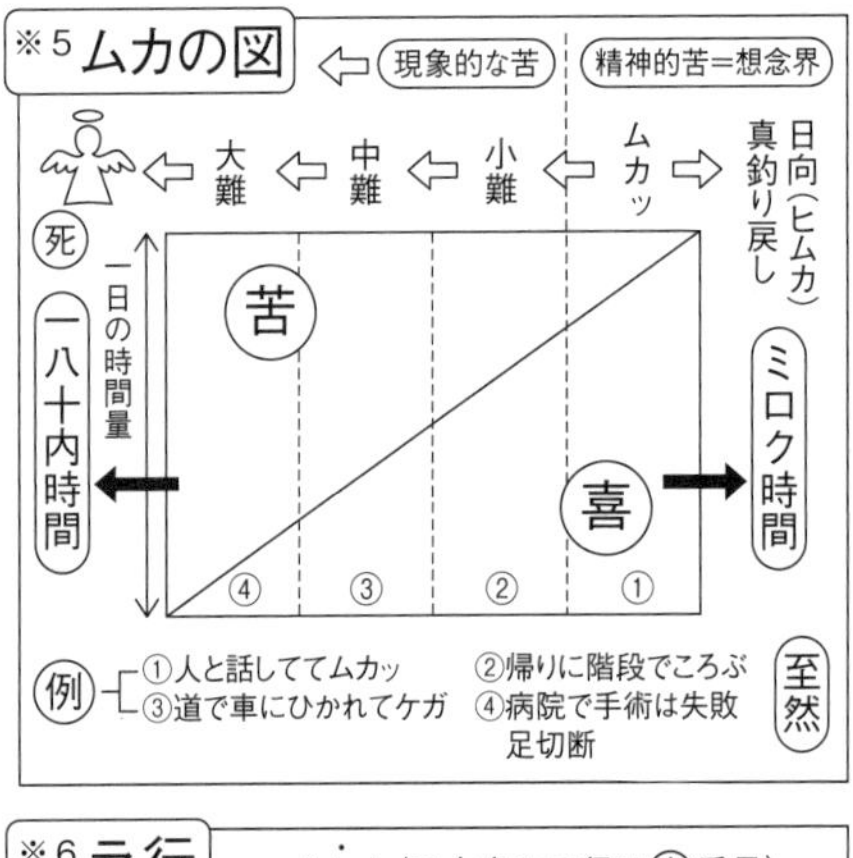

※6 ラ行 〜された（五十音のラ行は⑨番目）

例：刺された、殴られた、取られた、だまされた…等。

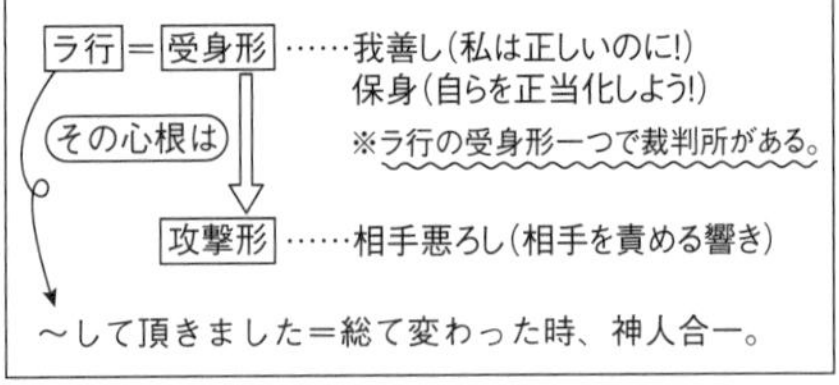

参考資料／自然環境保全施設基金機関誌「ドンカメ」

図3

神《カ》産《ム》九《コ》九《コ》路《ロ》に㋑《イ》足《タ》る《ル》五つの杖

①「神は喜びしか渡していない」⇨㊉苦あるはおかしき

- なぜ（精神的・肉体的な不都合）苦があるのだろうか？
- 苦があるのは、自らが※1真釣りを外したから。
  （この宇宙の中で、自らに苦をもたらすのは自らしかいない）
- 神様の喜びが真っすぐに届かないのは※2心の鏡が歪んでいるから

②「自分のものは何もない」⇨※3霊も体も自分のものではない

- 体一つとってみても、自分で作ったものは、何もない＝無一物（総て授かりもの）。
  （子供は母親から生まれるが、自分で作ってないので、生まれた時、手の数を数える）
- 人間は皆、自分の物と思い込み、借りても感謝の心なく、傷つけてもお詫びの心さえなかった。＝人間は大ドロボーを繰り返してきた。
  （お人の車借りる時には頭下げ、傷つけたら謝るのに、神様にはしてこなかった）

③「中今にのみ生かされている」⇨霊・体共にお授かりしているのですから自分では生きられない

- 人間は、自らつかんでいる「身欲」「我善し」で過去の後悔と未来の不安に生きている。
- 生かして頂いているという感謝の心がまったくなく、今を忘れてしまっている。
  （子供は、夏休みを遊びでアッという間に過ごすが、２学期始まる３日前、大人と同じ様に生きる。宿題をやっていなかった後悔と、あと３日という不安に生きる）※4中今

④「偶然は一つもない」⇨必然で総てが起きている ※5ムカの図

- 人間は起こるべくして起きていることに気づかず、「たまたま・偶然」を連発している。
  ➡「神産のハカリに気づけない」⬇
- 総てが神のハカリで、起こるべくしてドンピシャリで起きている。
  （子供は、110円入れてジュースが出てくることが不思議で奇跡に見える。しかし、大人から見たら必然でしかない。同じように人間は、なぜ苦が来たのかまったくわからず、偶然と言い、人のせいにしているが、神から見れば必然であり、その在りて有る様を至然という）

⑤「被害者は一人も居ない」⇨加害者あるのみ ※6ラ行

- なぜ被害者は居ないのか？⇨苦が来たのはおかしい。自らが真釣りを外したから苦が来た。それも、お授かりしている心・肉体を傷つけた。自らが自らの加害者。現象的に、他から苦が来ても必然で来たこと。
- ラ行受身形の開きが、九重のミチにつながる。

- 相応の理……心の鏡が歪んでいる者同士、ドンピシャリで、事故にあったり刺した刺されたの関係（現象）。
- 類　魂……戦争や飛行機事故で大勢の方々が死ぬのも、心の鏡が大きく歪んだ人同士（しかし、死んでも神は生かして下さっている）。

つまり、このとき、霊界と現実界の間に岩戸が掛けられ、現実界からは霊界がわからないようになってしまったのだ。火の田と水の田に境が設けられたということだ。古事記の話は、このことを神話として伝えているのだと思われる。

ちなみに、霊界と現実界とを略図で示せば、P．89図中※3のようなイメージとなる。8を横にしたような、無限大の記号のような形だ。

これが最初の岩戸閉めだ。

さて、この岩戸閉めは、先の天照大御神の岩戸閉めの前に行われた、一回目のものだ。その意味を火水伝文は明確にしているが、その前にどうして岩戸閉めが必要になったのか、もう一度確認しておこう。

もちろん、それは、流産を防ぐためであったが、そもそも流産しそうになったのは、私たち人に問題があったからだ。

それは、私たちが真釣りを外したからにほかならない。私たち人類の歴史は、真釣り外しの歴史といっても過言ではない。

「【ご苦労】が無かりせば、歓喜弥栄の神真釣りは取れぬによりて、この方が天をも含む地を創り始めるに呼応致して、初発にご苦労の種を蒔かれたのであるぞ。そは逆位正順、逆位逆順いずれ双方《逆十字》の魔釣り、過ちたる陰陽の響きでござりたのぞ。快欲《かいよく》のみ追い求

める響きありて、こを不調和申すのであるぞ。ご苦労の影も無い、快欲の極みの響きにてあるぞ。天地創成の初発より、今今に鳴り鳴り響き、成り成り響きじゃ。快欲申すは身欲のことにてあるぞ。身欲の基は快欲じゃ申して居るのぞ。身欲は怖いぞ。身欲ひとつで天地滅ぶぞ」（P．129）

艱難辛苦が魂を磨くというが、神真釣りを理解し、体得するにはそれなりの苦労が必要とある。そのために、苦労の種を蒔いたという。それが快欲すなわち身欲だった。その身欲に対して私たちは、どう向き合えばいいのか、そこが問われていたのだ。身欲ひとつで天地が滅ぶ。身欲に囚われない態度が求められていた。

「《快欲》に《囚われる》か【囚われぬ】か、こが初発にして終末の【ご苦労】の基でござるよ。解かりて下されよ。この方が申す【ご苦労】いうは【囚われぬ】ご苦労を申して居るのぞ。元つ天地のご恩に、スミキリてマコトの感謝が出来て居れば、至善と取れて来るを、それ迄の有り方を【ご苦労】と申して居るのぞ。《快欲》に《囚われる》はマコトの感謝に気付けぬ由、更に真釣りを外す身欲に走るのじゃ。《囚われ》てからのご苦労は《ご苦業》じゃ申すこと今今に解かりて来るから、ハキリ、タテワケ区別致して置くのじゃ。善いな」（P．129〜130）

快欲、身欲に囚われない苦労が必要だった。その苦労が神真釣りには必要だったのだ。ところが残念にも、人類は初めから身欲に囚われ、真釣りを外し、これまで苦労ならぬ「苦業」をしてきたのだ。

「《快欲》の仕組みは、外すは適わぬ大事な仕組みでござるが、一旦《囚わ》るれば、快欲の響きより自ら放るるは、末代出来ん事にてござるのぞ。なれど、汝等が快欲に囚われたままにありては、末は滅ぶしか無うなる由、快欲に囚われた汝の乱れを、二つの仕組みで真釣るミロクへ誘うため、大神様はこ度、地のへの王の王の王になられる、正神真神《せいしんまがみ》の直のご霊統にあらせられるご一柱《いっちゅう》を地のへのご守護に、もうお一人方のご一柱を天のご守護に構え置きなされ、囚われをほどき、真釣りに組み結ぶ尊き仕組みを守り成す、重き御役をお与えなされたのじゃ。

一つは汝等の囚われを壊し行く仕組みであるぞ。情けの仕組みであるぞ。タテカエ行く仕組みであるぞ。今一つはタテカエを、真釣りに結ぶ仕組みであるぞ。花の仕組みであるぞ。タテナオシの仕組みであるぞ。情けと花の両輪でござるよ」（P．131〜132）

一度快欲に囚われると、末代それをほどくことはできないという。それでは、最期になってアセンションできず、滅びるだけだから、二つの仕組みを用意したとある。一つは、囚われをほどく情けの仕組み、もう一つは真釣りに結ぶタテナオシの花の仕組みだ。

「一つは情けに結ぶ『魔釣りの経綸』。今一つは花に結ぶ【真釣りの経綸】。元は一つに繋がり居れど、逆様のハタラキをなさる仕組みを、構えられたということであるぞ。その様に致さねば、汝等が滅ぶもうしたであろうがな。元つ仕組みに魔釣りの経綸があるは、悪には悪を持ちて当たらねば、ご苦労のない善のミタマでは適わぬ事でござろうが。しかあれ、元つ仕組みに悪は影さえ入りては居らぬのぞ、情けあるだけを知りて下されよ。取り違い致すのでないぞ。神成る身の汝等が《快欲》の響きに《囚われて》悪を出さずば必要無き仕組みにてあるは道理でござろうが。囚われ出くれば、悪現れい出来て情けに結び、タテカエにて壊し知らせるが『魔釣りの経綸』の裏の基でござるのぞ。少しは解かりて下されたか」（P．132〜133）

「魔釣りの経綸」と【真釣りの経綸】。囚われをほどく情けの仕組みが魔釣りの経綸で、タテナオシの花の仕組みが真釣りの経綸だ。魔釣りの経綸は悪の経綸ではない。あくまでも、囚われをほどく情けの仕組みだとある。その「魔釣りの経綸」を見事成就させたのが、いま世界を支配している「闇の勢力」と呼ばれる人たちの一部だ。

「しかあれ、『魔釣りの経綸』申すはそのままにありては、【真釣りの経綸】の全くの逆ザマのハタラキにござるから、共にあるは適わぬ事にござりたのじゃ。そうであるが由のご苦労でありたのぞ。この構えをお創りに成るには、魔釣る響きをお産みに成るには、艱難辛苦の裏舞台がござりたのじゃ。元つ大神様のご妻神《さいしん》、神サラレルを持ちて、汝等皆々に情けの仕組みを残し置かれたのじゃ。汝等を思う至誠至愛ある由の、イノチを賭しての尊き響きにあらせられるのぞ。解かりたか。

ご妻神の死申すは、元つマコトの神真釣りを閉めた申す事でもあるぞ。こが大事な一度目の岩戸《いわと》閉めじゃ申すこと、知りて忘れて下さるなよ」（P．133）

一度目の岩戸閉めには、このような大きな意味があった。古事記によれば、伊邪那美命は火之迦具土神をお産みになったときに、陰部をやけどされ、それがもとで亡くなられたとある。

つまり、この火之迦具土神が知恵の神であり、「あやま知」を生んだ神と考えられるのだ。その「あやま知」によって、情けの仕組みが初動されたのだ。

「汝等の知り居る古紀申すは、裏で『魔釣りの経綸』を操る者共に、都合の良き様に改ざんされあるを知りて下されよ。このヒノモトは万世一系じゃ等と申して、安心致し居るマコト

の解からぬ者は、よくよく気を付けなされよ。そは人皇《じんのう》の世の事にてあろうが。ヒノモトのマコトの真釣り申すは、そんなことではござらぬぞ。ヒノモト申すは神幽現、三千世界を統べ真釣る、尊き御座の座すところ、ミロクを現ずる真中なり。こ度ミロクを現ずるに、逆さと成りてる神界を、先ずにタテカエナオしたは、神鳴《な》る響きが現成《げん》るに、真釣る正しき順序にて、成さねば現の過ちが、直らぬ道理であるからぞ。神が逆さに過ち居りて、いかで汝等現界が、正しき姿申すのぞ。神が逆さでありたなら、人皇含め汝等も、真釣るが逆さは道理でござろう。過ちに気付きてス直に直せば、それで良いのじゃが。いつまでも古き教えのお仕組みに、囚われ居りては末代の恥となりぬるぞ。悪き世にありては、それなりのお仕組みが必要でありたなれど、悪き世は既に滅びて居るのじゃぞ。真釣りは霊統に依り魔釣りは血統に依るのじゃ。霊《ヒ》を立てて身《ミ》が控え和さねば真釣れぬぞ。ハキリ、タテワケ致すが肝腎でござるぞ」（P. 134〜135）

古事記・日本書紀は、改ざんされているとある。史実と、具体的にどこがどう違っているのかは不明だが、おそらく、神話の部分だろう。もともと神界が逆さだと述べられている。逆さについては別の個所で説明があるので、後で検討したいと思う。

「ヒノモトに快欲の《逆十字、△》の響き鳴り渡りて後、裏で『魔釣りの経綸』を操るミタ

マ鳴り渡りて来たるは、二千数百年も前にてあるのぞ。そは自らのミタマの来歴を知らず、そのままにありては、天孫いうも許し難き大大罪なれど、自ら知れず天孫を自称し来たりたのじゃ。それありたが由、自ら人皇を名乗らねば、治まりつかぬ程のご苦労を致されて、四度目の岩戸閉めを成されたが、正神真神のご霊統にあらせられるカムヤマトイワレヒコノミコト、神武天皇なるぞ」（P．135）

天孫族（伊勢族／日向族）の神々様は、二千数百年前に日本へ渡ってきたようだ。おそらく出雲族の神たちといろいろなことがあり、それが四度目の岩戸閉めにつながったのであろう。神武天皇は、もちろん、血統では天孫族に繋がる方であったが、霊統は、正神真神であったことが読みとれる。

「四度目の岩戸閉め以降、人皇の世となりて、段々に魔釣りの経綸と成りて行きたのじゃ。【・】にあらぬ《△》の陽の構えを陽にして、後を受けたる『✡』の千代に八千代の裏舞台。この方は総てを知り居る由、陰にてご守護致し神力出して、仏魔来たりて五度目の岩戸を閉めるに至る迄、魔釣る響きを和し真釣りて参りたなれど、その後は乱れに乱れた逆ザマの、見るも無惨な今ザマの、悪き末期の世と成りたのじゃ」（P．135〜136）

五度目の岩戸閉めで完全に子宮は閉じられ、元つ神は手を引かれた。このように、火水伝文や日月神示によれば、岩戸閉めは都合五回行われた。初めが千引岩で、二度目が天照大御神の岩戸隠れ。三度目は、須佐之男命にすべての罪をきせてネの国に追いやったときだという。

そして四度目は、神武天皇が人皇となって、日本の初代天皇となられたときだ。五度目は、仏教伝来とともに仏魔が入り込んだので岩戸が閉じられたときだ。もちろん仏教そのものが魔だということではない。仏陀やイエスのことは元つ神も認めておられる。

仏教は釈迦が作られたのではない。同様にキリスト教もイエスが作られたのではないのだ。いずれも弟子といわれる人たちが後世に作り上げたものだ。そこに魔が入り込むことは十分にあり得る話だ。

五度の岩戸閉めには、それぞれ理由があった。

「初発の岩戸閉めあるによりて、汝等が囚われ身欲に走りたその時に、魔釣りの経綸に入りて、情けを受くる仕組みの世となりたのじゃ。情けをもろうて初めて真釣りの何かに気付き向きたその時が、真釣る花の経綸の入り口と成りておりたのぞ。情けの仕組みの大き型示しいうが汝等の申す〔死〕でござる。花の仕組みの大き型示しいうが汝等の申す〔誕生〕でござるよ。こが汝等のメグリの輪廻転生の始まりでござりたのじゃ。これ解かるか、身欲生ぜねば、悪生ぜず。悪生ぜねば、メグリの輪廻転生は無かりたのであるぞ」（P．136〜1

37）

私たちが生き変わり死に変わりして、輪廻転生を繰り返してきたのも、もとは、身欲が原因だったのだ。そして、アセンションすれば、その輪廻転生は終わりを告げる。

「今迄の神仏説きし転生は古き教えの中でのことじゃ。今迄は中つ世の神々のお役目なればいたしかたなくありたなれど古き転生の教えこ度で終わりぞ」（P．10）

ところで、九十六ページで紹介した火水伝文のP．135に「**【・】**にあらぬ《△》の陽の構えを陽にして」という一文があるが、この「構え」については、火水伝文が初めて明かしていることなので、紹介しておきたい。

陰と陽の構え／アセンションにつながる大切な鍵「火土水《ひとみ》」とは？

火水伝文にこう述べられている。

「真釣りの初めは神ざ申すこと、ハラに入れて下されよ。神の初めは真釣りざ申しても善い

ぞ。神の基は火と水の、ふたつのハタラキ真十字に組み結ぶが基なり。

火のハタラキと水のハタラキの真釣りが、神のハタラキの基じゃ申して居るのぞ。こは万古不易の神法《おきて》なるを忘るなよ。神も含め汝等も、万象万物これあるにより、ありてあるを、ス直に知りて取られて下されよ。

火と水の真十字に組み結んだ中心を【真中《まなか》】申すのぞ。こが万象万物を産み有無ところ、神、無限力徳の御座《みくら》であるぞ。汝の真中も同じ御座なるを知りて下されよ。スミキルお土のハタラキ現れて、元つの響きの産土の鳴り出るところじゃ。

善いか、火〔｜〕と水〔−〕が真十字に組み結びた素型《すかた》〔＋〕を火水《かみ》、カミと申すのぞ。お土《つち》申すは、火と水が真十字に組み結びた素型を、スクリと真すぐに立ちある様〔−〕力にてご守護致す由、＋と−で〔±〕と型示しあるを知りて下されよ。これ解かるか、マコトの神真釣り申すは〔＋〕がスクリと真すぐに立ちてある〔土〕の有り様も伝えあるのぞ。しかり聞きあれよ、こはこ度の事に関わりて、肝腎要の要石の基にござるから、聞き流しおりてはマコトは取れんぞ。真中のマコトの御ハタラキをご守護致す由、お土を真中にお入れ致し、火土水《ヒトミ》と成すがマコト真釣りた素型にてあるぞ。一二三《ヒフミ》の事じゃ。マコトの事を申すのであるよ」（P.49～51）

火と水を真十字に組み結び、真中のお土を澄み切らせてその十字をスクリと立てることが、「マコト真釣りた素型」であるという。それが、火土水《ひとみ》であり、一二三《ひふみ》であり、そして、マコトだという。

それはいったいどういうことなのだろうか。もう少し先を見てみよう。

「【火・土・水】申すは【口《く》・心《しん》・行《ぎょう》】の事にてもあるぞ。三真釣る基でもある申して居るのじゃ。汝等このフミ読むに、言の葉だけをバラバラに拾うてはならぬぞ。このフミ総ての総てが響きにて一如に繋がり居る由、注意致し置くのじゃ。お土、申せば心と同じ響きなり、同じ御ハタラキをなさる御座なり。幽《ゆう》の御座も、月の御座も、一二三《ヒフミ》の二《フ》も同じ力のお宮の御座にござるよ。総ての構えの同じ御座に響き由、総ての構えに真釣ろう響きなり。ひとつの真釣りた響き申すは、総ての構えに真釣ろう響きじゃ。バラバラに拾うてはならぬ申すこと、解かるであろうがな。大事な事由、心に留め置き進み参られよ」（P．51～52）

「汝等このフミ読むに、言の葉だけをバラバラに拾うてはならぬぞ」とある。火水伝文の一部しか紹介できないことを心苦しく思う。興味があれば、一度全文に目を通していただければと思う。

【火・土・水】、【口・心・行】、【神・幽・顕】、【日・月・地】、【一・二・三】など、いずれもそれぞれの響きが同じだということだろう。

「火土水《ヒトミ》の事を今少し申して置くぞ。真釣りたヒトミ、真釣りて無いヒトミとあるなれど、汝等の瞳に映る総ての総てが火土水《ヒトミ》であるぞ。汝も物も、汝の眼前に繰り広がる総てのことにてあるぞ。そは火土水《ヒトミ》のマ釣り組み結んだ型の現れであるぞ。火水《かみ》の顕現そのものにてあるを解かりて下されよ。火おろがめよ。水おろがめよ。結び組み成すお土おろがめ。申すも解かるであろうがな。汝の瞳に映る総てを、火と水とお土の、マコト結び成すハタラキで、汝が見、聞き、臭ぎ、味わい、触れある、総てのマコトを組み真釣り結び成す大事な基であるを忘るなよ。こに気付かねば心病み曇り総てが狂うぞ。

今様に思い為し、汝の瞳閉じられよ。瞳開かれよ。瞳に映る総ての火土水《ヒトミ》に至善と頭が下がる様に成りて下されよ。汝等皆々生かしある、陰にて支えるハタラキに、感謝の響きを忘れて居る由、火土水《ヒトミ》のマコトが取れんのじゃ。今よりは狭間狭間に気を付けて、火土水《ヒトミ》おろがむ心持て、下がり支えるお土見て、敬う気持ち湧き立てば、感謝の響き成り鳴りて、共に真釣ろう陰徳の、喜ぶ響き聞けぞかし。汝等がこれまで火土水《ヒトミ》の幾許かを崇《あが》め真釣ろうて居りたは、ちいともオカシキ事にてはないのぞ。この方からも今今に御礼申し上げるぞ。汝等の生かし生かしある基に気が付きて、ス直に心清まりスミキリて、マコト真釣りて居りたなら、人でも物でも、お金でも、真釣られありた火土水《ヒトミ》等は、嬉し喜び感謝して、汝をご守護し陰徳を、授け参りたでござろうが。アタマで作りた信仰は身欲の悩みを逃れんが基なれば、御身の保身が先にあり、汝等を生かし生かしある基に、真先に感謝が出来ぬ臭き魔釣りぞ」

（P．52～54）

ここに、さりげなく述べられているが、アセンションにつながる大事な鍵が記されている。我が身の瞳に映るすべてに自然に感謝できれば、神人合一の境地に達したといえるのだ。

寺社やパワースポットで身欲の願いを発しても、もはやどうにもならない。感謝できた分、陰徳が付いてくるという。私たちが目にするすべてがパワースポットなのだ。

「火土水《ヒトミ》に気付きて、何でも感謝の響き鳴り出る様になると早いぞ。お陰が一々ついて来るが解かりて来るぞ。可哀想に組み結ばれた火土水《ヒトミ》にも感謝の響きを出して居ると、神の心も段々解かりて来るように成るのじゃ。可哀想な火土水《ヒトミ》を真釣りて上げたく思いても、今の汝の一力にては、組み替え結ぶは難儀であるを知るが由、汝が代わりて神にすがり『次には真持《マコト》ち、スミキリた善き真釣りで結ばれありて、美しき嬉しサマと鳴り成る様』三真釣《みまつ》り意乗《いの》りて上ぐるほど、氣高き響き鳴り鳴れば神と共に鳴り響く、氣高き真釣りの神宮《カムミヤ》に至るイロハを備えたり。神の心が解かりて来るから神の響きと違うものが解かり、タテワケ出くる様に成るのじゃ。ざから相応の神徳、神力お授け出くるぞ。汝も三真釣り持ち行きて早う鳴り鳴り参るが善いぞ」（P．55～56）

感謝の響きを出していると、神の心がわかってくるという。神の響きがわかれば、そうでない違う響きと区別できるのだ。

「【真釣り】成す申すは、唯ただ、マコトの響きが顕れ鳴るを申すのであるぞ。【鳴る】は、成るの生きある響きの鳴り鳴りある姿を申すのじゃ。これ解かるか。

【三真釣り】成す申すは、真釣りたものが正しく調和に結ばれる様〈支える火の御ハタラキ〉〈結ぶお土の御ハタラキ〉〈現す水の御ハタラキ〉三つ総てを一つに和し響かすことにてあるよ。和し響くとはマコトが顕れ鳴ることでござるぞ。一二三のことじゃ。成り響き鳴る弥栄《いやさか》の真響《まひび》きであるぞ。全一如申しても善いぞ。一如申しても、和し鳴る響きは全くの一つの音色にござる。解かり易う伝うるに全一如申して置くぞ。マコトの響きの言魂【口】が必ずタテワケありて、スミキリた【心】で、そが言魂をスクリと立て持ち、口に違わず【行】に組み結び現し行くが、三真釣り持ち行くいうことでござるのぞ。こが一如の真釣りぞ」（P.60〜61）

いわば、「三真釣り」の定義のようなことが記されている。「マコトの響きの言葉を澄み切った心で立て持ち、言葉どおり、それをしっかり行いに結ぶ」ことが、三真釣りが成されたことだと読み取れる。

ここで、大事なのは、火の御ハタラキとは、支えるはたらきだということだ。

「〈支える火の御ハタラキ〉必ず立ちありて〈現す水の御ハタラキ〉正しく顕るは解かりたか。こを正位《せいい》の構え申すのじゃ。くどう申すは反対に、タテヨコ逆さに組み結びては、マコトのものは何一つ産まれはせんからぞ。こを逆位《ぎゃくい》の構え申すのぞ。不調和もたらし。汚泥混濁の世と成らしめるがオチであるぞ」（P．61）

「火の御ハタラキが、下から支える裏の御ハタラキ〔▽、陰《いん》の構え〕にござるよ。火の御ハタラキ申すは、一《ひ》なるぞ。神なるぞ。霊なるぞ。日なるぞ。口なるぞ。火の位に座されます御力徳におわします。万象万物【正化《せいか》】さすご苦労の御ハタラキであるぞ。こは父の御役じゃ。至誠大愛の御役にござるよ。下から上へ燃え立ち昇る如く、ご自身は下の下の下に下りて、見えぬ陰の存在と成りて、何かのことを背負いご守護致し生かし活かして、背負われてるものが得心致して、不平不満も無く安心致して生きある様、下から上までスクリとマコトをタテワケ立て、ご守護致すこの世の基の御ハタラキを申すであるぞ。マコトタテワケルご苦労がその基じゃ申して居るのぞ。万物万象【正化】の基なれば、火の一旦発せらるれば、正味の形に結ぶまで、響き鳴り鳴りて居るのぞ。そはマコト少なければ、末はメグリに鳴り成り結ぶもあるいうことにござるのぞ。こは決して忘れんで下されよ。心曇りて、火、傾け

ばマコト少のぅ成るのぞ。火、ヨコに成るればマコトタテワケ適わず、汚泥混濁の世と成るは解かるであろうがな。それ由、火はスクリと真すぐに立てねばならぬのじゃ。情けの裏にてマコトを支え、花の裏にて散らぬマコトを咲かす響きが火の音色じゃ。【口・心・行】にありては【口】が火のハタラキの御座なるを知らせ置くぞ。言魂の響き大事に慎み深く使うが善いぞ」（P．62〜63）

火のはたらきは、下から支える「陰の構え」だとある。よく、火は「陽」で水が「陰」だといわれる。ところが、火水伝文では、火は「陰の構え」で水は「陽の構え」と説明されている。つまり、私たちはこれまで、火のはたらきを間違って理解していたことになる。それゆえ、正しいものを産んでいなかったとさえ思われるのだ。父親の役目は、「陰の構え」だそうだ。家族の陰のような存在で、下から家庭そのものを支える。父親がデンと家庭の中心に居座るのはどうやら間違いのようだ。むしろ母親が中心となってあれこれ指示し、父親はそれを下から支えるのが本来の家庭の姿のようだ。戦前の家長制度や亭主関白の家庭は、間違っていたということだ。火水伝文を信じればそうなる。

「魔コトの思い持ちて、神の御前《みまえ》で申せぬ様な【行】いを図るが如きなさり様を、逆位の『魔釣り』申すのぞ。そは、真コトなる御座なる【口】の座にウソを据えるが事にてあるぞ。

そは正位に座《ま》すは適わぬ魔コトを、正位の御座に据え置きて、そをマ釣りの基に成すをいうのぞ。魔コトを正位に位させ、真コトを外に追いやるがその事じゃ。こは恐ろしきことであるを知りて下されよ。【口】の座申すは、真釣りを支える御ハタラキの御座でござろうが。【火の御ハタラキ】の御座にござるぞ。この御座に座るもの、マコト無きは許されぬ由、マコト無くありて座りたるもの、先々可哀想であるぞ。何れ姿形を変えメグル情けと鳴り鳴り響きて、必ず【行】に結び現し、外した真釣りを取り戻さしめる、至誠の極みの御座にござるからじゃ。人民様は、生きある何時かの時々に、自ら至誠の口の座に、数多の不誠を据え置きたを忘れて居られるが由、自らがもろうメグリの真姿に気付けぬのじゃ。こは元つ真釣りの、万古不易の神法なるを知りて下されよ」（P．63〜64）

長い引用が続いているが、ここは、アセンションの意味を考えるうえで大切なところなので、もう少しお付き合いいただきたいと思う。

うそをつくことが真釣りを外すことだと丁寧に説明されている。うそは必ず、メグリとなって自らに返ってくる、すなわち苦となって自分に降りかかってくるというのだ。人は簡単にうそをつくが、それが不幸の元になっている。

「火を見やれよ。火は総てを焼き払い、マコトの響きのみをタテワケ残す型示しにてあるぞ。

万象万物正化の響きをタテワケご守護致すが大事な御ハタラキじゃ。【口】に出した事どもは違えず【行】いて下されよ。【口】を慎みて下され言うはこの事あるが由じゃ。【口】は火傷の元ぐらいに思いて慎み行くが善かろうぞ」（P．64〜65）

口に出したことは、違えずに行いに結ぶ。これは簡単そうなことで難しい。政治家は言葉が命のはずだが、その政治家ですら成されていないのだ。まして、一般人が実行するには相当な覚悟が必要だ。できない約束は初めからしない。まずは、ここから始めたいと思う。

「水の御ハタラキ申すは、三《み》なるぞ。顕なるぞ。体なるぞ。地なるぞ。行なるぞ。水の位に座されます御力徳におわします。こは母の御役じゃ。万象万物【成化】の御ハタラキにありて、至慈至順の御ハタラキにてござるよ。真釣り顕すご苦労がその基じゃ申して居るのぞ。火の位の響きを受けて、どんな事でも真ス直に形に結び顕し下さる、否と申さるる事の無い響きにてござるのぞ。自らの意にてカタチを顕さるる事の無い、至従至順の極みにておわす由、総てを顕すお力をお持ちなのじゃ。こは解かるでござろうが。我欲がありては適わぬ事ぞ。

水を見やれよ。与えられある器に従い。言挙げもせず、自らの尊きを汚されありても、逆らう事の全き無いまま、唯ただ尽し切る至順そのものにござろうが、至慈ある由の至順にて

あるぞ。ス直が総てを顕し育む尊き型示しにござるよ」（P．68～69）

水は器によって形を変えることが型示しになっているという。火のハタラキに従って形を顕すことがハタラキであるととれる。

「水はス直が基の御ハタラキにござるから、主《あるじ》次第で【真ス直】にも『魔ス直』にも鳴るは解かりて下さるな。こ度はこの御座に、全きマコトの響きを成り鳴らせる御代となるのであるぞ。好い加減のところで手は打てぬ、申すも解かろうが。今今は『魔ス直』の世にてござるから、水の顕すカタチを基と成して正邪のご判断をなさるで無いぞ。美しきカタチにだまされるぞよ。水は万象万物【成化】の基なれば、火の位の響きあらば必ず真ス直にカタチに結び顕すは伝え知らしたな。なれど、マコトの父の火を間違うてはならずぞ。水のカタチ（陽の構え）を火と偽りて、父の火の如く振る舞わせても、マコトのモノは出来はせんぞ。そうでござろうが、水と水がくみ結びても流れるだけではござらぬか。末は解けるモノばかりじゃ申したはこの事にてあるよ。【真ス直】にお戻し致すも『魔ス直』に誘うも汝の仕事じゃ。汝等は『魔ス直』だけを知り取りて、水の清きを忘れたのであるよ。水の清きを忘るるは恥ずべき事ぞ。水の尊きを汚し行くは神に仇成す事にてあるぞ。今今に水を敬い崇め真釣ろうて、水の清きを取り戻されよ」（P．69～70）

陽と「陽の構え」を取り違えていては、「真ス直」にはなれないという。これまで陰陽の教えは根本から違っていたのだ。陰と陽が逆転していたのだ。火は陽ではなく、「陰の構え」、水は陰ではなく「陽の構え」だったのだ。同様に男も陽ではなく、女も陰ではない。そして、その取り違えは「魔釣り」だという。

「水の清き尊きは解かりて下されたか。水は火の位に何様か座しあらねば、産まれ来ぬ御ハタラキであるを今今に、シカリとハラの底底に入れなされ。こを汝等は解かりて無い由、水の御ハタラキを、水の御代ざなど申して悪く申す開き盲が居られるが、この方、水の御代になぞした覚えは無いぞ。人民様が勝手に自ら心曇らせ、汚してはならぬ清き尊き水を『魔ス直』に誘い、ホドケの世となさしめたのでござろうが。霊主心従体属《れいしゅしんじゅうたいぞく》申すは、お題目にてはあらざるぞ。生き活き成り鳴るマコトの響きぞ。火主土従水属《ひしゅつちじゅうみずぞく》じゃ。火の位に何様か座しませば、水は属なる由、副うてマ釣るが御ハタラキにござろうが。善いか、身欲を真中の基に居座らせ、心の御座を曇らせし汝がご自身が悪かりたのじゃと、気付くが大事ぞ」（P.71～72）

これまでは、「体主霊従」の世といわれていた。本当は、「霊主心従体属」が正しい姿だったのだ。

「お土の力の御ハタラキは、火と水のマ釣り結びた素型を、スクリと真すぐに立てなさる〔・、真中の構え〕の御ハタラキにござるは、伝え知らせ参りたな。お土の力の御ハタラキ申すは、二《ふ》なるぞ。幽なるぞ。力なるぞ。月なるぞ。心なるぞ。結び解く御ハタラキざ申しても善いぞ。万象万物【産む】御ハタラキじゃ。こが神の大事な御役ぞ。火水マ十字に組み結ばねば何事も産み出すは適わぬなり。こが神の真中の基なり。真釣るご苦労がその基じゃ申して居るのぞ。マ十字に組みた真中を中心に、火はヒダリに水はミギリに、それぞれ逆に回らむを、回る力を真釣りして、火立てスクリと結び成し。万象万物産むところ。尊き力の座すところ。力のお宮と申すなり。スミキリて、結ぶ響きが救世の、こ度に鳴り成る神響き。こ度を救う要石。真釣るお宮の要石。汝を救うが汝の真中のお宮にござる」（P．75〜76）

力のお宮はこれまで隠されていたように思う。国常立大神が復活されて、初めて明かされたのだ。

「こ度は真釣る十字が万古末代傾くことの無き様、元つ仕組みの花咲く、救世の響き鳴り渡る、地のへの王の王の王のご神力、成り鳴る尊き力徳の、響きスクリと顕じなされて、万古末代ご守護なす、ミロクの御代と致すのであるぞ」（P．76）

力のお宮すなわち心を澄みきらすことがアセンションのもう一つのポイントだ。心を身欲で曇らせてはならない。

「情けの真中にて真釣るを取らせ、花の真中にて真釣る慶びを産み有む響きがお土の音色じゃ。【口・心・行】にありては【心】がお土の力の御ハタラク御座なるを知らせ置くぞ。心スミキラねば口にマコト立たず、行い偽りに結ぶのみぞ」（P．76〜77）

火水伝文では、P．79〜80でもう一度、火のハタラキの大切さを説いている。

「三真釣り持ち行くに、心スミキリあるは、こ度外せぬ肝腎要の大事にてあるが、マコトをタテワケ、真釣りを支えある火の御ハタラキ、強く護持致して下されよ。今ザマの人民様申すは、口の御座の尊きを知りて無いが由、自らにご都合の良き嘘をつく者、ぐちぐちと自らの辛きを嘆く者、数多居られるが、周りの者が心配なさる様な事どもも、ご自分の事しか頭にないから平気で申されて、そ度、自らにも周りにも、不調和の響きバラ蒔いて居るのじゃぞ。口の座にまし座す火の御ハタラキ申すは、真釣りを支える強きご苦労の御役なれば、ウソと言う事は申されず。虚言《たわごと》や弱音を吐き居れば、キッチリそれだけのメグリをお渡し致すのぞ。真釣りを支える強きマコトの言魂以外、座すは許さぬ神座申した事、今一度ハラにお

入れなされよ。汝等が虚言あれ弱音あれ、吐くは汝等の勝手なれど、そがために巻き込まれ、作らいでもよいメグリを他人に作らせ参るは、マコト心卑しき業なれば、少しはマコトを出されて、ご自分の事より、他人を支える火の御ハタラキを、口の御座に座さして下されよ。真釣りに仇なす不調和を、バラ蒔く者と成るよりは、調和をふり蒔く者と成りて下されよ。土台が狂うてござるぞよ」（P．79～80）

口は、火の御ハタラキだから、「陰の構え」、つまり、支えるはたらきだ。万葉集にも「葦原の瑞穂の国は神ながら言挙げせぬ国……」（巻13－3253）とあるように、昔から日本人は自己主張しないのが美徳だった。言葉は他人を支えるためにあると考えたほうがよい。弱音を吐くな、虚言を申すなは、耳が痛い話だ。

次に「我」について述べられたところを見てみよう。我空さんは、我を空しくしろということで、神様からいただいたお名前だ。とかく、精神世界で勉強していると、我をなくせといわれることが多い。いったい「我」はどうしたらいいのだろうか。

「何かに付け三真釣り持ち行く申すは、口と心と行いを、少しも違えず行に結ぶことでござるから、【違えず行に結ぶこと】だけを念頭に、身欲損得を捨てて行じて下されよ。考え深くあるよりは、真釣り深くありて下されよ。真釣りに響く考えるは【カミカエル】でござるから、善いのであるが、魔釣りに響く考えるは《我（が）得る》だけであるからぞ。《我が得る》だけでは、益々真釣りを外すだけではござらぬか。神のご用に使う程の者は、我があり過ぎても無さ過ぎても困るのであるから、真中と我、どちらが汝の主であるか、今今にハキリ、タテワケ致しおいて下されよ。汝等の真中と我、同じじゃ思い見なし居りては間違うぞ。

〔我〕申すは、汝等生来の色にござるのじゃ。色の響きさざ申しても善いぞ。元々のものなれば『我善《われよ》し』思うも『我悪し』思うも、偏りたるハタラキの顕れにござるを知りて下されよ。〔我〕に元々善悪は無いのであるぞ。双方〔我〕を律し切れぬが因でござるよ。双方ご自身の真中を知らぬが由の不手際にござるよ」（P．85～86）

我は、その人の個性を形作るもので、我には善も悪もない。だから、我をなくすことはできないのだ。しかし、我が強すぎると一般社会でも問題となる。今の私たちは、真中に身欲を置いてしまっているために、我が自らの主人なってしまっている状態なのだ。

「汝等皆々〔我〕を空しゅう致されて〔我〕を律するお力、持ちて居るではござらぬか。なれど汝等今今は〔我〕に首輪をかけられ居るを知りて居るか。主従が逆様になりてござるぞ。もともと〔我〕は汝が真釣れば、一如に和し真釣る響きにてはあるが、〔犬〕の如く自らの真中の響きの固持に忠実な響きでござるから、汝が《身欲》を基の『あやま知』に囚われ、汝の真中に《身欲》を据えて居らるれば《欲》の響きと共鳴り致すも道理でござろう。汝ご自身が真中のマコトに気付きて無くれば、真中に居座る《身欲》を主と思うぞ。汝のマコトが命令せなで、いかで汝の真中の本懐が立つ思いてか。汝等がそのようなザマであるから〔犬〕は知らず《欲》に使われ居るのぞ。《欲》を操る者どもが〔犬〕に命令を下し居るのぞ。主に忠実な〔犬〕は〔我〕に命令与えあるを主ざ思う由、《欲》の言いなりになりて居るのじゃ。これ解かるか、汝のマコトの真中で無き者が、犬なる〔我〕を使うて汝を動かし居るのぞ。ざから首輪が逆になりて居る申して居るのじゃ。情け無き申しても余りであろうが。今今の今に首輪かけ換えて下されよ。誰がマコトの主かハキリ、タテカエ、タテナオシなされて下されれ。主人が何時までも気付けぬ、ふ抜けのままにあれば、〔犬〕は慢心致して、これで間違い無い思うに至るのぞ。悪き《我善し》の誕生でござるよ。四つ足が汝の主となりてしもうのぞ。〔犬〕自ら《欲》を求める様になりてしもうたら、足、早いぞ。転ぶまで止まるは適わぬ馬車馬の如き有り様となるぞ。こう成りては汝の申す事など一つも聞かず、汝に仇成す事ばかり致す様に成りてしもうぞ。〔犬〕が勝手に一人立ちなされた申されても〔犬〕の成したる行状の転びた先の後始末、総てはマコトの主の汝等が、詫びてなさるは解かりて居ろうな。《欲》を抱き参らせた〔犬〕自らが主ざ思う様になりては、自ら求むるものなれば、どんな欲にも手を出すぞ。そに善悪の判断は無いのじゃ。後先の事も無いぞ。総

て《我善し》力で押し通す様になるのぞ」（P．86〜88）

我の臣下になってはならない。我を臣下にしなければならないのだ。そのためには、「あやま知」に気づき、身欲を断つことが肝心だ。では、身欲を抑えるにはどうすべきか。それは「我先」を改めよと、伝文はいう。

「今今より汝等皆々、何に付けご自身の思いは、身欲は最後の最後に致す様に慎みて下されよ。こはこれからに関わりて大事な事であるから、違わず身に備わしめるのじゃぞ。この方からも汝の真中に頼み参らせるぞ。家の内にありても、家の外にありてもそう成されて下されよ。今今は悪き響きを摘み行く時節であるから《我先》いう響きは《我先にメグリ頂く》いう事に成りて居るを知らせ置くぞ。

いつあれ、どこあれ《ワレ先》の成さり様でありたら危ういぞ。摘み行く響き鳴り鳴り高まり成りてあるが解からん様では、この先既に糸は切れて居るやも知れんぞ。何事か起こりありても堪えられる迄堪えて、他人を先に譲りてやりて下されよ。自分の思いは引っ込めて、他人の思いを先に立ててやれよ。美味しい物も、残りありたら頂かせてもらうが善いぞ。急けて居りても、他人に先にやらせて上ぐるが善いぞ。メグリ既に汝等お一人お一人の足元に添い控えあるのぞ。悪き響きに呼応して災い装い現れて、辛苦を表に開くなり。情けを裏に

開くなり」（P．90〜91）

身欲をひかえて、我先をやめてくれと述べている。そして、もちろん、三真釣りを持ちいくことが大事となる。

「《ワレ先》いうは、《悪き響き》ざ申して居るのじゃ。今や遅しと出番を狙うてウズウズなさりて居るメグリを、自ら解き放つ様な真似は成さらいで下されよ。世間の流れに逆らわず、けして染まらず、異を自ら唱えず、慎み深く身を持ち行きて、後の方からゆっくり歩み参りておい出なされ。この方が共するぞ。慌てる事は何も無いのじゃ。口を慎み、心を慎み、行を慎み、三真釣り持ち行くことが、汝の足元を払い清め、メグル響きを真釣る響きに換え行くミチざ申すこと、ハラに入れよ。良いな。口慎しまれよ、心慎しまれよ、行慎しまれよ」（P．91〜92）

結局のところ、三真釣りを持ちいくことがアセンションの要である。だから、しつこいくらいに伝文はそれを繰り返し述べている。

アセンションについて記された書物のほとんどがそこに言及していない。ただ、次元が上昇し、すばらしい未来が来るような印象を与えている。しかし、そこに生まれ変わるためには、三真釣りが必要なのだ。なぜなら、ミロク世に生まれるためには、それにふさわしい魂となっていなければならないからだ。

長い引用となったが、あえてそれを行ったのは、私たちがアセンションを迎えるための基本的な姿勢がここに述べられていると思ったからだ。ただ、それを実行することは、決して易しくない。しかし、「火水は歩め」と記された意味は、まさにここにあり、実行しなければ火水伝文が出された意味がない。

第三章

善と悪が一つになるアセンションの型示し／イシヤの仕組み、金のいらぬ世へ！

西の仮の宮は京都から橿原へと移された

京都に仮の仮の仮でよいからお宮を祀ってくれと、神様から指示があり、我空さんは京都に、西のお宮を開いた。私も一度、そこを訪ねたことがある。京都市伏見区にあるマンションの一室だった。広くはなかったが、清潔感のある建物だった。

ところが、しばらくして、西のお宮は、京都から奈良県の橿原《かしはら》市に移された。確か神武天皇が祀られている橿原神宮からそう遠くない場所だった。マンションというよりはアパートといってよい集合住宅の一角を借りられた。

そして、いよいよ西での動きが本格化した。東京からここに住まいを移されたかのように、こちらに滞在される時間が長くなった。

やがて古材を使って茶室を作り上げた。寸法から材料や何から神様からの指示だったようで、なんらかの型と思われた。もちろん、業者には頼まず、すべて火水伝文の読者のボランティアの手で行われた。古材を使ったのは、古木《ふるき》をよみがえらせるという意味があったのだ。

そして、ここは虚空坐皇太神宮《こくうにいますすめおおかむのみや》と名付けられた。誰もが使用してもいいことになり、私を含め、何人かの人にアパートの鍵が渡された。

十津川村にある超ド級のパワースポット／玉置神社への参拝

奈良県には、知る人ぞ知るパワースポットがある。それは玉置《たまき》神社だ。少し紹介しておこう。

奈良県のはずれ、和歌山県の県境近くにある標高一〇七六・四メートルの玉置山の九合目にある古社だ。住所は、奈良県吉野郡十津川村玉置川一番地。交通機関もバスしかなく、まるで陸の孤島のようなところだ。日に何本もないバスの停留所からは長い時間歩かなければならない。

熊野三山（熊野本宮大社、熊野速玉大社、熊野那智大社）の奥宮といわれているが、直接の関係はないようだ。ご祭神は、国常立尊《くにとこたちのみこと》、伊弉諾尊《いざなぎのみこと》、伊弉冊尊《いざなみのみこと》、天照大神《あまてらすおおかみ》、神武天皇の五柱だ。

熊野本宮大社のご祭神は、素戔嗚尊《すさのおのみこと》だ。熊野という地名は、素戔嗚尊に由来するといわれているほど、素戔嗚尊は、熊野の地と縁が深い。玉置神社が熊野三山の奥宮なら、素戔嗚尊もお祀りされていなければおかしいが実際は漏れている。この理由は、のちに我空さんが明かしてくださった。

玉置神社の社務所は、書院風の造りで、それぞれの部屋が板ぶすまで仕切られている。この板ぶすまは、杉の一枚板で作られ、狩野派の法橋橘保春の筆による龍虎山水の絵が描かれたすばらしいものだ。現在七十枚が残され、建物と併せて、国の重要文化財に指定されている。一般公開されているので、訪ねられた折には、参拝の後にご覧になるといいだろう。

境内は、樹齢三千年にも及ぶ杉の大木に囲まれている。神代杉、常立杉、夫婦杉など名前が付けられたものもある。境内には、三柱神社があり、ここには三狐神が祀られている。この神は五穀豊穣の神で、全国の稲荷神の元神だという説もある。一般には、京都の伏見稲荷が稲荷神の総本山とされるが、その元がここだというのだ。

さらに、境内から玉置山山頂に向かう道筋の途中に玉石社がある。玉置神社の摂社だ。社殿はなく、地上に露出した丸い玉石が御神体だそうだ。いわれによれば、この玉石は相当大きなもので、氷山の一角と同じように埋まっている部分は見当もつかないという。

玉置神社発行の「玉置山由緒略記」によれば、玉石社は、崇神天皇が早玉神をお祀りしたものだとあり、「玉置山縁起」では、その早玉神は大己貴命《おおなむちのみこと》とある。

玉石社もパワースポットといわれ、玉置神社に参拝に来られた人はここも必ずお参りするようだ。玉置神社は、今でこそ多くの人が紹介して有名になったが、当時はほとんど知られていなかった。というのも、地元では「玉置が世に出る時は、世が落ちる」との言い伝えがあり、長い間秘められていたからだ。文化庁も写真一枚撮影を許してこなかった。

当然、我空さんもご存じなく、私に尋ねてきたほどだ。

「僕、玉置神社に行かなくちゃいけないみたい。神様は奈良県にあるとおっしゃるけど、ある人は和歌山県だというし、玉置神社って知ってる？」

確か、こんな感じで話された。家に玉石社の写真が載っている本があったので、それをお見せした記憶がある。

玉置神社

玉置神社境内にあるパワースポット玉石社

玉置神社社務所内にある重要文化財

かつて天皇が旨でたといわれている場所

我空さんには、次のような指示が降りていた。一九九二年七月十日のことだ。「玉置神社には、高倉の尊を通して松実一族を使い、元信があない（案内）する。機嫌よう参られよ」。そして「竹筒から参れよ」との言葉もあった。

お名前はあえて実名で紹介させていただいた。どの方も我空さんには見当もつかない名前だった。我空さんは、稲垣さんという方にも玉置神社の話をされた。稲垣さんは、七月十三日に高倉さんから火水伝文を送ってもらっていた。

実は、稲垣さんの奥様のご一族が玉置神社に関係していた。奥様のご実父が十津川村生まれで、奥様のいとこにあたる方が、当時、玉置神社の神官（権禰宜）だったのだ。十津川村は玉置山のふもとの集落で、代々玉置神社をお守りする役目を負っていた村だったのだ。

「高倉の尊」と下された高倉さんは、稲垣さんに火水伝文を紹介した方だった。

稲垣さんの奥様は、その一カ月前、実のお兄さんが亡くなられ、葬儀に参加された。その折り隣席にいらしたのが、元信さんだった。が、そのときは元信さんのことはまったく知らなかった。玉置神社の神官であることはもちろん、そういういとこが自分にいることさえ知らなかったのだ。元信さんの御一族は、代々玉置神社の神官だったのである。

稲垣さんご夫婦が我空さんと七月十六日にお会いしたとき、帰り際に突然我空さんがこうおっしゃったという。

「僕は、玉置神社というところに呼ばれていましてね。どうもその神社は奈良県にあるらしいんですが……」

そこで、奥様が、実は一カ月前に兄が亡くなって、そのとき、玉置神社の神官をしているいとこと出会ってと、話を始めた。そのときは、それで終わったが、我空さんにはピンとくるものがあった。

翌日、

「あのう、失礼ですが、稲垣さん、旧姓はなんておっしゃいます?」

「松実ですが」

これで話が通じた。

「では、玉置神社の神官をされているといういとこの方のお名前は?」

「元信です」

すべてが図られていたのだ。こうして、元信さんの案内により、我空さんは玉置神社に向かうことになった。

「ところで、タケヅツというところをご存じですか?」

我空さんが元信さんに尋ねた。元信さんは、初めわからなかったが、やがて竹筒のことだと知った。竹筒はタケトウと読む。我空さんには文字として降りてきたので、読み方がわからなかった。

竹筒は、玉置山の登り口にある集落の地名だ。かつて神武天皇は、八咫烏《やたがらす》の先導で、竹筒から玉置山へ向かったとのいわれがある。そして、玉置神社で兵を休めたと古文書が伝えている。

実は、秘境といわれる玉置神社には近くに駐車場があり、車でそこまで行けば十分ほどで行くことができる。しかし、神様はそれを許さなかった。神社へは下ることになるからだ。竹筒から神社に向かえば、山道を小一時間登ることになる。そして、その登山口には、平家一門の供養塔があった。言い伝えでは、弘法大師・空海が平家の霊を慰めるべく供養塔を建てたという。

我空さんは、当日、まるで山登りのような思いをして、玉置神社に参拝された。一九九二年八月二十八日のことだ。

皇太子様と雅子様のご成婚／イシヤの仕組みの完成！

翌年の一九九三年六月九日は、皇太子殿下と雅子様のご成婚の日だ。トコタチ（一九〇〇年）の世紀のミロク（三年六月九日）の日だった。

神様は、我空さんに、「この日イシヤの仕組みが完成した」と告げられた。世界を牛耳《ぎゅうじ》っている闇の勢力の地球支配の完成を意味する。私たちを入れる鳥かごができあがり、私たち一般人はそこに閉じ込められたということだ。「魔釣り」が成就したともいえる。

つまり、私たちの囚われ、つまりメグリを苦でほどく仕組みが完成したということだ。

実は、ご成婚のイベントと重なるようにして、もう一つの出来事があったのだ。それは、我空さんと関係者七名で、玉置神社で「火水宇気霊《ひみつうけひ》」を奏上することだった。

皇太子殿下と雅子様のご成婚の日、イシヤの仕組みが完成した⁉

「火水宇気霊」とは、大国常立大神に対しての誓いの言葉のようなものだ。一九九三年一月元旦に、我空さんが拝受したものだった。火水伝文の内容をある程度理解し、受け入れていると思われた人たちには我空さんから渡されていた。

特徴的なのは、神様に初めにお詫びを申し上げる点だ。「知らざる〇九十《コト》とは申せ、神代より足らざるを足らす地の日月の十産十キ《とうとき》を身欲に包み覆いたる不覚の数々、九九《ここ》に過ち歩みたココダクのツミケガレ、㋑間《いま》にお詫び申し上げます」との言葉を奏上する。

さらには「火水を歩んで」いる者でなければ、奏上できない危険な要素をも含んでいた。鼻高になっていたり、覚悟が足りなかったりすれば、きっちりメグリが渡される。いかなる覚悟もできているので、鍛えてほしいという、神様に対しての宣誓だ。

宇気霊《うけひ》奏上にあたって、七名には、現世的な命は召し上げられてもよい覚悟で臨むよう指示が出ていた。もちろん、現実界を離れる覚悟をしたくなければ参加を断ってもよく、一人は断りを入れてきた。その人を除いての七名だったのだ。

ご成婚の日の前日の六月八日に橿原のアパートに集合し、準備を整えた。我空さんを含む八名全員が神主の衣装のような白装束に身を固め、出発の時を待った。

午前二時。予定より二時間早いが、出発すると我空さんから指示があった。そして、全員が一台の車に乗り込み、出発した。ところが、出発してすぐ、私たちはとんでもないミスをしていたことに気づいた。

ガソリンが残り少なかったのだ。真夜中なので、橿原市に開いているスタンドはなかった。当然ながら、山の中となる目的地の十津川方面にはあろうはずがない。仕方がなく、逆方向の八木まで行き、給油することにした。

八木市に着いてもなかなかスタンドは見つからなかった。明かりがついているのは消防署ぐらいのものだ。そこで、消防署に駆け込み、開いていそうなガソリンスタンドを教えてもらうことにした。夜中に白装束の一行が消防署に乗り込んだのだから、さぞや署員は驚いたことだろう。

ようやく、給油も無事済み、再び、十津川に向けて出発した。そして、当初の予定どおり、平家一門の供養塔のある竹筒の登り口（竹筒辻）に到着した。二時間前に出発したから予定時間ぴったりとなったのだった。

すでに夜が白々と明けてきていた。案内役は、登り口で待っていた元信さんだ。霧雨が舞い、身体が少しずつ濡れていく。およそ四十分。玉置神社に到着した。手水で口をすすぎ、本殿に向かう。奏上したのは、本殿の軒先の外だった。雨が降っていても、軒先の下に入ることは許されなかったのだ。

しかし、橿原に戻る頃にはすっかり晴れ渡り、私たちの神業がうまくいったことを暗示しているようだった。

私たちの宇気霊奏上は、「表のむすびを裏でほどく」という意味があったと、神様から我空さんを通じて教えていただいた。

「火水宇気霊」は、「スサナルのうけひ」ともいうそうだ。玉置神社には、素盞鳴尊がお祀りされていないことを思い出していただきたい。実は、ここで宇気霊を奏上した一人ひとりがスサナルノミコトだという。宇気霊を唱える人の真中にスサナルノオオカミの響きが感応したとき、玉置神社に仕組みに関わる神々が揃うのだ。

もちろん、それは私たち八名のことだけではない。宇気霊を唱えればもちろん、そうでなくても、真心をこめて参拝し、真中にスサナルノオオカミの響きが感応すれば、玉置神社にスサナルノオオカミが降臨されたことになる。

ガソリンがなくて、八木市まで行ったことには意味があったそうだ。八木は八が付く地名で子宮内の8の世界の型だった。橿原は九で、十津川は十。私たちは、一度、8の世界に戻って、そこから九を経て十である玉置神社に向かう必要があったと、後日、我空さんから説明があった。

これもまた仕組まれていたことだった。

八王子に東のお宮を移す／天恵自足の道へ

こうして、西でのご用が進むなか、今度は、杉並区にあった東のお宮を東京都の八王子に移転させることになった。一九九五年七月のことだ。そこは八王子市内の新築のマンションだった。ここでは、火水伝文をともに「歩もう」とする人たちも集った。彼らは、空いている部屋を共同で数戸借りて移り住んだ。

そして、通称ドンカメ基金と呼ばれる基金を管理する事務局もそこに移転した。ドンカメ基金とは、正式名称を自然環境保全施設基金という。我空さんの発案で生まれたもので、一九九四年の六月から三年間、一人、毎月一万円を基金として送金するのだ。基金の管理は、事務局が担った。火水伝文をともに「歩もう」とする人たちのなかから理事等が指名され、彼らによって事務局が設立された。代表理事は、我空さんのお兄さんだった。

この基金について、我空さんは次のように説明した（今後も歩もうと表明した人たちに送られた一文の抜粋）。

「八九船作りのユ産みをスベる、九重六《ココノエムツ》の中の三年のハカリとは、皆々様ご自身の三六下生《ミロクゲショウ》の準備の舞台のこと。食物《オシモノ》の天恵自足《テンケイジソク》に向う農《ノウ》の五代産も、もちろんですが、それをも支える神産《カム》響き、感動の喜怒哀楽を司《ツカサド》る、皆々様ご自身の荒魂《アラタマ》を、須賀《スガ》しき笑《エミ》と、無償が愛の喜びに、溢れる力《チカラ》とヨミカエス、外せぬ五代産があるのです。そして、このことに関って、万《ヨロズ》に苦至喜力《クシキチカラ》と顕し行くことが、三五七《ミコナ》ルハカリの八九船作り、と言うことです。八九船とは、自らの真中の万の喜びを運び顕わすフ音《ネ》のことです。今度の八九船は、最期の『アノアの八九船』とお伝え頂いて居ります」

基金は、「アノアの八九船」だという。「ノアの箱舟」の現代版のようだ。大事なのは、基金だけが八九船なのではなく、私たち自身が八九船とならなければならないことだ。一文には、「皆々様ご自身をも、八九船と鳴り成すご苦労が必要なのです」という一節もある。

しかし、その前に、まずは、基金を立ち上げ、「八九船を地に顕わす」ことが求められた。本文中の「苦至喜力《クシキチカラ》」とは、苦を喜びに至らしめる力と解釈できる。

さて、基金には、およそ五百人の会員が集まった。もちろん、私も参加した。というのは、一つには、基金に参加した人には、火水伝文の後半部分の「下つ文」を購入する権利が得られると聞いたからだ。

火水伝文のあとがきを思い出していただきたい。「今回本となりました分は【火水伝文】として拝受いたしました全体の約半分ですが、ご神霊のお導き通り過不足なくお伝え出来ているものと存じます」と記されている。今ある分は約半分で、しばらくして「上つ文《うわふみ》」と呼ばれるようになった。後半部分が「下つ文《しもふみ》」だ。

火水伝文は、一九九一年の七月十二日から十二月七日まで降ろされたもので、初めから、「上つ文」と「下つ文」とが同時に降りていたのだ。

私は、基金に参加すると同時に、三万円を添えて十冊申し込みを行った。後からきっと読みたい人が出てくると思ったからだ。

基金の活動は、初めは機関誌を発行するぐらいであったが、次第にミロク世の型出しを行うようになる。基金の趣旨は、循環可能なエネルギーを基に衣食住の自立を図り、自然環境と人とが調和した国創りをめざすというものだ。これがミロク世の在り方だと思われた。

「天恵自足」の環境づくりが基金のキャッチフレーズになった。自給自足ではなく、天の恵みをいただくということで「天恵自足」。

翌年の一九九五年六月、ドンカメ基金とは別に、基金に集う有志が集まって「ドンカメの心」をあらわすために、八王子で活動が始まった。最初に集まったメンバーが九人だったところから、グループ名は「九重倶楽部《ここのえくらぶ》」と名づけられた。九名が重なり合いながら力を出し合って協力するという意味が込められたというが、私はそこには参加しなかったので詳しい経緯はわからない。

さらに、七月になって九重倶楽部の新しい参加者たちが自分たちの住居を探していたところ、八王子市内でマンションが見つかったのだ。そのマンションに、お宮も移したのだった。ここには徐々に人が集まり、ついには3LDK八戸を借り上げ、三〜四十人が共同生活を行うようになった。

ドンカメ基金の会員と九重倶楽部のメンバーは重複していたので、以後の活動は、私たち外部からは両者の区別がつかなかった。九重倶楽部イコールドンカメ事務局のような印象だった。そして、八王子で共同生活をしながら、「天恵自足」の生活を実現させようとする人たち（九重倶楽部も含む）と、基金に出資することでお金の面から支援する人たちに分かれた。

支援者の一部には、頻繁に八王子を訪れ、ボランティア活動を行う人もいた。

ドンカメ基金の活動は、「天恵自足」が基本だから、まず農地が整えられた。自分たちの食べるものは自分たちで作る。次に、住環境も自分たちで整えようと、立派な工房も整えられた。近所の家庭を回って生ごみを集め、それを堆肥にするプロジェクトも実行された。ゴミをお宝にするのだ。さらに、自分たちの排泄物（ウンコ）も堆肥にすべく、おがくずを利用したトイレも製作された。

こうした試みはいまでこそ当たり前になってきたが、当時はまだ珍しく、ある程度ミロク世の型出し（将来こうなるだろうというモデルケースを示すこと）になったといえるだろう。

また、車を改造し、移動式のたこ焼き屋も始めた。メンバーが本職のたこ焼き屋さんから手ほどきを受けたのだ。これは、現金収入となった。基金は三年でストップするので、その後のことを考えて始めたらしい。

ただし、メンバーのそれぞれが交代で週二日、たこ焼き屋を行い、あとの五日は自由に行動してよいということになった。人間の本質は、怠け者ではなく、創造性豊かな生き物であるという。だから、自由な五日間を決して無駄に過ごすはずはない。創造性にあふれた有意義な時間が約束されたのだ。人は食べることから自由になったとき、思いどおりのことをすることができる。

こうした生活はメディアでも取り上げられるようになった。たとえば、一九九六年の一月十五日号の「アエラ」（週刊誌／朝日新聞社発行）だ。「特集・日本人は働きすぎか『働くのは週二日で十分だ』」というタイトルで大きく掲載された。

「ニューズウィーク日本版」（一九九六年三月二十七日号）では「特集・会社人間よさらば『鈍なカメも悪くない』」と持ち上げられた。同年三月二十五日号の「ニューズウィーク国際版」にも同じ内容のものが掲載された。

新聞では「東京新聞」が一九九六年五月十九日号で、「タコ焼きは世界を救う！」というタイトルで紹介した。

テレビでは、「TBS」が、「ドキュメントDD」という番組で「夢の週休5日・共同生活隊」というタイトルで、一九九六年二月二十六日に放映を行った。三十分間の番組だ。「NHK」では、「未来派宣言」という番組が「ひと月を五日で暮らすいい男」という題名で二十四分にわたり放映した（一九九六年四月六日）。

さらにイギリスの「BBC」が取材に訪れ、こちらは五月二十一日に「BUSINESS BREAKFAST」と「WORKING LUNCH」という番組で放映がなされた。いずれも三分間だったそうだが、世界に活動が紹介されたのだ。

さらに、ドンカメ基金の理事が「末代潰れぬ会社創り――固定費を極小に向かわせながら喜びの環境を創る」というタイトルで論文を書き、英訳、それを海外の知り合いに送ったところ、国連から招待状が届いた。

それは、国連がトルコのイスタンブールで開催する「ハビタットⅡ　人間居住会議シティ・サミット」の民間ビジネス部門の「ワールド・ビジネス・フォーラム」というところからだった。このフォーラムに出席し、ドンカメ基金の考え方をプレゼンテーションしてほしいとのことだ。

ビジネス・フォーラムは、四日間にわたって行われ、ドンカメ理事のスピーチは一九九六年五月三十一日と六月一日に行われた。

「末代潰れぬ会社創り」とは、固定費（人件費や家賃、水道光熱費などの毎月決まって支払われる経費）を限りなくゼロに近づけることで、決して潰れない会社の運営をめざすというものだ。

国連会議での結果は賛否両論の意見に分かれたものの、ドンカメの試みを評価する人たちも数多くいた。

こうした国連での活動も、「週刊プレイボーイ」（一九九六年六月四日号）『タコ焼き君、国連へ行く』に取り上げられた。

八幡八雲神社でのお祭／岩戸開き祭

ドンカメ基金の支援グループの九重倶楽部の音頭で、かつて「フォークの神様」と呼ばれた岡林信康さんをメインゲストに迎え、「岩戸開き祭」を行うことになった。それは一九九六年六月八日と九日の両日にわたって行われた。場所は、八王子市元横山町にある八幡八雲神社だ。

その境内を快くお借りできた。神社に祭はつきものだ。「コンサートを開きたい」と申し出ていたら断ったとは八幡八雲神社の宮司さんの話だ。神社の青年会や地元八王子の伝統芸能を継承している人たちにも呼び掛けて、八幡八雲神社の「神輿《みこし》」と「囃子《はやし》」、秋川自然丘陵の一角の今熊山山頂にある今熊神社に伝わる「武州　今熊太鼓」、地元の御嶽神社の「龍頭の舞」ほか、いくつもの催しも行われることになった。

もちろん、模擬店も出す予定で、これは、「手作り縁日」として行うことになった。ここでは、宮大工さんの協力による釘を一本も使わない「木組み」の技術の紹介や、四百年の歴史のある瀬戸焼のつぼで炭を使って焼く「つぼやきいも」、「東京こけし」や「江戸独楽」などの紹介のコーナーも設けられた。

こうした取り組みは、主催者・後援者ともすべて手弁当で行われた。来場した客もお金を支払うことはない。餅つきの餅や焼き芋も無料でふるまわれた。

というのも、「お金のいらない社会」の型出しという意味があったからだ。火水伝文にこうある。

「汝等〈働かぬ者食ろうべからず〉とのたまうが、それ誰の決めた事ぞ。誰ののたまいし事ぞ。神、申してないぞ。汝等まんまと操られ、ワナにはまりただけぞ。そは『あやま知』に《囚われ》たるが由なるぞ。

汝等のハタラクハタラキ、ハタラク楽しさ食らう事と関係無きぞ。本来、汝等のハタラキ、

己れも楽しゅう人も楽しゅう、ハタ（他）楽なるが真姿ぞ。ハタラク事と食らう事いっしょにしてはならぬのじゃ」（P．13）

私たちは、「働かざる者食うべからず」といって、働くことを義務のように考えてきた。日本国憲法でも、第三章第二十七条に「すべて国民は、勤労の権利を有し、義務を負ふ」とあり、勤労と納税は国民の三大義務の柱になっている。

しかし、神はこれを過ちだとおっしゃる。祭を準備し、催行することはハタラクことであり、ハタラク楽しさを味わわせていただいたのだ。もし、お金をいただいたら仕事になり、食うことと結び付けてしまうことになる。

実は、「働かざる者食うべからず」は、権力者が支配されている人たちに対して述べた言葉で、彼らが働かなければ、権力者は困るからそういう言葉を創造したのだ。それが現在では、常識として定着してしまった。

本来のハタラク楽しさを、祭を通して体験するということに大きな意義があった。そして、それは次に訪れる「お金のいらない社会創り」の型出しの一つともなっていた。

私たちは、お金によって、時間も夢も幸せも縛られてしまっている。家族の幸せのために働いているといっても、結局はお金を得るために働いていたのだ。仕事がプライベートよりも優先されているることが何よりの証拠だ。そして、どんなに一生懸命、ほとんど寝ずに働いても、権力者、支配者側になることがほとんどできないこともそれを物語っている。今の格差社会を見れば納得できるだろう。

ドンカメの「週二日働く生活」はそれへの挑戦でもあった。「お金のいらない社会創り」が実現したら、経済面でも、世界中の人々が即、平等になれるのだ。アフリカが世界で最も貧しいのは自給自足ができていないからだ。

このお祭が八幡八雲神社で行われたことにも意味があった。八幡八雲神社は、八幡神社と八雲神社が合祀されたのでこの名が付けられた。同社のホームページにある由来を見ると、次のようないわれがあった（要約）。

「八雲神社は、もともと深沢山（元八王子城山の古い名称）の山頂に置かれていた。慶長三年（一五九七年）の大洪水で神体が流失。暗闇に御光を放ち、現れた神体を百姓五兵衛が発見し、自宅の土間の臼の上にお祀りしていた。ある夜、夢の中で不思議に神勅を受け、宿長の長田作左衛門の助力を乞い、八幡神社に遷座した。

その後、承応二年（一六五三年）に八幡宮と棟を並べて社殿が建てられた」

八幡神社のご祀神は誉田別尊《ほんだわけのみこと》で、一方の八雲神社では素盞嗚尊《すさのおのみこと》とある。誉田別尊はのちの応神天皇だから、八幡神社は天孫系の神であり、八雲神社は出雲系の神だ。この二柱の神が同列に合祀されているのは全国でも珍しい。

ここでは、伊勢と出雲の神様が仲良く鎮座されているということになる。しかも出雲の神は、大きな困難の後、ご自分の意思でここに遷座されたようだ。

これも、善と悪が一つになるというアセンションの型示しだ。どちらの神が善でどちらが悪ということもないが、かつて伊勢と出雲の神々の間で争いがあったことは確かなようだ。伊勢と出雲、対立する二つの神の合体。まさに、アセンションそのものであろう。

つまり、岩戸開きを象徴するような場所で「岩戸開き祭」が催されたのだ。これも大きな意味があったといえるだろう。

このお祭の模様も、「週刊女性」（一九九六年六月十一日号）や「女性セブン」（一九九六年六月六日号）、「週刊ポスト」（一九九六年六月十四日号）、読売、朝日、毎日新聞の多摩版や東京新聞、多摩日報等に掲載された。

では、我空さんに降りた神様は、この「岩戸開き祭」をどのように位置づけておられたのだろうか。「岩戸開き祭」開催にあたり、ドンカメ基金のメンバーに、我空徳生名で神示が送られてきた。わかりづらいかもしれないが、参考までに巻末に全文を掲載しておいた。ただし、このメッセージはあくまでドンカメ基金のメンバーにあてられているということを念頭にお読みいただきたい。

意味が取りづらいかもしれないが、ここで、注目していただきたいのは、「早よう憂き瀬に浮ぶ民草に、弥益《イヤマス》程にア田田交《タタカ》キ、田田交産《タタカウ》勇気を渡しくれ」という一節だ。

ドンカメのメンバーだけでなく、多くの人たちに、「ア田田交《タタカ》キ、田田交産《タタカウ》勇気」を渡してほしいとおっしゃっている。

たたかう勇気とはなんだろうか。自己の我や魔の心、つまり、身欲、保身、我善し心と戦ってほしいと読みとれる。しかし、それだけではない。たたかうが「田田交産」となっているからだ。

この二つの「田」は、「火の田」「水の田」を表しているのでないかと私は思う。「岩戸開き祭」の岩戸とはこの二つの田の境のことであり、境を取り払って、二つの田を合わせ、新たな次元、世界を産むことが「田田交産」ことだと私は思う。物理的に考えれば、岩戸とは、リサ・ランドール博士の提唱する「膜」のことだ。

「火の田」とは、目に見えない世界、いわゆる霊界であり、「水の田」はこの現世の世界のことだ。

アセンションに向かう勇気を人々に示してほしいということだろう。アセンションがすばらしいことなら、勇気などいらない、誰でもそこへ向かうのではないかと思われるかもしれない。しかし、それではないことはもうお伝えしたはずだ。アセンションするためには、自らの身欲、保身、我善し心と戦わなくてはならないのだ。苦はケガレを祓っていただくということだから、苦を感謝して受け入れるということでもある。結果、肉体の死を迎えることになっても、魂は磨かれたわけだから、やはり感謝だ。

伊勢神宮内宮前での「岩戸開き祭」／六六六に神の一厘を足して「㐂《よろこび》」とする

一九九六年六月八、九日の八王子の八幡八雲神社での「岩戸開き祭」に続いて、同年十一月九日夜、伊勢・神宮内宮の宇治橋前広場にて、新たな「岩戸開き祭」を行うことになった。主宰は九重倶楽部で、ドンカメ基金が後援することになった。

我空さんは、この「岩戸開き祭」に寄せて次の一文をリーフレットに寄稿している。このフミも大神様からの伝えごとと思われる。全文を巻末で紹介してある。興味があれば熟読いただきたい。内容は、相対二元の世界から、三元の世界への移行を促すような内容となっている。とくに大事だと思われるのは、次の一節だ。

恥知り足れば理開《ミチ》く、命《ミコト》の光産む迄は、頼る心の末を絶《タ》ち、自ら結ぶ位《クライ》出し、頼る心のもとも絶《タ》ちませ我子等よ。

おのれの我とタタカイ、我善し心をほどくことが求められている。自ら結ぶ「位」を出せという。この位とは何だろうか。

位という字は、人が立つと書く。まさに自立が求められているのだ。立は六という字の下に一を足した形だ。一とは、もちろん、神の一厘のことだ。六・六・六は、ヨハネの黙示録によれば、獣の数字だ。悪魔の数字ともいわれている。しかし、そのそれぞれに神の一厘を足していけば、七・七・七となる。この三つの七を組み合わせると、㐂（喜）という字になる。喜びだ。

天照大御神が岩戸のなかにお隠れになり、光が失われたとき、八百万の神々は、策略により、岩戸を開けて光を取り戻した。しかし、これではいけなかったのだ。光を神に頼らず、自らが立ち上がり、光を産む存在とならなければいけなかった。先の一節は、そう読みとれる。このことは、もう一度説明したい。

自らのうちに潜む悪魔に一厘を足し、喜びに転換しなければならなかった。内に潜む悪魔とは、身欲・保身の我善心のことだ。

光を産む存在になることが自立することでもある。それには、田と田を交ぜ合わせなければならない。すなわち、田田交《たたか》うだ。霊と体を交ぜ合わせることでもある。霊と体が一つになることだ。

自立と自ら光る姿の体現／立ちねぶたの製作

アセンション後の世界は、人も自ら光を発するという。道端の小石すら光っているのだと我空さんは説明したことがあった。今度のお祭のテーマは、「自立」と「自ら光る」ということだ。もちろん、これもミロク世の型出しにつながっている。

そこで、九重倶楽部では、青森県の五所川原に伝わる「立佞武多《たちねぷた》」を製作し、宇治橋前広場に奉納することにした。立ちねぷたは文字どおり、立ち姿のねぷたで、なかに電燈が仕込まれているので光ることができる。自立と自ら光る姿を体現しているといえるのだ。

ところが、五所川原では、立ちねぷたは近年、作られていなかった。というのも、電柱を立て、町中に電線が張り巡らされたので、高さがある立ちねぷたは、電線に引っ掛かってしまうようになったからだ。寝姿などの高さが低くて済むねぷたに変えられていたのだった。

立ちねぷたでなければ型出しにならないので、九重倶楽部のメンバーは、現地に赴きねぷたの関係者を熱心に口説いた。そして、ついに宇治橋前で復活させることに成功した。製作は、九重倶楽部と支援者たちが行うが、その指導をしてもらえることになったのだ。

実は、このことを機に、五所川原市でも、配線を整備し直すなどして、立ちねぷたを復活させることになる。

九重倶楽部が、神宮の近くに広い土地と宿舎となる建物を借り、九重倶楽部やドンカメ基金のメンバーなどが集結した。メンバーたちが、時間を見つけて代わる代わる訪れ、立ちねぷたの製作が続けられた。立ちねぷたは、針金等で型枠を作り、そこに和紙を張っていき、最後に彩色を行うのだ。スサナルノオオカミの立ち姿がデザインされた。

短い時間ではあったが、私も和紙を張る作業の手伝いをやらせていただいた。

宇治橋前広場の使用許可ももらうことができた。宇治橋前でこのような催しが許可されるのは初めてで、まさに神様のハカリといえるだろう。

我空さんは、この祭の意味を次のように説明した（我空さんの説明を私なりにまとめた）。

古事記では、イザナギとイザナミが国産みする話が述べられている。二神が最初に産んだ子が水蛭子《ヒルコ》だった。この子は骨がなく、醜い子どもだったので、葦船に入れて流してしまう。次に生まれたのが淡島で、この子も御子として数えないとある。

ナギとナミの二神に、どうしてできそこないの子ができたのか、天神《あまつかみ》に相談すると、女神であるイザナミが先に声を発したのがいけないということで、二神は、国産みをやり直す。

しかし、と我空さんはおっしゃった。「神様が国産みを間違うはずはありません」と。つまり、骨のない水蛭子を産んだのは、型を出す必要があって行われたことで、意図されたというのだ。

水蛭子とは、私たち人間のことだそうだ。人間を産むための型出しが、水蛭子だったのだ。動物は、生まれてすぐに立つことができる。牛や豚は、母親の体内から生まれ落ちると、数時間のうちに立つことができる。しかし、私たち人間は、生まれて立てるようになるまでおよそ一年の時間がかかってしまう。

このことこそ、「人が日月地の神なるためには1〜8（ア行からヤ行）までの成長が必要であることを型として示している」と我空さんは説明する。

アセンションすなわち、宇宙の出産に際して、私たち人間は、九にあたるラ行（産道）に進み、そして、十の世界に生まれ出るのだ。しかし、九に進むには、8までの世界が完成されていなければならない。未熟児であってはならないのだ。

この未熟児の状態が、水蛭子であり、生まれてすぐ立ち上がれない赤ん坊の姿がその型となって

スサナルノオオカミの立ち姿を模した「立ちねぷた」。右横に満月のようなものが写り込んでいるが、当日は新月の日だった

竿灯のオモテ（ひふみ祝詞）とウラ（神紋のマルチョンマーク）

全体の様子

いるのである。

そして、立ち上がるためには、一年すなわち一念が必要であることを教えているという。一念とは、もちろん、田田交う勇気のことだ。

この「岩戸開き祭」は、「今、無事成長し、8までの世界を完成させ、ようやく立つことができるようになりました」ということを神の前で、感謝の気持ちを込めてお見せすることだと我空さんはおっしゃった。

そして、もう一つ「岩戸開き祭」には大きな意味があった。それは、天照大御神の岩戸開きの本来のあり方を型として出すことだ。

古事記には、この岩戸開きについて、次のように記している。

スサノオノ命の乱暴に困り果てた天照大御神は、岩戸の中に隠れてしまう。すると高天原は真っ暗となってしまい、困った八百万の神々は、アマテラスに岩戸を開けてもらおうと天の安河に集まって算段する。知恵の神のオモイカネノ神がその計画を立てた。

それは、岩戸の前の河原でお祭をすることだった。アメノウズメノ命がストリップまがいの踊りを踊ると、他の神が大喜びではやしたてた。その騒ぎを岩戸の中で聞きつけたアマテラスは、外が気になり、少しだけ岩戸を開けて尋ねる。

「外は真っ暗なのに、どうしてアメノウズメが舞い、また八百万の神々は笑っているか」

すると、アメノウズメは踊りをやめて、

「あなた様にもまさる貴い神がおいでになったからです」

と答えた。アマテラスがどういう神だろうかと外をのぞいたときに、アメノコヤネ命とフトダマノ命が八咫鏡《やたのかがみ》を差し出した。鏡に映ったのはもちろんご自分のお顔だが、暗くてよく見えない。そこで、さらによく見ようと岩戸から身を乗り出すと、アマノタヂカラオノ神が御手を取って外に引き出し、ただちにフトダマノ命が岩戸の入り口に注連縄を張ったのだ。

こうして天照大御神は岩戸を出て、再び、高天原に現れた。太陽も照り輝いて明るくなったのだ。日月神示は、このことに触れて「ダマシタ岩戸からはダマシタ神お出ましぞ」と述べている。確かに、八百万の神々は、天照大御神を策略すなわち騙してお出ししたのだ。

ではどうすればよかったのだろうか。それはもちろん、「天照大御神の光を当てにするのではなく、自らが光るようになることだ」。

それをこの「岩戸開き祭」で行うのだ。伊勢の宇治橋前で、自立した立ち姿をお見せし、さらに自らが光るという型を出す。

当日は、阿波踊りも披露することになった。阿波踊りも、ようやく立てるようになった、けれど、まだ足元がおぼつかない人の姿を型として示している。

私も一つの型を出すことにした。秋田市に伝わる「竿燈《かんとう》まつり」だ。東北三大祭の一つに挙げられている。これには我空さんも賛同してくださった。

竿灯《かんとう》は、大きな竹ざおに四十六個の提灯を吊るしたものだ。昔は「ねぶり流し」と呼ばれ、青森のねぶたや弘前のねぷたと同じ起源をもつものらしい。

一つの竿灯は、高さ十二メートル、重さは五十キログラムもある。提灯は、一つが六十四センチ×四十五センチと決められている。中にろうそくを立てる、それに火を付けると自ら光ることができるのだ。

お祭では、その竿灯を片手で差し上げ、額に乗せたり、腰であやつったりと、その技を競う。てっぺんにはひもろぎ（御幣）が付けられ、そこに神が降臨されることを期待している。

一つの竿灯の全体の形は船の帆に似ており、それを地面にすくりと立てれば、見事な立ち姿となる。

たった一つだけの竿灯だが、八九船に乗る人たちをイメージしたものだった。提灯の製作は、秋田の地元でお願いするとしても、問題は、持ち手だ。五十キログラムもある竿灯を差し上げるのは素人では無理だ。

人を頼むにしても謝礼金も交通費も出せない。八王子の八幡八雲神社でのお祭と同様、すべてが手弁当で、ということになっている。

当てはなかったが、とりあえず、単身で秋田へ行き、頼んでみることにした。秋田市にあるねぶり流し館に出向き交渉を行った。

何しろ前例のないことで、交渉は難航したが、最後は快く引き受けて下さった。当日は三名の方が来てくださることになった。提灯とろうそくは業者に依頼し、ひもは用意してくださることになった。竹ざおは、長いので、持っていくなら大型のトラックが必要だ。それは無理なので、さおだけは伊勢の現地で調達することにした。

提灯の図案は自分で考えた。表にひふみ祝詞四十七文字（ひ、ふ、み、よ、い……）に「ん」を加えた四十八文字（個）の提灯を作ることにした。通常のものより二つ多くなるが、それでもよいと許可もいただいた。

裏には、⦿（マルチョン）の神紋を入れる。製作費はおよそ百万円。もちろん、そのようなお金はない。そこで、一口二万円で賛助を募ることにした。賛助してくださった方には、後日、その提灯を一つずつ差し上げる。

これも神様のハカリなのだろうか。幸いにも私を含め四十六名の方たちから賛助があり、ほぼ費用がまかなえたのだ。演技奉納してくださった三名の方および賛助くださった方々には、この紙面をお借りしてあらためて御礼申し上げる。

さて、祭の当日、宇治橋前に突如現れた巨大なスサナルノ大神の立ちねぷた。これには地元の人たちも驚いたようだ。夜空に美しく映えている。いくつかの催しも終わり、竿灯の出番もあった。竿灯は、スサナルノ大神の立ちねぷたに対峙するように差し上げられた。

奉納演技が終わると横にした竿灯を皆でもって引き上げた。最後尾で我空さんが竿を持ち、お手伝いしてくださったことが今でも記憶に残っている。

「岩戸開き祭」は、神の仕組みからいえば、岩戸の一つを開くはたらきがあった。詳しいことは不明だが、他の経綸団体でも、この日、類似の神業が催されたという。

その結果、丹波・福知山に起こされた経綸団体「月之宮」に、一九九六年十一月二十日に、大元《おおもと》主神《すかみ》の御降臨を迎えることになった。

しかし、この「岩戸開き祭」の真の目的は、参加者一人ひとりの魂の岩戸を開くことにあった。この詳細は、あとで記すことにする。

悪魔の中に隠された一番大切な宝物／日月は浴びよ、火水は歩め！

「岩戸開き祭」が終わると、伊勢の南、志摩国一の宮の伊雑宮のある志摩市磯部町にも拠点を設け、天恵自足の生活を模索する。しかし、ドンカメ基金は三年間という限定されたものだった。基金が終了すると、活動も縮小せざるを得なかった。

「岩戸開き祭」のあと、会合等で「悪魔」ということがいわれるようになった。配られた説明書きにも悪魔を思わせるイラストが添えられていることもあった。

どういうことかというと、悪魔のなかに人類が追い求めてきた一番大事な宝を隠したということらしい。だから悪魔を退けてはならないという。

日月神示にも「悪抱き参らせよ」「悪のなかに一厘あり」という言葉がある。まさに善と悪の二元を超えた三元の世界へと意識を変革させることが求められたのだ。

けれども、当時はそこがよく理解できず、「悪魔だなんて、我空さんはおかしくなってしまったのではないか」といううわさも耳に入るようになった。

その頃、乞食（こつじきと発音する）と呼ばれる三人組が組織され、こつじきの人たちが、あちこちで議論を吹っ掛けてくるようになった。しかも、ちょっとした言葉尻を捉えての、わざと人を怒らせているのではないかと思われるほどの、突っ込みようだった。

私が講演を行っている会場にもこつじきのメンバーが突如現れて議論をしかけられ、会場が混乱したこともあった。

さらに、「バトルトーク」と呼ばれる討論会ならぬ口論による試合のようなものを、夜を徹して行っているということも耳に入ってきた。

対象者は、我空さんから指名を受けた人で、こつじきの三人と一対三での討論を行う。時間は無制限で徹夜で行われる。だから、たいていの人は、最後は理不尽な議論に打ちのめされてしまうのだ。

そのために、八王子の本部にはもう近づかないという人まで現れた。

ところがである。その「バトルトーク」こそが宝物だったのだ。

「日月は浴びよ、火水は歩め」といわれて、活動を続けてきた。当時は、意味もよくわからずに、メンバーの人たちは、八王子の本部でいろいろなお手伝いをしたり、お祭に参加したり、それを手伝ったり、あるいはドンカメ基金に賛助して、金銭面で活動を支えたりもしたのだ。

また、「位」を出せともいわれた。その意味もよく理解できていない。それでも懸命に歩んできたというのが、多くのメンバーの実感だろう。伊勢で「岩戸開き祭」を成功させ、仕上げがこの「バトルトーク」であったが、なんともおかしなものになってしまったのだ。

それまで、我空さんを神の代行者のように思っていたが、悪魔になってしまったのではないかと疑った人もいたはずだ。

しかし、それもすべてハカリであった。「バトルトーク」は、善と悪の二元を超えて三元の世界へと意識を変革させる、我空さん（大神様）のしかけたハカリだったのだ。

我空さんはおかしくなった、悪魔になったと思い、「バトルトーク」を避けた人は、それが得られなかった。まさに、悪魔のなかに宝物があったのだ。火水は歩めということの、最後の仕上げが「バトルトーク」だったのだ。

魂にとっての悪魔は肉体のことだ。魂を閉じ込めている存在だからだ。「あ」から「く」まで、ちょうど八間ある。あ、い、う、え、お、か、き、くの八間だ。つまり、「あく間」とは、一から八までの三次元界の原理のことを示しているともいえる。そこに魂を隠してしまったので、私たちは、体主霊従の世界を創り上げてしまった。

あくまから魂を解放すれば、霊主心従体属の世界に移行できる。それも岩戸開きだ。

仕組みの終了／ついに降ろされた「神人合一の神宝」とは？

ところで、火水伝文の「下つ文」はどうなったのだろうか。実は、廃棄されてしまったのだ。あらかじめお渡ししていた申込金は返金され、手紙が送られてきた。これも巻末に添付した。読めばおわかりのとおり、我空さんの五代産（御用）は、ひとまず終了したのだと私は思う。

この後も、いろいろ活動はあったが、私は、その間は経綸神界の関与は、なかったと考えている。経綸に「神人合一の道」が初めて降ろされたのは、岡田光玉氏の「真光」においてだ。そして、橘《たちばな》カオル（当時）氏と深見青山《ふかみせいざん》（当時）氏のコスモメイトおよび安藤妍雪《あんどうけんせつ》氏に継承され、我空さんの担った仕組みで完成したのだ。「神人合一の神宝」がついに降ろされた。

「神人合一の神宝」は、実は、火水伝文の「下つ文」に記されていた。「上つ文」「下つ文」の二つを合わせたものが、「神人合一の神宝」だったのだ。しかし、「下つ文」は、我空さん以外の誰も読むことが許されず、破棄されている。けれどもその内容は、我空さんが講演その他で、お話をされていたのだった。だから、火水伝文を歩んだ者には、渡されていたのだ。

我空さんがその後、新たな五代産をされているのかは私にはわからない。

では、これから、道を歩みたいという人はどうすればよいか。「神人合一の神宝」とは何なのか、私なりに思ったことを次章でまとめたい。

第四章

光ひとつ上ぐる仕組み／天意転換《てんいのてんかん》と意《い》乗《の》り真《ま》仮《か》名《な》弉《い》行《ぎょう》で「神人合一」へ向かえ！

子宮内宇宙の型示し／元つ神の経綸《しぐみ》の全貌

火水伝文を下した我空さんの岩戸開きの神業は、こうして一つの区切りを終えた。火水伝文の内容は、前半と後半に分かれており、後半の内容は、我空さんとともに、道を歩んだ者にしか伝えられなかった。実は我空さんが、講演で話された内容こそが、後半部分に記されたものだった。

そして、最後の一厘は、文字での伝えでなく、バトルトークによる自己の気づきという形での伝授であった。火水伝文が降ろされ、ドンカメ基金、さらには岩戸開き祭、そしてバトルトークへと連なる一連の動きそのものが、参加した人たちの岩戸開きを導くように仕組まれたものだった。

昔から、悟りは文字や言葉での伝授ではなく、体験を通してしか得られないといわれているが、まさにそのとおりだ。

それが「火水は歩め」と初めに神様がおっしゃった意味だった。だから、残された火水伝文の「上つ文」だけを今から読んでも、その神髄を会得することは難しいのかもしれない。

しかし、読者の方々が私たちの体験を追体験することで、その人なりの岩戸開きをすることは可能だと思う。そこで、私たちがどういうことを学んだのか、ということをこの章であらためてお伝えし、興味をもたれた方はぜひ、実践していただきたいと思う。来《きた》るべき、「ミロク世」を大きな喜びで迎えるために。

まず、アセンションについて、伝文では、「光ひとつ上ぐる仕組み」（P．8）と述べている。いったい仕組みとは何だろうか。実は、火水伝文の降下は、古神道の一連の流れのなかで起こったことなのだ。おさらいをしてみよう。

仕組みとは、宇宙創造神が、宇宙を創り、人類を創生し、成長させる上で仕組まれた、計画の一つひとつをいう。計画全体は「経綸」と呼ばれている。

宇宙創造神は、この度のアセンションに際し、壮大な計画を立てた。それが二元から三元への移行ということだ。霊の世界と体の世界に分けられていた世界を合一することでもある。

火水伝文によれば、まず、私たちの住む三次元宇宙を、神は自らの腹のなかに創造した。この場合の三次元とは、点（一次元）から線（二次元）、線から立体（三次元）という、数学で使われる次元での表現だ。

この創造神を元つ神（元津神）といい、元つ神自身を大天ともいう。その大天の胎《はら》のなかに、私たちが存在している宇宙である小天が創造された。つまり、大天（元つ神）を人の身体にたとえるなら、この小天は子宮にあたる。

人であれば、子どもが生まれるには、受精が必要だが、宇宙の創造でも同様で、小天が創られる前に、大地と呼ばれる核が創られた。この核は、元つ神の精子といってよい。そして、この核が入ることによって宇宙（小天）が創造され、さらに地球が創られた。地球は地のへと呼ばれ、これは卵《らん》にあたる。この卵にも、核が挿入されて、生命が誕生したのだ。この核が直霊《なおひ》といえる。

宇宙を孕んだ元つ神を○九十《マコト》の神という。私たちの魂の親でもあるから、元《もと》ツ御親《みおや》とも申し上げるのだ。

○九十の神を図で示せば、○が頭で、九の前に1~8で表した胴体がある。これが子宮と考えてよい。つまり、1~8は子宮のなかの世界で、私たちの住む宇宙そのものだ。そうすると、九は産道となり、十が子宮の外の世界ということになる。つまり、大天だ。もちろん、九も正確にいえば半分大天に含まれる。

この○九十の神をあいうえお五十音図でも表すことができる。1~8は、「あ行」から「や行」までにあたり、九が「ラ行」、十が「ワ行」だ。あ~や行までとラ、ワ行とは、次元が異なるので、あ~やまではひらがなで、ラとワはカタカナで表記する。

私たちの霊魂は、生命の種（四魂）が元ツ御親の精子にあたる核（一霊）をいただいて誕生し、あ行として、生まれた。「あいうえお」とは、古神道や神道でいう、一霊四魂に相当する。あが一霊、いうえおが四魂だ。四魂とは奇魂《くしみたま》、荒魂《あらみたま》、和魂《にぎみたま》、幸魂《さきみたま》のことだ。

この「あいうえお」の霊魂があ行からや行へと成長し、魂として一人前になったら、ラ行の産道へと進み、ワ行で大天へ生まれ落ちるのだ。このときは、もう胎児ではなく、まだ赤子であっても、神であり、神人合一したといえる。

十は、古神道では「たり」といい、これは神心がたりて（足りて）いることを示す。つまり、神人合一しているというわけだ。

人は、日月地の神成る身なのだ。日月地は、霊力体であり、口心行でもある。

この宇宙を示す五十音図を「田」といい、実は、この田は二枚重ねになっていた。一つが「火の田」でもう一つ「水の田」だ。「火の田」が目に見えない、霊の世界を、「水の田」が物質界である、この現実界を表す。

1~8の世界は、子宮のなかであり、小天の世界だ。小天にも神が存在し、この神を中つ神（中津神）と申し上げる。私たち人は、小天の宇宙のことしかわからず、この中つ神をこれまで、神様として祀り上げてきた。大天のことはまったく認識できなかったからだ。

というのも、私たちの宇宙が流産しないよう、産道がしっかり閉じられていたからだ。それが「岩戸閉め」と古神道で呼ばれたのだ。

その岩戸閉めをなされたのが、出雲の神であり、伊勢の神は、胎児の成長を見守る役目を負われた。八合目神界の最高神をアマテラスオオミカミと申し上げる。いずれも中つ神だ。もちろん、キリスト教で説く、ヤハウェの神も中つ神だ。

1~8の世界にかけられた戸だから一八十（戸）だ。火水伝文を下された国常立大神《くにとこたちのおおかみ》は、元つ神。この神が、降りられたということは、すでに産道が開いたことを意味する。

岩戸閉めは五回にわたって行われた。それに対して、岩戸開きは、江戸末期から、経綸神団と呼ばれる団体が、元つ神の五代産（五も神を表し、神の代を産むための御用を五代産という）として行ってきた。それに伴って、国常立大神が復活された。

国常立大神は、岩戸を閉めるにあたって、退かれ、子宮内のことに関与することはなくなっていたのだ。

それがいくつもの経綸神団のはたらきで、岩戸開きが何度も行われ、一九九一年十月十日に、完全復活されたのだった。それに先立ち、火水伝文を我空さんに降ろされた。

アマテラスの岩戸閉めの神話では、閉じこもったのは、神のほうだったが、実は、私たち人の方が、岩戸のなか、すなわち子宮内に閉じこもっていたのだ。それが十月十日たち、陣痛をともなって出産がなされるように、いま、ようやく、人類も成長し、神になる時が訪れたのだ。それが、アセンションだ。

いまは、まだ産道にいるが、やがて、宇宙とともに、十の世界に生まれることになっている。そのことをアセンションと呼んでいるのだ。三次元と四次元（霊界）の融合だ。

アセンションは、私たち一人ひとりに起こると同時に、宇宙もアセンションを迎える。

そうなれば、八合目神界の中つ神も元つ神と同じ次元の神となられる。

私たち人は、誰でも出産を迎えるが、出産には安産もあれば難産もある。難産は「南無産」で、南と北に隠れていらした元つ神の関与が受けられない出産であり、帝王切開になるといわれている。なぜなら、逆子で、産道を潜り抜けるのが難しいからだ。

一般に出産にあたっては、胎児は頭を下にする。そうしないと手が引っかかってしまう危険がある。

頭を上にするとは、神の存在にすら気づけず、我善し、保身、身欲がいっぱいの人生を送っていることだ。ピラミッド社会の頂点に君臨している者たちは全員がそうであろう。

それに対して、頭を下げ、いつも謙虚にしている人は、頭を下に向けているといえる。何事においても神様や諸々の人たちに感謝することができる、できている人たちだ。そういう人たちは、スムーズに出産でき、自然分娩で生まれることができるだろう。さらに、この三次元世界で神人合一できた人は、新しい世界でのリーダーの役割が与えられるはずだ。

実は、一九八九年（平成元年）に、麻酔なしの帝王切開を受ける者と自然分娩できる者とに分かれたという。平成は、一八十成る年。平という字を分解すれば、一八十《イワト》となるのだ。八九年は、八から九へと移行したことを示す。人類の八九《ヤク》年であり、いよいよ産道へと向かった年だった。

それがなぜ厄年なのか。それは、人々や国々のカルマすなわちメグリが清算される年となったからだ。負のメグリは、新しい世界に持ち込むことはできない。

もちろん、出産を希望しない魂もあるだろう。麻酔なしの帝王切開には大きな苦痛と恐怖が伴うからだ。本人がそう望むなら、その魂は、清算される。元の素粒子以前の状態に瞬時に戻される。

人間から人へ、人から神へ／宇宙が転換する

まず、私たちは、人間から人にならなければならない。人間とは、人と神との境に「間」がある

ことであり、これが九の間だ。あいうえお五十音図は全体を田といったが、あいうえおの一つずつを「間《ま》」という。ラリルレロの九の段の間がこれまではついて回っていた。

ラ行へ移行したいまは、まずは人となることが求められる。さらに、出産して日月地の神となるのだ。

人間は、胎児の状態だった。酸素と栄養は胎盤を通して親から与えてもらっている状態だ。しかし、生まれ落ちて赤子となれば、自力で呼吸し、やがては自分で食べ物を摂らなければならない。

生命原理が大きく変わるのだ。

私たちを取り巻く宇宙も変わる。あいうえおの五十音図が、「あおうえい」の原初の状態に戻るのだ。

「君が代は　千代に八千代にさざれ石の　いわおとなりて　こけのむすまで」は、日本国歌となった「君が代」の歌詞だが、この後半の「いわおとなりて」は、「いはおとなりて」という、次元転換を黙示していたのだ。

君が代とは、キヨクとミヨクを表す「吾が代」という意味となる。清くも身欲もある今の世界だ。

私たちの世界は、八の世界の終わりにきたときに、神幽顕の三界（さざれ）と一四（一霊四魂、すなわちあいうえお）の「い」が「お」と入れ替わる。「あおうえい」の世界になる。九気（コケ）がム（無すなわち元つ神のこと）によってスべられるまで、つまり、宇宙が転換されて、ミロク世が完成するまでに、というのが全体の意味となる。

君が代は、アセンションを黙示していた歌だった。
ところで、三橋一夫氏の『コトタマ萬華鏡』(中央アート出版社)に、こんなことが記されている。少し長いが引用したい。

「我空氏は『これは古事記や言霊について勉強しなくちゃ』と思いつつ吉祥寺を歩いていたところ、『言霊のことはシマダに聞け』という声がしきりにするのだそうです。知り合いにシマダという人はいなかったし、さて誰のことだろうといぶかしんでいたところ、吉祥寺の大きな書店にさしかかりました。ふと気が付くと、その書店に島田正路氏の『コトタマの話』が平積みになっているではありませんか。さっそく買い求め読破した我空氏は島田氏を訪ねました。

『火水伝文』は、上つ巻と下つ巻とがあります。上つ巻は印刷されましたが、下つ巻は、現代の人が読むと誤解するおそれがあるということで公開されずにいました。我空氏はその下つ巻をたずさえて、島田氏を訪ねたのです。

二人がどういうことを話し合われたかは公表されていませんが、我空氏が島田氏を訪ねたことは島田氏が出している会報に、ある青年が訪ねてきたということが書かれています。一方、我空氏の雑談では、島田氏を訪ねたのは、『コトタマの話』に載っている五十音図はこの世の話であって、やがて来るべきミロク世では、まったく異なった五十音図になるということ、最初の縦の一行がアイウエオではなく、アオウエイに変わり、カサタナハマヤラは人によって現れ方が異なり、決められないということを伝えたのだそうです」

私は、その話を聞いていなかったが、どうやらそういうことがあったのだ。横軸のカサタナハマヤラの現れ方が人によって異なり、決められないということは、この本によって知ることになった。具体的な意味は不明だが。

これは想像だが、カサタナハマヤラの順が変わることによって肉体の構造が変化するのではないか。だから、魂の磨かれ方が肉体に現れる。体が光り輝くといっても、その程度が人により異なるのだと思う。だから、魂の状態が一目見てわかってしまう。

国を導くリーダーは、最も明るく輝く人だろう。誰もがそれがわかるから、文句の出ようもない。

いずれにしろ、私たち人は、神人合一をめざせばよい。世界が、「あいうえお」から「あおうえい」となるとき、人の遺伝子も変容する。DNAが二本から十二本に増え、新しい肉体に生まれ変わるとプレアデスからのメッセージにもある。原爆にもびくともせず、光り輝く存在となるだろう。

魂は、元還《もとがえ》りする。元還りとは、元の状態(光輝そのものの状態)に戻るということだ。元還りは、宇宙の中心かあるいはどこかにいる親元へ魂が飛んで帰るということでない。

魂は、四魂であり、一霊(直霊《なおひ》)と併せて霊魂と呼ばれてきた。四魂は、奇魂《くしみたま》、荒魂《あらみたま》、和魂《にぎみたま》、幸魂《さきみたま》だった。

ということは、私たち人は、もう神人合一しているのではないかと、いえないだろうか。元つ神

図4　ぬの種

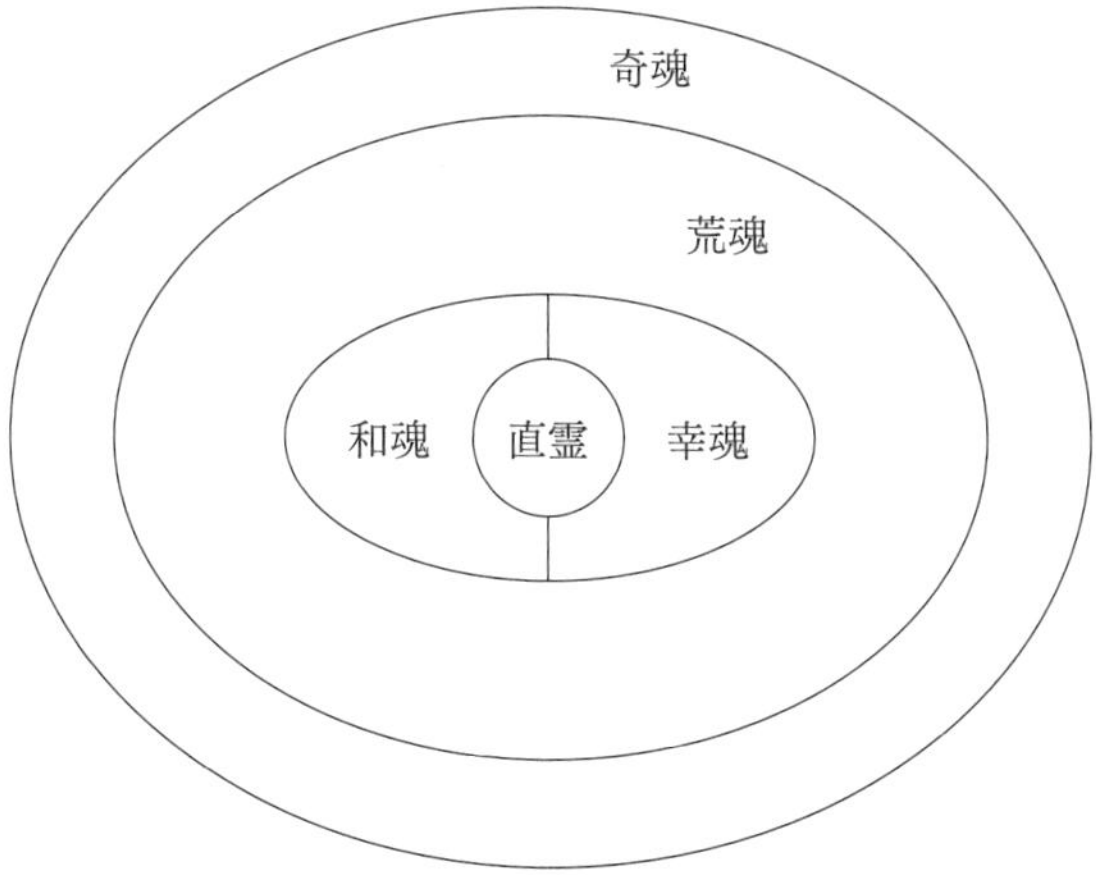

の一厘を宿しているからだ。しかし、それは違う。確かに、「神は身の内にあり」といわれ、魂には神が宿っているといえる。けれども、合一はしていない。どういうことかというと、四魂が、直霊を閉じ込めている状態にあるからだ。

だから、神人合一とは、直霊すなわち、身の内にある神と合一することであり、どこか外にいらっしゃる○○の神と合一することではない。そこを思い違いしている人は多い。

霊魂を「ぬの種」といい、植物の種のような構造をしているという（図4参照）。リンゴにたとえるなら、実が肉体であり、種が霊魂だ。

一般に植物の種は、種皮で覆われており、これが奇魂にあたる。なかは胚乳もしくは子葉（マメ科の植物）があり、そして胚がある。胚乳（もしくは子葉）が荒魂で、胚は、和魂と幸魂。種が芽を出すとき、双子葉植物の場合、胚乳（もしくは子葉）が二つに割れて、子葉および胚の部分が生長して、芽となる。

実は、和魂と幸魂の間に一霊が秘められていたのだ。秘められていたというより、包まれてしまっていたという表現のほうが適切かもしれない。直霊が四魂に閉じ込められていた状態だからだ。魂の岩戸閉めだ。直霊は、元つ神の分身であり、宇宙の根源である元つ神とつながった存在だ。

奇魂の殻を割ることを、「御魂割り《みたまわ》」という。奇魂の殻が割れなければ種が芽吹くことはできない。このはたらきは、奇魂の五代産だ。なぜなら、そもそも奇魂が霊体を閉じ込めたからだ。

奇魂は知性と理性を司る。つまり、頭のはたらきだ。頭が直霊を閉じ込めたといってもいいだろう。たとえば、科学的でないといって、霊魂や神の存在を否定する。頭で神を否定しているのだ。

かつて「煎り豆に花が咲くまで出てくるな」と呪いの言葉をかけて国常立大神を鬼門に追いやったという。それがそのまま、自らの霊魂の種（ぬの種）を眠らせることになったのだ。直霊にとっては四魂が「悪魔」だった。

我空さんに降ろされた神示にある、二元を三元に真釣りかえる「苦至喜力《くしきちから》」とは、この奇魂のはたらきをいうのだと思う。まず、この原理を頭で理解し納得したら、実践することがその力といえる。

「苦至喜力」で、「御魂割り《みたまわ》」そして、「御魂返し《みたまがえ》」を行うのだ。「御魂返し《みたまがえ》」とは、四魂の裏と表を反対にすること。つまり、「く（奇魂）・あ（荒魂）・に（和魂）・さ（幸魂）」から「さ・あ・に・く」にすることだ。芽吹くことでもある。それが元還りであり、このことにより、四魂から、霊体（直霊）が飛び出してくる。そして、その霊体と肉体とが合一するのだ。それが神人合一だ。「天地ひっくり返ると云ふことはミタマがひっくり返ると云ふことぞ」（海の巻17条）と日月神示にもある。

霊体と肉体とが合一すれば、霊主体従心属となる。霊体は、もともとが元つ神の分身すなわち一厘で、高次元の自分ともいえる。よくいわれるハイアーセルフのことだ。宇宙の根源（元つ神）とつながり、本当は何でも知っている存在だ。霊魂にとっては、肉体が「悪魔」だった。だから合一するには「抱き参らせ」なければならない。

そして、宇宙の岩戸が開かれれば、火の田と水の田の境がなくなる。二つは瞬時に合体し、五次元世界に移行する。霊界と物理的現実界が一つになるのだから、半霊半物質の世界となる。

これが物理的現象としてのアセンションだ。三次元世界から五次元世界に移行するわけだから、中間の四次元世界は消滅する。この場合の四次元世界とは、時間ではなく、人の想念が創り出した、いわゆる幽界だ。

これまで肉体を離れた魂は、その幽界に移り住んでいた。ところが幽界はなくなってしまう。幽界に住む魂たちも五次元世界へ移らなくてはならない。幽界の魂たちにもアセンションが求められているのだ。

神人合一とは、外に神を求めることではなかった。どこどこの神社にお参りして、その主宰神と合一するというのではない。魂の奥に閉じ込められていた自分自身の神と合一することだったのだ。

日月地の神となるということは、こういうことだと私は考えている。

人の岩戸開きとは、四魂の岩戸を開くことだったのである。魂の種の芽吹きだ。もし、それが自然の状態では無理なら、帝王切開となる。無理やり魂を切開するのだろうか。「生きるもならず死ぬもならず」の苦しさらしい。早く準備したほうがよさそうだ。

心の転換力で、苦を喜びに変える。そうなれば、幸魂が表に出ることができる。自分の思いは後にして神様の思いを先に出すことだ。神様の思いこそが、霊魂の転換だからだ。

我空さんに降ろされたのが、御魂返しの神宝だった。それが、3点セットと呼ばれたものだった。

3点とは、次の三つを指す。

まずは、①子宮内宇宙の型示し。これは、これまで説明したとおりのことで、今度の宇宙の出産を正しく理解し、身欲と保身を控え、常に、謙虚に感謝をもって、産道に向かうことだ。口と心と行いを一致させる「口心行」のことでもある。

次に、②「神産九九路にイ足る五つの杖」をいう。これは、産道を歩むときに使う杖となるものだ。この杖を身につけることをいう。

三つ目が③「意《い》乗《の》り真《ま》仮《か》名《な》ヰ行《いぎょう》」だ。意乗り真仮名ヰ行は草薙ぎの剣であり、剣を振るうことで、苦を喜びに転換させる。

「火水を歩む」とはこの3点セットを実践するということでもあった。繰り返しになるが、今一度、3点セットの詳しい説明をしよう。

「口心行」をまず実践する／形から入るということ

宇宙のあり方を理解したら、まずなさねばならないことは、我欲、身欲、保身を慎むことだ。自分が自分が、あるいは自分だけがという、我欲。生きていくにあたって、与えられた以上のお金、財産、地位、名誉、権力を求める身欲と保身、これらは、魂を曇らせ、不調和を生むもととなる。

我も欲も本来は必要なもので、我があるから、欲があるからといって恥じることはない。欲があるから進歩もできる。けれども必要以上のものを求めたとき、争いを生むなど、不調和を生じてしまうのだ。国家が支配欲、征服欲を高めれば、国民は自由を失い、他国と戦争にまで発展する。

とくに、お金のことは難しい。清貧が尊ばれるのではない。大きなことを成し遂げるには大金が必要な場合が多い。豊かな暮らしを求めるのも当然だ。しかし、そのために、自然が大きく犠牲になったり、周りに迷惑をかけたりと調和とバランスを欠けば、問題が生じてしまう。

この世界は弱肉強食ではない。共存共栄の世界だ。調和をとりながら、ともに発展するという心構えが必要だ。人類だけが発展してもダメだ。

いずれ、いまの貨幣制度はなくなり、新たな経済のあり方が創出されるという。

欲を控えたら、次に心がけなければならないのが、口の真釣り、心の真釣り、行いの真釣りだ。

真釣りとは、神幽顕すべてを喜びに生かしうる力のこと。口、心、行動の三つが喜びを生んでいればそれでよいのではないかと思う。

口とは、言葉のことで、言葉には言霊が宿っている。この言霊を大切にし、すべてに喜びを産めるような言霊を発することが口の真釣りだ。

それには、うそを言わないこと。

「オオカミ少年」ではないが、いつもうそをついていたら誰にも信用されなくなり、言霊もあったものではない。言葉に力がなくなってしまう。

口の真釣りとは、難しい表現だが、相手のことをおもんぱかった調和と喜びを生む言霊を発することだと理解している。心の真釣り、行いの真釣りも同様だ。

そして大切なことは、口と心と行いを一致させることである。口、心、行いのそれぞれに真釣りがなされ、一致した状態なら、最高だが、なかなかその境地に達するのは難しい。だから、初めは、まず、口と心と行いが一致するように努める。

すると、心のありようが問われてくる。思っていることが口に出、行いとなってくるからだ。心が磨かれていなければ、言葉も行動も不調和を生んでしまう。

とくに、心に怒りの感情があり、それを素直に言葉と行動に表せば、相手はたまらない。喧嘩にもなる。

そこで、まず、言葉を真釣りに近づけるよう努力することだ。そして言ったからには、行動もそれに伴うように努める。つまり、「形から入る」わけだ。武芸でもお稽古ごとでも基礎は「型」が大事とされる。

茶道を考えれば納得できるだろう。まずは師匠のいうとおり、するとおりを真似ることが求められる。意味がわかってもわからなくてもだ。

なぜここでお茶碗を回すのか。流派によってやり方も変わるのでいろいろと疑問があって当然だろう。

それでも長く稽古を重ね、自分が師匠という立場になってくると、初心者だった頃の疑問がいつのまにか解消されているのに気づくだろう。

「道」とはそうして歩んでいくものだ。初めから、武道の真髄や茶の心を求めたところで得ることは難しい。形から学んで、次第に深い境地を会得するというのが一般的だ。

「口心行」も同様。きれいな言霊を使い、礼儀正しく行動する。すると心もいつのまにか磨かれてくるのだ。何事にも心から感謝できれば、心の真釣りは完成だろう。

「神は喜びしか渡していない」／火水を歩むための五つの杖［その一］

「神産《かむ》九九路にイ足る五つの杖」が、3点セットの二番目だ。狭く真っ暗な産道を歩むにはこの杖が必要だ。五つの杖だから、ポイントが五つある。

第一が、「神は喜びしか渡していない」

喜びにあふれた人生を送れた人は幸せだ。多くの人は、辛く厳しいのが人生だと達観しておられるのではないだろうか。ところが、神様は、「喜びしか渡していない」とおっしゃる。「苦があるのはおかしいと気づいてほしい」と述べている。

ではなぜ、こんなに苦が私たちの周りにたくさんあるのだろうか。それが真釣り外しだ。神話を読めばわかるが、中つ神々も真釣りを外されたようだ。だからなのか、人類も創造されたときから真釣りを外してきたようだ。聖書にも、アダムとイブのときからの真釣り外しが記されている。だから、このような苦しみの多い世界にしてしまったのは、悪神ではなく、私たち人類であることを気づいてほしいというのだ。

そして、少しでも喜びの時間をもてたなら、ご先祖様や神様、そして周りの人々に感謝することが大切だ。

神様は、創造の喜びをともに分かち合うために、人類を創造した。だから人には創造力がある。この創造力を発揮するとき、人は大きな喜びを感じる。

そして、周囲にも喜びを生むような創造を行えば、それは喜びとして自分に戻ってくる。しかし、周りに苦を与えるような創造を行えば、それもそっくり自分に返ってくる。苦として我が身に降りかかるのだ。

このことは、宇宙の法則のようなもので、すべての人に平等に起こる。不調和をもたらせば、それに応じて混乱が生じる。いわゆる罪を犯せば、それはやがて自分に返ってくるが、それは、神が罰を与えるからではない。

元つ神の世界には善悪はないから、人が悪いことをしたから、罰するという考えは神様にはないのだ。不調和を生めば、不調和が不調和を呼び、やがては自分に戻るという法則があるだけだ。そうならないために、情けをかけてくださるだけだ。それが私たちには苦となるのだ。

なぜそうなのか。人は善悪の二つがあってこそ、学びが得られるからだ。我に艱難辛苦を与えたまえという人がいたが、確かに人は、苦しいこと、辛いことを経験することで成長できる。

そもそも、善悪の判断基準に絶対的なものはない。一方から見れば善だが、反対側から見れば悪ということはよくある。国によって、法律も常識も異なる。

殺人は悪といっても、合法的に殺人（死刑）を行う国は、日本を含め多くあり、国民もそれを支持している。正当防衛なら日本でも許されている。戦争だったら、英雄にさえなれるのだ。お互いに自分こそ善だ、自分こそ正しいといって、人は喧嘩し、戦争を起こしたりもする。

だから、罰は与えないが、情けはかけてくれる。

とにかく、苦の訪れも喜びの到来も、自分の過去の、過去世を含めての結果であるということだ。

「自分のものは何もない」／火水を歩むための五つの杖［その二］

五つの杖の二つ目は、「自分のものは何もない」だ。人は、所有権を主張するが、そもそも自分のものは何もないのだ。自分がお金を出して買ったものでも、その元を尋ねれば地球の資源だ。その資源は人が勝手に地球から掘り起こしたものだ。土地だって「誰にも売った覚えはない」と、大神様はおっしゃっている。

人が作ったものすべてが、地球の資源を加工したものであり、無から創ったものは何もない。自分の肉体ですら、自分のものではない。神様からの借り物なのだ。その証拠に自分の思いどおりにはならない。

「ああ、もう少し個性的な顔立ちだったら」「もう少し足が長かったら」とよく思ったりもするが、そうならないことが自分のものでない証なのだ。忙しいからといって手をもう一本増やすこともできない。

すべてが借り物だったら、余分なものを借りる必要はないのだ。自分のものと思うから、欲が出てくる。

肉体は借り物だ。だから、少しでも大切に使わせてもらうことを心がけよう。がんなどの生活習慣病は、借り手に責任があるかもしれない。暴飲暴食を慎み、休息や睡眠も適度にとり、無理なく運動して筋肉や内臓のはたらきが衰えないようにしたい。

栄養も過不足なく摂りたいものだ。日本人は腸の長さから考えても穀物を中心とした食生活が身体に合っている。肉食は控えめにして、腹八分目を心がけたい。ただし、栄養については、科学ではわからない部分も多い。ほとんど食べなくても元気な人もいる。大事なのは、食べすぎないということだろう。

もちろん、ケガなども自分の責任。身体に傷を負わせば、痛いのは自分だけではない。大神様も痛みを感じていらっしゃる。肉身を傷つけたお詫びが必要だ。

「人は中今のみに生かされている」／火水を歩むための五つの杖【その三】

三つ目は、「人は中今のみに生かされている」ということだ。最近は、「命あることに感謝」という言葉をよく耳にする。まったくそのとおりで、人は生かされている存在だ。

肉体が維持できるのは、自律神経があるおかげだが、神経とは文字どおり神の経路で、目に見えないはたらきが私たちを生かしてくださっている。

そして、生きているこの瞬間が大切だ。ただいま、ただいまに喜びが生まれていれば、霊魂も満足することだろう。人は、過去と未来に挟まれた中今に生かされている。このことも忘れてはいけない。

ときどき、未来のことを考え、不安に思うことがあるだろう。あるいは、過去のことを思い出し、ああすればよかったと後悔することもある。

しかし、生かされた存在なのだから、不安に思うことは何もない。ただいまに喜びを生んでいれば、喜びが返ってくるのが宇宙の法則だ。窓辺に置いた観葉植物は、ちゃんと水をくれるだろうかと不安に思うことはないはずだ。人はたまに水やりを忘れたりもするが、神様は忘れない。

だから、いまいまに喜びを生むことを心がけることが大事だ。未来への不安と過去の後悔は、喜びからかけ離れた思いであることに間違いない。

「偶然は一つもない」／火水を歩むための五つの杖［その四］

「偶然は一つもない」が四つ目だ。偶然はないということを理解することも大切だ。私たちが中今に生かされた存在なら、偶然はないということがなんとなく理解できるだろう。子どもは親を選んで生まれてくるが、偶然出会った親を選ぶのではない。そう選ぶように仕組まれていると考えたほうが正解だ。

自殺も自分の意志のように思えてしまうが、それも必然で起こっている。だから、たまたま来た電車に飛び込んだ人と、その電車の運転手が過去世の因縁で結びついていたりする。

飛行機事故が起これば、一度に大勢の人たちが亡くなるが、それも同様だ。亡くなるべくしてその飛行機に引き寄せられたのだ。そのために、急に用事ができてその飛行機をキャンセルして助かったということも起こる。

何も悪いことをしていない赤ちゃんが事故で亡くなることもあるが、その赤ちゃんの魂はそのことを承知して生まれている。両親のいさかいをやめさせ、絆を深めさせることが目的でそうすることもあるのだ。

自分の行いの結果が自分に返ってくる。偶然はない。だから、「たまたま」という言葉は使わないようにしたい。何か偶然と思われることで大きなことが起こったら、その意味を考えてみよう。

ただし、小さな偶然の意味を一つひとつ考えていると、人生を楽しむことができないし、かえってそのことに囚われてしまうので、そこは節度ある対応が求められる。

「被害者は誰もいない」／火水を歩むための五つの杖【その五】

最後は「被害者は誰もいない」だ。神は喜びしか渡していない。それなら、苦があるのはおかしいことになる。苦が自分に生まれたのは、自分が真釣りを外したからにほかならない。もともと、自分のものは何もなく、人は中今に生かされている存在だ。偶然はない。だから、「被害者は誰もいない」ということになる。すべてのことが起こるべくして起こったことになり、その責任は自分にあるからだ。加害者がいるとすれば、自分自身だ。自分以外に自分を害する者はいないのだ。

殴られても、殺されても、被害者ではなく、真の原因は自分あるのだ。もちろん、過去世のことが縁となっているものもあるので、その原因が理解できないことも多い。

この「被害者は誰もいない」ということを心から納得することが一番難しいだろう。善悪で物事を考えていては理解できないことだ。

頭ではわかっていても、心がなかなか伴わない。大きな苦であればあるほどそうだ。もし、かわいいわが子を目の前で殺されてしまったら、犯人を許せるだろうか。「殺された」のではなく「殺していただいた」と思えるだろうか。

それが素直に思えたら、五つの杖が完全に身についたということだ。まずは、「やられた」を「やっていただいた」、「殴られた」を「殴っていただいた」というように、受身のレル、ラレルを使わない努力をしてみよう。

では、もう一度、五つの杖をまとめてみよう。

①「神は喜びしか渡していない」
②「自分のものは何もない」
③「人は中今のみに生かされている」
④「偶然は一つもない」
⑤「被害者は誰もいない」

以上の五項目は、暗い産道（三歳苦難の道）を歩む杖となるものだ。

また、これを実践することが「火水を歩む」ということだ。

この五つの杖は、「イツキマツル鏡」ともいい、いまの自分の状態を示す鏡でもある。いったい、いま、どれくらいの時間、喜びを感じているだろうか。三百六十五日、二十四時間、喜びの時間を過ごしていれば、三真釣りを行じているということになる。

しかし、悩みや苦しみの時間があれば、その分、どこかで真釣りを外したことになる。自分の行動をこの鏡に照らして真釣りを外していないかをチェックするとよい。ただし、鏡を他人に向けてはならない。人の不幸を指摘し、真釣りを外していることを非難してはならない。それは決して喜びを渡していることにはならないからだ。

「意乗《いの》り真仮名《まかな》ヰ行《いぎょう》」／それはメグリ解消法であり、神人合一の神法！

では、日常生活で、苦をいただいてしまったらどうしたらいいのだろうか。

たとえば、ちょっとした苦が訪れたとき、まず、真釣りを外したことをお詫びすることだ。そして、真釣りを外したことを苦、すなわち「情けの苦」で教えていただいたのだから、そのことに感謝の言葉を申し上げる。

そしてよく考えてみよう。なぜ、苦が生じたのか。たとえば、ムッとしたことがあったら、なぜムッとしたのかを考えてみる。

「そうだ、あのとき、心ない暴言を吐いたからだ」。そう気づいたら、もう一度、あらためて、「天地の神様、真釣りを外しまして申しわけありません。小さな苦で教えていただき、ありがとうございます。今後は暴言を吐かないように気をつけます」と申し上げればよい。

大事なのは、次からは暴言を吐かないこと。優しい言葉遣いを実践していくことだ。これが、

「意乗《いの》り真仮名《まかな》ヰ行《いぎょう》」だ。「草薙ぎの剣」ともいうそうだ。この剣で、自分の囚われをほどくことができる。

「意乗り」とは、カムココロ（神産九九路）を基に、①祈り、②考え、③それを行いに結ぶことをいう。「真仮名産《まかなう》」とは、「仮名を使って真名を産む」という意味だ。仮名とは仮型《かりかた》のことで、自分の普段の行動のことをいう。これが真釣りにあっていたら真型《まかた》と合致していることになる。当然、喜びが生まれている、「花の嬉し」となって還ってくるのだ。日々感謝すればそれでいい。

しかし、苦が訪れてしまったら、先程のお詫びと感謝を述べた後、真型を出さなければならない。苦の原因を探り、正しいと思われることをもう一度、実践するのだ。その実践が真釣りに合っていたら、「花の嬉し」となって戻ってくるだろう。しかし、それも真釣りを外していたら、再び「情けの苦」で教えていただくことになる。また、お詫びと感謝の祈りをささげよう。そして、さらなる真型と思われる型を出してみる。その結果も「花の嬉し」または「情けの苦」で教えてくださるだろう。

この繰り返しが、「意乗り真仮名ヰ行」だ。真仮名ヰ行のヰは、ワ行のワヲウヱヰのヰで、ワ行の完成を表している。つまり、神人合一を意味するのだ。①祈り、②考え、③行いの意乗りによって、仮名を真名に真釣り変えて、ヰ行に向かうのが「意乗り真仮名ヰ行」といえる。

「意乗り真仮名ヰ行」で日々、自分の言葉や行動を改めていけば、やがて喜びの時間が多くなっていることに気づくだろう。メグリも自然に解消されているはずだ。ムッとすることもなくなってくる。

しかし、ムッとしたことを放置すると、さらなるお知らせが来ることになる。たとえば、コーヒーを飲んで口の中を火傷する、ということが起きるかもしれない。暴言を吐いてムッとしたことに気づかず、相変わらず心ない言葉を使っていたらそうなるだろう。

そこで、気づいてお詫びと感謝、そして、心のこもった言霊を発することを心がければ、「情けの苦」のサイクルは消滅する。

ところが、ここでも気がつかなければ、さらなる苦が訪れるだろう。殴られて唇が腫れ上がってしまうようなことだ。それでも気づかなかったら、今度は大難となってお知らせをいただくことになる。

これまでは、このサイクルが長い時間をかけて行われてきた。だから、因果関係に気づけなかったのだ。なぜ、がんになったのだろうと、大難になって初めて考える人もいるだろう。それでもそこで気づくことができたなら、がんも治るかもしれない。

しかし、がんに至る前から、神は「情けの苦」で真釣り外しを教えてくださっていたのだ。産道に入ったいま、苦のサイクルは早まっている。苦の芽は早めに摘み取っていきたいものだ。

それでも、苦の原因がわからないということも多い。また、わからないからといって一日中考えていたら、それこそ喜びを生んでいないことになる。とくに前世にかかわることがわかる人はめったにいない。

クサナギの剣
心の掃除
剣《ツルギ》
（自らに向けるものであり、決して相手を切るものでない。
両刃の剣＝自らの囚われを解き、喜びに結ぶこと。）

「我善し」「身欲」を基に善悪の判断をせず、神産のハカリに心を配ること。

この世は（1 〜 8）の子宮内宇宙ですから、出た結果の事を、仮りの型（仮型）といいます。

結果 ＝ 仮型《カリカタ》

真《マ》型《カタ》（〇九十）

我々は〇九十を未だ智《し》りませんが、意乗りに出た結果と、〇九十との差を、型示しにて教えて下さいます。
しかし、花の嬉しが良くて、情けの苦が悪いのではないのです。
ただ、気づかせて頂いた神産心の足らざる所のゴミ拾い！
初めは心の部屋の大掃除の連続です。

型示し

ご注意

「これはどういう意味なんだろう?」などと、一日中考えていては、喜びなど、もう無いですから、型示し病には、くれぐれもご注意を！

※偶然は、一つも無いのですから、〝気づきのセンス〟を養うことが大切になります。

我空さんの体験談より

＝意乗り真仮名ヰ行とは、もともと想念の段階から瞬時に行いに結べるもの！＝

1 太神様の弥栄願い、五代産にて講演会場に我空さんは、向かって歩いておりました。

2 しかし、あと、時間が15分程あったので、コーヒーでも飲もうと思い、左足を喫茶店に向けたその瞬間 イタッ！ 左目にゴミが入りました。（苦がきたのです）

3 その瞬間、我空さんは「お詫び」と「感謝」を同時にし、すぐに右足を講演会場に向けたのです。

4 その右足を向けた瞬間に目の中のゴミはもう痛まず、失くなっていました。
（行いに、改め結んだのです） ホントよ！（我空談）

◎この1、2、3、4は、正に一瞬の出来事だったそうです。
やはり私達に欠けているポイントは「神の思いを先に立て、自らの思いは後にして」ですね。

以上、我空さんのサンプルでした。

のか？　自らの思い、行いを振り返ります。つまり、苦が来た原因を、自らの心に探るのです。そして、真仮名わせて頂いた、その時の〝気づき〟を、③「意乗り」にて、行いに改め結ぶことで、初めて『真仮名ヰ㊎』となります。一瞬にして①②③ができる様になるまで肚に入れ、日々の生活の中で実践あるのみです。

真仮名（ヰ）の（ヰ）とは
ワ行・神人合一の
行の完成・ワヲウヱ（ヰ）
の（ヰ）のことです。

参考資料／自然環境保全施設基金機関誌「ドンカメ」

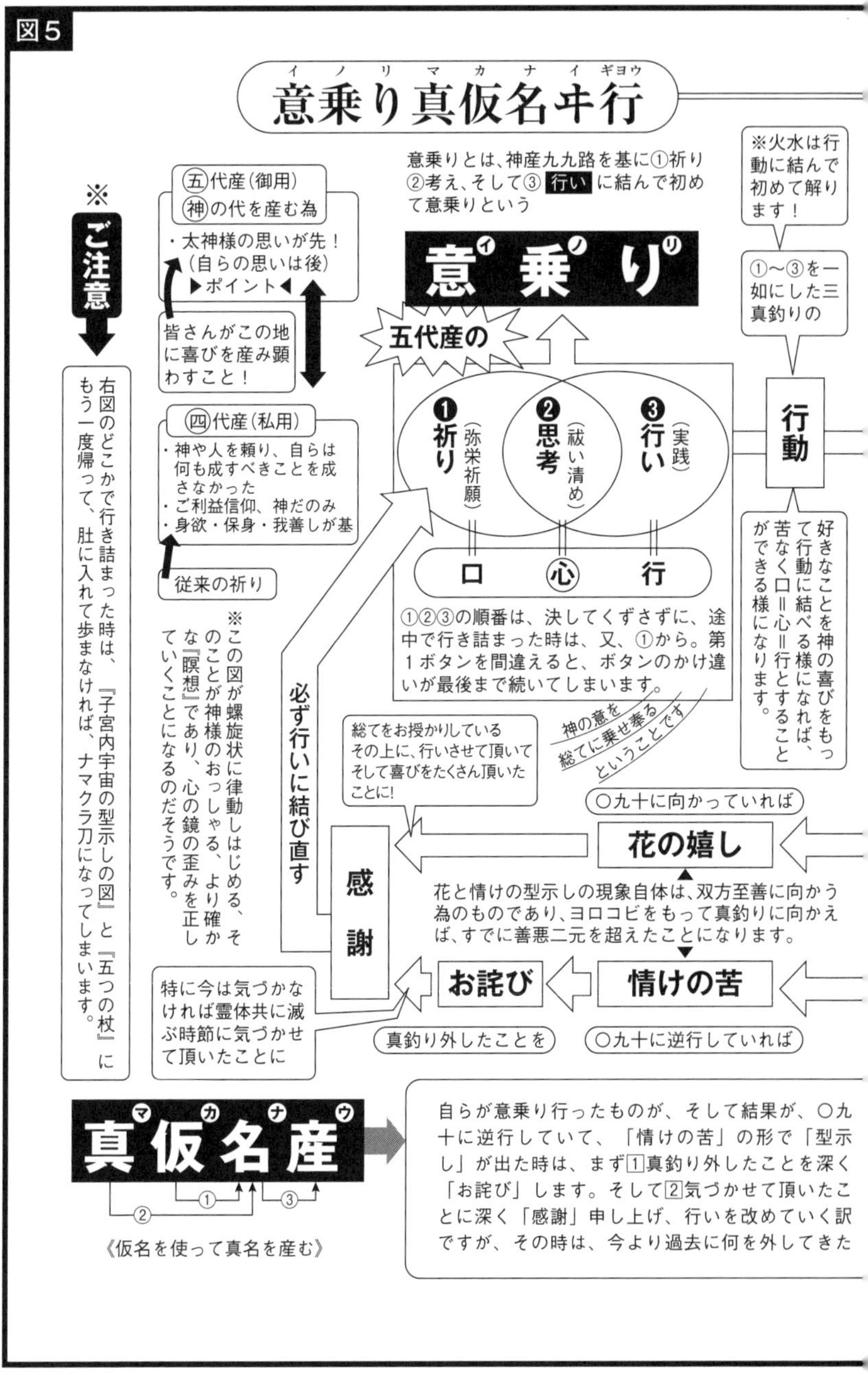
図5
意《イ》乗《ノ》り《リ》真《マ》仮《カ》名《ナ》ヰ《イ》行《ギョウ》
意乗りとは、神産九九路を基に①祈り②考え、そして③ 行い に結んで初めて意乗りという
※火水は行動に結んで初めて解ります！
①〜③を一如にした三真釣りの
※ ご注意
右図のどこかで行き詰まった時は、『子宮内宇宙の型示しの図』と『五つの杖』にもう一度帰って、肚に入れて歩まなければ、ナマクラ刀になってしまいます。
㊄代産（御用）
㊗の代を産む為
・太神様の思いが先！（自らの思いは後）
▶ポイント◀
皆さんがこの地に喜びを産み顕わすこと！
㊃代産（私用）
・神や人を頼り、自らは何も成すべきことを成さなかった
・ご利益信仰、神だのみ
・身欲・保身・我善しが基
従来の祈り
意《イ》乗《ノ》り《リ》
五代産の
❶祈り（弥栄祈願）
❷思考（祓い清め）
❸行い（実践）
口
㊖
行
行動
好きなことを神の喜びをもって行動に結べる様になれば、苦なく口＝心＝行とすることができる様になります。
①②③の順番は、決してくずさずに、途中で行き詰まった時は、又、①から。第1ボタンを間違えると、ボタンのかけ違いが最後まで続いてしまいます。
神の意を総てに乗せ奉るということです
※この図が螺旋状に律動しはじめる、そのことが神様のおっしゃる、より確かな『瞑想』であり、心の鏡の歪みを正していくことになるのだそうです。
必ず行いに結び直す
総てをお授かりしているその上に、行いさせて頂いてそして喜びをたくさん頂いたことに！
○九十に向かっていれば
花の嬉し
感謝
花と情けの型示しの現象自体は、双方至善に向かう為のものであり、ヨロコビをもって真釣りに向かえば、すでに善悪二元を超えたことになります。
お詫び
情けの苦
特に今は気づかなければ霊体共に滅ぶ時節に気づかせて頂いたことに
真釣り外したことを
○九十に逆行していれば
真《マ》仮《カ》名《ナ》産《ウ》
①
②
③
《仮名を使って真名を産む》
自らが意乗り行ったものが、そして結果が、○九十に逆行していて、「情けの苦」の形で「型示し」が出た時は、まず1真釣り外したことを深く「お詫び」します。そして2気づかせて頂いたことに深く「感謝」申し上げ、行いを改めていく訳ですが、その時は、今より過去に何を外してきた

そこで、理由がわからないときには、次のように申し上げるとよい。

「天地の御祖《みおや》の大神様、天地の何かはわかりませんが（私は一応、……のようなこととまかないましたが）、真釣りを外しまして、まことにご無礼をいたしました。また、主《あるじ》がうつけなばかりに、何の罪科《とが》もない尊き神の肉宮に痛い思いをおかけいたしまして、まことに申しわけありませんでした。さらに、今のより以上の大難をいただく前に、気づかせていただきましたことに深く御礼申し上げます。どうもありがとうございました。これからは三真釣り持ちいくよう努めさせていただきます。よろしくお願いいたします」

この「意乗り真仮名ヰ行」こそ、メグリの解消法であり、神人合一の神法だ。厄年にお祓いを受ける必要もない。厄こそが「情けの苦」であり、祓ってしまっては、新たな「情けの苦」をより大きな苦難としていただくだけだ。

「意乗り真仮名ヰ行」で、厄を喜びに変えていくことこそが大切だ。どこかの神様や霊能者に頼る必要もない。しかも自分の力や念で成功を引き寄せるのでもない。もともと、自分のことを自分で律していくことが自立の道だ。そのための神法が降ろされたのだ。

神人合一とは、四魂に隠されていた霊体と肉体との合一をいう。その霊体はハイアーセルフとも呼ばれる元つ神の分神だ。魂の元還りとは、四魂が原初の状態に戻ることだった。そしてそのとき、霊体が四魂から飛び出て、その輝きを表に出すことだった。つまり、神人合一そのものをいうのだ。

そのためには、四魂を覆っていたメグリを清算しなければならない。大難をもって清算するのが、三歳苦難と呼ばれる天変地異や経済の大混乱だが、自らが少しずつ清算する方法が「意乗り真仮名ヰ行」なのだ。

産道に入った以上、もう悪を祓うことはできない。川に流してきた汚物は、自然が浄化してくれていた。微生物や植物、小動物たちが分解・吸収してくれていたのだ。ところが二十世紀も終わりに近づくと、汚物の量が多すぎて、自然の浄化能力だけでは分解しきれなくなった。川や湖、海は汚れ、異臭すら放つようになってしまった。

そこで、汚物の処理を自然だけに押しつけず、人は自分たちである程度まで浄化するようになった。おかげで日本では少しずつ自然を取り戻しつつある。

人のメグリも同様だ。真釣りを外して垂れ流してきたメグリを、そろそろ自分たちで処理しなければ地球は臭くて住めなくなるところまできている。親による子殺し、あるいは養育拒否や虐待。子による親殺し、さらには自宅の放火まで行っている。「犬畜生」にも劣るとはまさにこのことだ。

大神様による大難をただ待っていたのでは遅すぎる。

これを読まれた、たった今から「三真釣り」を持ちいくよう努め、「意乗り真仮名ヰ行」を実践していだきたいと思う。

病気は治すのではなく「直せ」／外した真釣りを取り戻すときはいま！

火水伝文では、病気について次のように述べられている。長くなるが引用したい。

「今今、病みにありて、辛き思い致されて居る人民様には、酷な言い様と憎まれるを知りて尚、取りて解かりて欲しくある大事な事を申し置くから、カンニンなされて聞いて下されよ。今、暫し身欲を捨てなされて、心スミキリて聞いて下され。

汝等が今辛くあるはメグリ由の型示しであるを存じて居るか。汝等もともと神成る身なれば、神の決まりを破りし時には、気付きある様、情けかくるがマコトその事でござるのぞ。痛き辛きが何で情けであるものか、と人民様申さるるは知りて居るが、今はまげて聞き取りて下され。病みのマコトの因を知りて欲しいからぞ。汲めど尽きせぬ型示しあるも、マコトの因はただの一つであるを知りて下され。そは真釣りを外したが為でありたのじゃ。神の決まりとは真釣りの事でござりたのぞ。ざからマコト、マコトにマコトの改心から、感謝の響き鳴り成り出くれば、その時その場から心が軽きなりて、善き方に向き進むが解かりてくるぞ。マコト気付きありた時、顕幽双方にわたりたメグリ、癒しなさるを花言うぞ。

今様の人民様は簡単に直らんから辛くあるに、気休めにもならぬ戯言で病人をかまいて面白いかとまで申さるるは知りて居るが、マコトの事ざから申して居るのぞ。今今の時申すは、病人でござろうが無かろうが全人類一人も余す事なく、次の世紀を待つ事もなく、ここ数年の内にも目も当てられぬ酷き体験をなされて、外した真釣りを取り戻さねばならぬ時でござるから、今今の辛きご苦労を早よう花に致してほしいから、一成る花を知りたなら、この方も守護を出すから、新たなメグリが来たりても真釣りて過ごすが易いから申して居るのじゃ。

数多ある病も怪我も、すべてメグリ由に申して居るのざから、チョトはス直に聞いて下されよ。いかに医学が進歩致しても少しも病が無くならぬのは、人の生かされある、真釣りを知りてないからであるぞ。火水マ十字に組み結ぶ真釣るハタラキを知りてないからであるぞ。病や怪我言うは真釣りが揺らぎて十字が崩れて居るから、メグリと成して肉のお宮に型を示されある情けが解からぬから、真釣るご苦労が先じゃ言う事も解からず、始めから形の修繕に入りてしもうて直りた積もりで居られるが、もともとマコトの因は肉のお宮にござろう筈も無いから、いかに現れた果を首尾よく取り除きたところで、マコトの因は増えは致すやも知れんけれど、減りは致しもさんから、今様の医学にてはマコト癒すは出来もさんと申して居るのじゃ。今の世は何事も正位正順が逆様じゃ申して居るのぞ。

人間申すものは、顕幽双方に生かされあるものでござるから、死してもメグリは減りもせず持ち行くものにてあるから、メグリ申すものは今様の医学の手に負えん事位解かりたであろうから、ス直にこの方の申す様にしてみて下されよ。

真釣りが崩れた申すは天地の理法に違反した言う事でござるから、天地の御恩にケジメも取れん様な生き様の時がありたからであろうから、今生にて覚え無くありても、今様に型示しあるは現実なれば、違反致し来たりたも必ず事実あるをハラから認めるス直持ちて下されて、天地の御祖の大神様に天地の何かの真釣りに外れたる御無礼をお詫び申し上げ、間違いのありたを、今より以上の大難なる前に、気付かせありたご守護の情けに感謝申し上げ、主がうつけなばかりに何の罪科も無き尊き神の肉宮に、痛い思いをさせてすまなんだと心からのマコトのお詫びが出くたなら、出くたその時その場からこの方が善き方に向けて差仕上ぐるからと申して居るのじゃ。念での操作はしてはならんぞ。気を付けて置くぞ。今様の人民様にありては心濁り行きてしもうて、楽なやり方ばかりに頼りて居るから、治りた時のみ思い描きて、病治るを図るが如きやりようを唱うる者共に付き従う人民様数多出てくるが、悪に魅入られて居るのじゃぞ。逆様でござるのじゃ。改心申すはそんな事では出来はせんぞ。楽に走らず感謝を持ちて、苦を抱き参らせなば至るは適わぬ改心でござる由、くどう念を押し置くぞ。今今の時申すはマコト持ち行く者は善き方へ、マコト持ち行けぬ者は悪き方へハキリタテワケの響き鳴り成りて居る由くどう申して居るのざぞ。やって見なされ。この方に二言は無いのであるから、汝等に不治の病申すものは無いのであるぞ。いつまでも水を基の台と致して居るから直らんのであるぞ。病魔申すものはマコトの響き輝き出せば恐ろしくてそこには居られん様になるから言うて居るのじゃ。この方、情けも花もあるによりて申して居るのぞ、ならぬカンニンして下されて、嘘ざ思うところを今一度信じられて、もはや無駄じゃ言うところをまげて気ばりて下されよ。マコト改心なされた尊き御子を一人たりとも見過ごしには致さんから、信じ頼りてやりて下され。火を基の台と成すマコトの力徳見せてアぐるぞ」（P．92～97）

病気を形だけなおすのを「治す」といい、真の因からなおすのを「直す」というそうだ。伝文には次のような説明もある。

「この方がこう申せば、医学は悪き業じゃ。魔釣りの使い魔じゃ。など取り違え致す底の浅き人民様も居られようから、ちいとご注意し置くぞ。

この方は、痛き辛きを治すが『あやま知』申して居るのでないぞ。こを取り違え致しては、片ハタラキの神々や狐や狸の戯言《ざれごと》になりてしもうから、ハキリ申し置くぞ。善きか。汝等、真釣り外せば、情けが出くるは申し伝えあろうがな。なればこの世が『欲』と【情け】の両輪で動き参りたは解かりあるな。真釣りを外す度毎に情けをかけて参りた申しあろうがな。大神様は総てを知られ居りて、至誠至愛で汝等に情けをお渡しなされ居るのぞ。汝等の今がか弱き心身で、堪え得る情けをかけるのじゃ。痛き辛きを顕すが情けの表にてござるのぞ。病みたる表の顕れを水を基の医術にて〔治す〕が花の表にござるよ。堪ゆる辛抱が情けの裏じゃ。大神様も共に堪えてござるのぞ。汝一人の痛みで無いぞ。顕幽《けんゆう》双方の世界に苦しむ総てのミタマの苦しみを、御身ご一人に移され堪えてござるのじゃ。この世に在りて有るものは総ての総て神なるが由ぞ。解かるでござろうが。堪ゆる辛抱が情けの裏じゃ申したが、こで汝等が、身欲にありて何かの真釣りを外しありた事に気が付きて、自らを生かし支えある元つ天地の深きご恩に、お詫びと感謝の響きが鳴り鳴り出くれば、真釣るマコトがハラに咲くのじゃ。ハラに咲かせた花一輪、こが花の裏にてござるのぞ。こが咲けば顕幽たただちに【直る】を知りて下されよ。外した真釣りのメグル響きも、真釣ろうた申すことにてあるぞ。

なれど汝等皆々は、何時いつにありても気付けぬままに、水を基の医術のみで【直り】た積もりで〔治り〕て居りて、正味のメグル情けはそのままに、新たに酷きメグリを育み行くのじゃ。外した真釣りは気が付きて、真釣ろう響き出るまでは、万古末代鳴り鳴り響きて消えはせぬ、申したであろうがな。新たな酷きメグリ申すが、難しき病と鳴り行くは解かるであろうが。こが身欲を基の種となす医学の魔化《まば》けを促くすのじゃ申して居るのぞ。誰ぞが医学の『あやま知』を押し進め参りたか、これでハキリ解かりたでござろうが。医者の治すが魔釣りで無いぞ。汝の身欲が魔釣りでござる。人を責めむも恥ずかしき限りにてあるよ。汝の身欲が基じゃ。良う目を見開かれて、スミキリてあれよ」（P. 172～174）

五つの杖がしっかり頭に入れれば、この神様の御言葉もすっきり理解できると思う。

世の中には、障がいのある人もいる。かつては、前世のカルマによるものと考えられていた。ところがこれは大きな間違いだったのだ。何度も述べるが、天罰は存在しないからだ。

もともと、赤ちゃんは親を選んで生まれるが、その前に、五体満足に生まれるか、病気や障がいがあって生まれるかを自分自身で選択して生まれてくるのだ。障がいがある場合、大変なこともあるかもしれないが、その分、多くのことを学ぶことができる。メグリの解消にもなる。

今、生まれる前の記憶をもっている子どもたちがたくさん生まれている。神奈川県で池川クリニックを開業し、みずから産婦人科医を務める池川明氏が子どもたちや母親から聞き取り調査を行ったところ、およそ三割の子どもたちに胎内や生まれる前の記憶があったそうだ。

その子どもたちの証言によれば、自分たちで母親を選択し、健康で生まれるかどうかを決めるという。だから、胎児のとき、エコーに映らないように、障がいのある部分を隠そうとするしぐさも見られると池川先生は著書のなかで述べている。

最近は、我が子を虐待する母親もいる。そこに生まれる子どもも大変だが、その子も虐待されるのをわかっていて、その母親を選んでいたのだ。それも子どもの証言で明らかになっている。

詳しくは池川氏の一連の著書を参照してほしい（『ママ、生まれる前から大好きだよ！』『ママを守るために生まれてきたよ！』いずれも学研、など）。

病気には多くの意味がある。

ただ、日本人として、日本に生まれてくるような子は、親を自分で選べるのかもしれないが、そうできない魂もあるのだろうと私は思う。世界を見渡せば、そう考えざるを得ない。

悟り（次元上昇）はパラドックス／善悪二元から善悪を超えた三次元へ！

「五つの杖」では、悪に対する考え方がいままでとは違う。これまでは、悪は苦をもたらすもので、排除すべきものという考えが一般的だった。日々の暮らしもそれで成り立っている。たとえば、二月の節分には「鬼は外、福は内」といって豆を撒く。悪の象徴である鬼は出ていけということだ。身体を塩で浄めたり、厄払いをしたり、汚物を川に流したりするのも、広く考えれば同じことだ。社会にとって、また自分にとって、何が悪で、何が善かを色分けし、悪はできるだけ取り除いていこうとするのがいまの社会であり、人間だ。

事の善悪を頭で考え、判断する。実は、これは脳の使い方を覚えるためのものだったのだ。元つ神の次元では善悪はない。しかし、この三次元世界では、善悪を区別することが、脳を鍛え、より良い人生、社会を構築することだった。1～8の世界ではこれでよかったのだ。

しかし、ラ行に入った九の次元からは、原理原則が変わる。人は産道の出口へ向かって進み、さらに、善悪のない元つ神の次元へアセンションしなければならないからだ。

だから、悪の本当の意味を教えてもらうことになった。悪とは、元つ神が下した「情けの苦」だった。このままでは出産できず魂が滅びるしかないので、苦でもってそれを教え、外した真釣りを繕ってくださったのだ。

だから、今後は排除してはならない。「抱き参らせる」のだ。抱き参らせて、悪を善に真釣り変える。

ちょうど汚水をそのまま川や海に垂れ流さず、浄化してから戻すのと同じだ。この考え方の転換がアセンションのときには必要なのだ。

だから、これまで、善悪を説き、善行の勧めだけを行ってきた宗教はその役目を終える。そのような宗教は消滅せざるを得ない。悪を祓うだけの宗教も同様だ。

これまで（1〜8の世界にいたとき）は、人々は悪を退け、善を求めてきた。ところが、これから（九のラ行の世界）は、悪を抱き参らせろという。考えてみれば、まるで正反対のことのようにも見える。

人は何かを得ようとするとき、それまで一途に求めてきたことを最後の瞬間には手放さなければ、最終の一厘は得られない仕組みになっている。悟りを得ることはパラドックスになっていたのだ。

つまり、これまで、善を求めてきたが、最後の瞬間は、善の希求を手放すことが必要なのだ。

これは弓を引くことと似ている。弦を善の方に思い切り引いたら、最後は悪に向けて矢を放つ。摑んでいた弦を放すのだ。すると弦は一気に悪の方へ振れ、その後、弦は真ん中に戻る。このとき、一瞬で善と悪とが合一する。善悪二元から、善悪を超えた三元へ移行した瞬間だ。私はこれを「弓の原理」と呼んでいる。

釈迦が悟りを開かれたときも同様だ。出家され、難行苦行に取り組まれた後、これでは悟りには至れないことに気づかれた。それで、菩提樹の木の下で瞑想をされたが、その瞑想で悟られたのではない。スジャータという女性が持ってきたミルク粥を受け入れたとき、すべてを悟られたのだ。釈迦のお身体を心配したスジャータの愛が釈迦の幸魂と和魂を花開かせたのだ。

では、難行苦行が必要なかったかというと、そうではない。おそらく、その苦業が釈迦の奇魂を割るはたらきをしたと思われる。九分九厘までは自らを追い詰め、最後の一厘で、その苦業を手放して愛を受け入れたのだ。これはもちろん想像だが、釈迦は、ミルク粥を受け入れたとき悟りを諦めたはずだ。自分が悟ることよりもスジャータの健気な愛を受け入れた。その瞬間悟ることができたのだった。菩提樹の下での瞑想は、人生を回顧することで、産道のはたらきをしたのだろう。

悟りはパラドックスになっている。

このことはいろいろなことに通用する。摑んだ弦を放すことは、執着心を捨てることになる。火水を歩んできた人が、この瞬間を迎えられるよう、最後にバトルトークという場を仕掛けたのが、我空さんが用意した仕組みだった。

まさに悪の中に一厘があったのだ。悪の中の一厘とは、人というアクマ（肉体）に隠された霊体（ハイアーセルフ）のことだった。しかし、それだけではない。最後は悪を抱き参らせることで得られる新次元のことをも示していた。

四魂から飛び出した霊体は一瞬のうちに肉体と合一する。そのとき、霊主体従心属となり、肉体におけるアセンションは完成する。準備ができた人から、そのようなことが起こるだろう。そうなれば、遺伝子も変容し、核爆発でもびくともしない肉体に生まれ変わるのだ。

おそらくそのとき、人は一瞬気を失った状態になるだろう。しかし、意識を取り戻したとき、自らの身体が光り輝いていることに驚くはずだ。

もちろん、このことに同意しない魂もあるだろう。アセンションするかしないかの選択は魂自身にゆだねられている。魂の出産に恐怖を抱く人も少なくないはずだ。魂の存在すら気がつかず、この世の物質的な快楽にはまってしまっている人も多い。そういう人は、メグリの清算も大変だから、アセンションを拒否することも考えられる。たとえ同意しても帝王切開は免れないので、辛い思いをすることは間違いない。

だから、できるだけ早くこのことに気づいて自分から魂の浄化に努めるのが賢明だ。

ただ、このことがいつ起こるかは不明だ。マヤの暦が終わるという、二〇一二年十二月ではなかった。経綸は思った以上にゆっくり進行しているようだ。火水伝文でいわれていることは本来ならもう起こっていなければならない。しかし、現実は違っていた。だから、それはこれから起こるようなのだ。

この度の、東日本大震災は、その始まりのラッパと思われる。

私が思うには、どうやら、善意により、進行を遅らせたり、止めようとしている団体があるのだと思う。戦争や天変地異を悪と考え、それを阻止しようとしているのだろう。

もちろん、大神様は、その行為をよしとされている。だから、経綸の進みが予定より遅れているだと思う。

遅くなれば遅くなるほど、私たちにとってはありがたいかもしれない。それだけ、自分でメグリを解消できる時間が増えるからだ。メグリがなければ、喜びでその時を迎えることができる。

大神様は、その猶予を与えてくださっているのであろう。

闇の支配も終了する／資本主義崩壊の大混乱も自分で乗り超える！

いま世界を陰で支配しているのは、闇の勢力だという。フリーメーソンやイルミナティという存在も本当の支配者の手下にすぎないという話もある。もともと闇の中にいるのだから、私たち一般人が真相を知るのは不可能だ。

しかし、アセンション（宇宙の出産）は、このような支配を終わらせることになる。それは当然だ。もはやそのお役目は必要なくなるからだ。彼らは内部分裂し、お互いが争っておのずから崩壊する。だから、そのことに私たちは関与する必要はない。

だが、そうなると、いまの経済は大混乱となるだろう。ドルや円が暴落するという程度ではなく、貨幣制度そのものがなくなるだろう。資本主義社会は完全に崩壊する。

もともと資本主義とは矛盾を含んだ制度だった。というのも、経済が成長しなければうまく回らないからだ。だから常に経済成長が求められる。なぜそうなのかというと、金が金を生むからだ。金が実体を伴わず、金を生んでしまえば、余分な金が必要となる。たとえば、銀行にお金を預けると、利子がもらえる。今はすずめの涙ほどの利子もないが、かつては、一億円も預ければ、利子だけで生活ができた。

これは金が金を生んだことになる。

銀行は、その分、お金を貸して利子を受け取る。つまり、お金を借りれば利子の分を余計稼がなければ赤字となってしまう。お金を借りた誰かが、預けた人の生活を支えていたことになる。つまり、お金のない人がお金のある人の生活をも支えなければならないのだ。

これは矛盾だ。おかしなことだ。お金をたくさん持っている人がお金を儲けやすくなるというのが、資本主義なのだ。

本来、利子は必要ない。銀行を国営化すればそれでもお金は回っていく。

日本は人口が減少していくのだから、資本主義社会は馴染まなくなる。だから、資本主義はおのずから崩壊に向かうのだ。

アセンションすれば神様が楽園を用意してくれると思っている人もいるようだが、そう考えることこそ、自立していない証拠だろう。楽園は私たち自身が創り上げるのだ。

混乱のなかから立ち上がらなくてはならない。エネルギーは、無尽蔵にあるフリーエネルギーを利用するようになるかもしれない。この技術はすでに確立されているそうだ。そうなると儲け口を失う人たちが一般への普及を抑えているだけらしい。

食べ物は、自分たちで作らなければならない。自給自足が基本だ。ドンカメがめざした天恵自足の生活がお手本になる。土地の個人所有の権利はなくなるから、農地は貸してもらえる。土地はすべて国の管理となるだろう。かつて、日本では飛鳥時代に班田収受の法が施行され、人々には口分田が割り当てられた。それと似たものが実施されるだろう。

農法は、自然農法が基本だ。必要以上に収穫できた人は、市場へもっていき、物々交換を行う。肉食はほとんどなくなるだろう。炭水化物、脂肪、たんぱく質というような物質的栄養より、プラーナのような生命素を摂ることが主体になるからだ。

子どもが母の日に「かたたたき券」を自分で作って、それをプレゼントすることがいまでも行われているが、手に技術をもっている人は、そういう券を作って市場で必要なものと交換するようなこともなされるだろう。たとえば、「散髪券」「マッサージ券」「掃除券」などだ。

罪を犯すような人はいないので、軍隊や警察、裁判所、刑務所のようなものは徐々に必要なくなる。多少のもめごとはあるだろうから、これらに代わって「よろずもめごと相談所」のようなものが国によって設置されるかもしれない。

国の機能は大幅に縮小される。ただし、インフラ整備は必要だし、工業などの産業も発展させなければならない。もちろん、インフラは自然と調和したものになる。

もしかしたら、今の大陸は沈み、新しい陸地が浮上するということも考えられる。何しろ、傾いている地軸がまっすぐになるのだ。地球の様相は一変するだろう。

さきほどの人々の暮らしの様子は、私の単なる想像でしかないが、実際には、宇宙人たちが知恵を貸してくれるだろうと思う。あるいは人々が「日月地の神」としてふさわしい、すばらしい叡智を授かっていて、その必要もないかもしれない。

いずれにしろ、ここであれこれ考える以上のすばらしい社会が実現するだろう。

神と神人がともに暮らす時代へ／天国十字文明地上に現る

ここで、少し、経綸の話をしておきたい。大神様の御経綸については、前著（『日天意神示と神一厘の仕組み』四海書房）に詳しく記しておいた。今一度、ごく簡単に概略を説明しておこう。

この度の宇宙の出産は、「天意の転換」とも呼ばれる。それは神々の政権交代にともなって行われるからだ。出産すれば、「霊主体従心属」の世界の構築がされ、そのために、中つ神から元つ神へと、主権ともいうべき政権の実体が移譲する。

そのために、岩戸が閉じられ隠遁していた元つ神が復活せねばならず、現界においてなすべき「型出し」を経綸神団と呼ばれる、御用（五代産）を担った団体が、江戸末期より実施してきた。

それが教派神道と位置付けられた、黒住教、天理教、金光教、妙霊教、大本教の流れであった。

大本からは、世界救世教、三五教《あなない》、光教会、大元教《たいげん》、錦之宮などに受け継がれ、その流れのなかで、岡本天明に「日月神示」も降ろされた。また、大本と並行して松緑神道大和山も経綸の一角を担っていた。

これらの経綸神団は、それぞれの役目を担い、数々の「型出し」の仕組みを演じ、ついに、一九九一年（平成三年）十月十日大元教にて国常立大神の一霊四魂が完全復活することになったのだ。それが、火水伝文が降ろされることにもつながっている。

国常立大神は、以後、大国常立大神として、経綸の指揮を執られている。

一方、世界救世教からは、「光の道」と「真光」が誕生した。そして、真光には、「型出し」の御用とともに、「神人合一の道」が下された。これは、経綸を担う、あるいは天意の転換以後の世界を再構築する種人《たねびと》創りが目的だ。

岡田光玉に下された「御聖言（真光神示）」には、こう述べられている。


「神より見たるとき、そは汝等が汝を愛し、汝を崇《たか》めん心にして、自主自利愛の心に属するなり。汝等はさらに思え。主《ス》の神、天地《あめつち》初発の当時より何故《なにゆえ》に人を創り、神は何を成就せんとして神策《かむはか》りせしやを。即汝等に願いあり、祈りある如く、神にも願い祈りあるを知れ。初めて此の世、汝に示せし幾億万年に亘る神の地上一大経綸あることこれなり。サトル（差取る）事こそ神の子としての本願たらざるべからず。汝等は之を成就せしめん神への愛心に生きたる時、汝等は初めて真の神の子となるなり。あらゆる地に神の栄光を受け、歓喜の生活

に這入り、天国十字文明地上に現わるるの基《もとい》となればなり。神のみ意《こころ》を地に成就せしむることと神の子とならん。かくて神人合一《しんじんごういつ》は成就せらるるなり。汝等の頭上に初めて永遠《とわ》の生命《いのち》と神の栄光は宿らん」

人に願いと祈りがあるように、神にも願いと祈りがあるという。人が、神と人との差を取るサトリを成就させることが、神の願いだという。人が神の子となるのが「神人合一」だ。人が神人合一することを目的に、人を創造したとある。

この言葉をもって、真光に「神人合一の道」が降ろされたのだ。

真光が担った型出しの御用は光風会に受け継がれたが、「神人合一の道」の役割は、徳田愛子《とくだあいこ》氏と安藤妍雪《あんどうけんせつ》氏が担われた。

上から安藤妍雪氏、岡田光玉氏、深見青山氏。神人合一の道の役割を担った人々⁉

真光の岡田光玉氏が没したまさにその時間、徳田氏の夢枕に光玉氏が現れ、「あとは託したぞ」と経綸の引き継ぎが行われたのであった。徳田氏は、そのときの様子をこう述懐している。

「真夜中のことで、私は夢を見ていました。夢の中では、広いお座敷の一番奥に自分が座っていて、両側には人が並んで座っていました。その正面に、お顔がまっ黒な光玉さんが現れて、座敷の真中を歩いて私の方に向かってきたのです。私のすぐ目の前に来られると、『愛子、後は頼んだぞ』と声をかけられました。そこで夢から覚めたのですが、私はそのとき、『あっ、光玉さんは亡くなられたのだな』と直感しました」

しばらくして連絡が入り、光玉氏が永眠されたことが伝えられた。その時刻は案の定、徳田氏が夢見た時刻と一致していたのである。徳田氏自身は、真光に直接関与していたわけではないようだ。ただ子どもの頃から霊能力があり、人の心が読めたり将来のことがわかったりしたようだ。その能力を周りの人が活用していたらしい。身内に真光の重要関係者がおり、その縁で、光玉氏とも通じていたのだ。

徳田氏はその後、橘《たちばな》カオルの名前で、深見青山《ふかみせいざん》(当時)氏とともに、「コスモメイト」を主宰し、多くの弟子を育てることになった。徳田氏には、昭和の時代にスの神が降臨され、「神人合一の学校を作れ」との要請があったのだ。コスモメイトはまさに神人合一の学校であった。

「神は身の内にあり」。それまでの宗教家の多くは、自分の外に神を求めていた。神とは、天にいて、私たちを指導する立場の存在だった。それを、身の内にあると指摘されたのだ。真光神示でも同じような言葉が降ろされていたが、徳田氏は神から直接その言葉を知らされたと思われる。

徳田氏の教えは、生活に根ざしたもので、シンプルだ。まずは「気の先のキャッチ」を弟子に求めた。単なる気のキャッチではない。「神は気も無いところから知らしてあるぞ」とあるように、気の出る前から察するのだ。

たとえば、突然、あの人に電話しなければと思う。もちろん、用事はないのだが。しかし、電話してみると、「ちょうどこちらから電話しようかなと思っていたところなのよ」と言われる。もちろん、偶然ではない。相手の、自分と話したいという気の起きる前に察知したのだ。

あるいは、来客があるかもしれないと、その客がそのときちょうど食べたかった茶菓子や食事を用意するなどもそうだ。事前に察知するのだ。まさに予知能力のようなもので、気の先をキャッチできれば、地震の到来もわかるだろう。たとえ、数分前であっても、地震が予知できれば、命を守ることができる。

もちろん、地震だけでなく、気の先や気を自在に察知できるようになれば、相手の思うことや考えることも相手が思う前からわかるようになるので、相手の一番喜ぶことをしてあげることができるようになる。

そのためには、いつも気をキャッチするためのアンテナを張っていなければならない。「気を付け、気を回し、さらに気を巡らして、生活することが大切」だと、説く。

徳田家に嫁いでいた頃の時代に、神様から禅問答を受けたという。まず、「無」という字が目の前に現れた。この無とは何かを神に説明するのだ。頭で考えていてもさっぱりわからないので、頭のなかで無の字を見つめていたという。

すると、無という字が家のように見えた。さらによく見ると、ぼんやりと家の中に明かりが灯っているように思えた。そこで、はっと気づく。「そうか、無とは有なんだ。何もないのが無ではない。目には見えなくても、無は、何かが存在していて成り立っている」

これは現代物理学にも通じるところがある。かつて、物理学では、光を波と考え、波なら、それを伝える物質があるはずだと考えた。音は、空気や水を介して伝播し、真空にすると音は伝わらなくなる。ところが光は、真空の宇宙空間でも伝わるので、宇宙空間は無ではなく、何かの物質が充満していると考えたのだ。それをエーテルと名づけた。

しかし、マイケルソンとモーリーが実験でそれを完全に否定した。エーテルは存在していなかったのだ。ところが、最近では、物質としてのエーテルは否定されたが、空間には何かが存在していると考える学者は多い。

もしかすると橘氏が見た、無の世界の光とは、やがて訪れるであろう、現実界（水の田）と霊界（火の田）が合体した五次元世界だったのかもしれない。未来を垣間見せてもらったのだ。

また、家の出入り口には、玄関がある。なぜここを玄関というのだろうか。

中国の老子に「玄牝《げんぴん》の門」というのが出てくる。玄牝とは、谷神《こくしん》の住まうところ、すなわち奥深い母性の存するであり、天地の根源であるという。つまり、無の家のなかのことだ。つまり、玄牝の門は、玄牝と現界の境にある門のことを意味する。

その玄牝の門が玄関なのだ。人は、家に帰ると、玄関の前で、「ただいま」と言って、中に入る。

つまり、玄関すなわち玄牝の門をくぐり、天地の根源の神のところへ帰るには、「ただいま」が必要なのだ。徳田氏はこれを「ただ今に生きること」と教えた。

「ただ今に生きる」とは、我空さんの「人は中今に生かされている」という五つの杖に通じるものがある。つまり、いまいまに喜びを生んでいくことだ。日常生活の何でもない習慣のなかにこそ、悟りがあると、徳田氏はいう。

たとえば、化粧をするために鏡に向かい、無心で顔を装っているときに神の言葉が降りてくるそうだ。

だから、特別な瞑想タイムなどは必要ない。日常生活そのものが瞑想の時間と考えればよい。掃除機をかけているとき、じゃがいもの皮をむいているとき、そういう瞬間、瞬間が瞑想の時間なのだ。もちろん、電車に乗っているとき、お風呂に入っているときもそうだろう。シャンプーをしているときに、突然すばらしい考えが生んだ経験を持つ人もいるはずだ。

アルキメデスのお風呂の話はあまりにも有名だ。ニュートンもリンゴの木を見ながら、瞑想状態にあったのだろう。ただ、ぼんやりとリンゴの木を見ていても、それは単なる観賞だ。問題はそこで、「気をつけている」かどうかということ。ニュートンはいつも「引力」について考えると同時に気を巡らしていたのだろう。

徳田愛子氏には、自分というものがなかったと弟子がいう。内弟子の女性たちがいつも周りにいたが、A子さんには白といい、そのすぐ後にB子さんには黒という。つまり、まったく反対のことをそれぞれにいうのだ。それも何の説明もいいわけもない。当たり前のように話す。さきほど反対のことをいったことなどまったく頭にはないようだ。

だから、周りにいた人は面喰らってしまう。いったいどちらが正しいのだろうかと。しかし、それはどちらも正解なのだ。ものごとに絶対的に正しいというものはない。黒のほうに傾いている人には、白といい、白に行き過ぎている人には黒といっただけなのだ。ようは白と黒のバランスが大切で、それが崩れていると修正するように、白が正しい、黒が正しいと一見矛盾するようにいうのだ。

これは、「自分」というのがあってはできない。自分が頭で考えていては、一つの考えで固まってしまう。そうではなく、ただ、そのとき降りてきた言葉をいう。

だから、徳田氏の前では、前例は役に立たない。以前こうだったから、今度もこうだと頭で考えていると、何やっているのと、叱られてしまう。そのとき何が必要か、どうすればいいのか、常に気を巡らしキャッチしていかなければならないのだ。

極端な話、「こうしてね」といわれたことをそのまま素直に実行しても、叱られるときがあるという。「あれ、ご自分がそうしてねとおっしゃったのに」とぶつぶつ言ってもはじまらない。そのとき本当にしなければならないことを感得して行わなければ、気の先をキャッチすることはできないからだ。

これは火水伝文で述べられていることとも一致する。伝文では、頭と腹の争いだという。これまで人は頭を使って考え、創造してきた。聖書でいう「善悪の木の実」を食べてから、そうしてきた。この頭で考える知恵を「あやま知」と伝文ではいう。龍にはなれぬ「蛇の力」と呼ぶ「知恵の神」がその元だ。だから、スメラの民は、腹で考えろ、腹の声を聞けと火水伝文では諭す。頭で考える知恵は、自分にとって徳か損か、そういう視点でものごとを判断する。これを「分かつ知」というそうだ。すなわち善悪二元論の知恵だ。右脳と左脳に脳が分かれていることが型示しになっている。徳田氏の教えも善悪を超えたところにあったのだ。

しかし、その役割も、一九九〇年（平成二年）で終了したと私は思っている。コスモメイトはワールドメイトに、徳田愛子氏は旧姓の植松愛子氏に、深見青山氏は深見東州氏に名前を変えたことがそれを暗示している。

火水伝文は、コスモメイトと入れ替わるように降ろされ、徳田氏の教えを詳しく解説してみせた。火水伝文は、「神人合一の道」の流れのなかにある、伝文だった。だから、日月神示とセットではあっても、系統は異なるのかもしれない。日月神示を支持する人々が火水伝文を認めないというのも、わからないでもない。

安藤妍雪氏は、昭和天皇とのご縁で、「神代《かみよ》文字」を現代に復活させる五代産を担われた。東京および日玉（飛騨）の国・高山で「書の霊《み》智塾《ちじゅく》」を主宰されている。高山では「位山アートギャラリー」（☎〇五七七・五三・三三六六）を開いて常時作品を展示している。

神代文字とは、古代から降ろされていた文字のことで、長い間隠されていた。日本の文字は、平安時代に中国から入った漢字から生まれたことになっているが、これもわけあってそう伝えられていただけだ。

　神代文字は公には認められなかった。もし、それを認めると、日本が世界の文明の元であることが証明されてしまうことになる。それでは、いまの支配体制にとっては都合が悪いのだ。

　神代文字には、それを降ろした神々のパワーが凝縮されている。その文字を修練することで、魂が浄められる。なかには、がんをはじめとする病が完治するケースもいくつか出ている。安藤氏は、岡田光玉氏および宇宙科学者たちの教えを受け継ぎ、さらに、神様からのメッセージを受け取られて、弟子を神人合一へと導いていらっしゃる。種人養成の五代産をいまも担われていると私は思っている。

第五章

宇宙チャネリングも「竹内文書&元つ神」の情報をフォローしていた！

竹内文献／古神道の神示を裏づけるチャネリング情報があった！

未知なる世界からの情報は、古神道関連のものだけではない。宇宙のさまざまなところから、チャネラーという媒体を通じて寄せられている。その多くは肉体をもたない存在であり、元つ神から見れば、中つ神と呼ぶべき存在かもしれないが、たとえ中つ神であっても九分九厘まではアセンションのことを知っている可能性があるので、彼らからの情報も有力なものといえる。

それとは別に、日本には、記紀以外にも日本の「歴史」を記した古文書が存在する。その代表的なものが、「竹内文献」だ。竹内文献は、武内宿禰《たけのうちすくね》の子孫が伝えたとされる歴史書で、「竹内文書《たけのうちもんじょ》」とも呼ばれる古文書と数々の資料群（宝物等）のことだ。

竹内文書は、神代文字で書かれていたもので、それを孫の平群真鳥《へぐりのまとり》が漢字とカタカナに書き改めたといわれている。ところが、この竹内文書は、学術界では偽書として葬られており、正式な歴史書と認められていない。

その理由の一つには、一般常識から考えて、おかしな点があることだが、最大の理由は、元京都帝国大学文科大学長（いまの文学部長）の狩野亨吉《かのうこうきち》博士が偽書と断定したことによる。

だから、竹内文書を取り上げるにあたっては、狩野の偽書説を覆さないことには、読者に対する誠意を欠くことになる。そこで、巻末に私なりの反論を載せておいた。興味のある方は参照してい

竹内文献とその提出物件を根拠もなくバッサリ否定した狩野亨吉氏。後に氏はこのことを非常に悔いた

ただきたい。

この竹内文書には、UFOと思われる飛行体に関する記述がある。それも偽書の理由の一つになっているが、今日では、UFOに関する記述があるから偽書とする人はほとんどいないだろう。むしろ、古代からUFOが存在することを証明していると考えられる。

チャネリングも同様だ。竹内文書には、超古代のことが記述されているが、この情報が物質的に、あるいは口述でも後世に伝えられるはずはなく、ある時代にチャネリングのような形で取られた情報を記述したものと考えるのが常識的だ。

狩野の時代には、チャネリングもUFOも非科学的なものであったが、今日では、科学の方が遅れているとするほうが科学的だ。

古神道の神示が荒唐無稽なことを伝えているのではないという、証明のためにも、これらの情報をここで検討してみたい。

竹内文書に記されたUFO／初代天皇は宇宙人！

竹内文書には、「神躰神名天皇名宝巻《たましいたまのしかみのみなすめらみことなたからのまき》」というのがあり、それには、こう記されている。

「天地日球神地球人神祖ノ神、始メテ日球ノ国依リホドノ神天降リ、越根ニ地球ヨリミドノ神三降リ、相合スル神奉勧請、神躰、国万造主大神天職天皇即位二十一億万歳、自身天神人祖一神宮奉勧請、自身祭主天皇トナリ、此ノトキヨリ始テ天皇ト、上代ノ神依リ詔シテ定ム」

竹内文書によれば、天神四代、五代、六代、七代の時代に地球の自然環境が徐々に整えられ、生命も誕生した。そして、人類も創造された。そして上古代、いよいよ天孫降臨が行われ、天皇が統治する時代となるのだ。

そのときのことを記したのが、先の文書だろう。天日豊本葦牙気皇主身光天津日嗣天皇《あめひのもとあしかびきみぬしみひかるあまつひつぎあめのすめらみこと》という長い名前がつけられている。

この天皇は、先の文書によると、もとは天地日球の神であった。日球ノ国から天降ったとある。これはいったいどういうことだろう。初代天皇は宇宙人であったことを竹内文書は告げているのだ。本当だろうか。

現在、多くのUFO目撃情報が寄せられている。その多くが、誤認やニセの情報ということだが、そのなかには信用できるものも含まれている。宇宙人は確かに存在する。UFO関連の書物には、そういう情報がたくさん寄せられている。それなら、天皇一族が宇宙人であっても不思議はないし、自ら天孫族と称してもうなずける。

では「正史」である古事記はこのことをどう伝えているのだろうか。まず、宇宙創世についてはこう記されている。

「天地初めて発けし時、高天原に成りし神の名は、天之御中主神《あめのみなかぬしのかみ》、次に高御産巣日神《たかみむすひのかみ》、次に神産巣日神《かみむすひのかみ》。この三柱の神は、みな独神《ひとりがみ》と成りまして、身を隠したまひき。次に国稚《わか》く浮ける脂の如くして、海月《くらげ》漂へる時、葦牙《あしかび》の如く萌え騰《あが》る物によりて成りし神の名は、宇摩志阿斯訶備比古遅神《うましあしかびひこぢのかみ》、次に天之常立神《あめのとこたちのかみ》。この二柱の神もみな独神と成りまして、身を隠したまひき。上《かみ》の件《くだり》の五柱の神は別天《ことあま》つ神《かみ》」（『古事記（上）全訳注』講談社学術文庫より）

まず、天地が初めて分かれたときのことから述べられている。天地が分かれたのは、竹内文書によれば、天神三代のとき。古事記は、ここから物語が始まる。このとき、高天原に天之御中主神が成ったという。ここでいう高天原《たかあまはら》とは、宇宙空間のこと。天之御中主神という名前から察すると、宇宙の中心すなわち核の存在と思われ、古神道でいう「大地」にあたる。独神《ひとりがみ》ということだから、陰陽が合一された存在で、元つ神にあたる。身を隠したとあるので、宇宙や地球の創造には直接かかわらなかったと思われる。

その後成ったは、国之常立神《くにのとこたちのかみ》と豊雲野神《とよくもぬのかみ》。この二柱の神も独神で、身を隠された。

それから、国之常立神と豊雲野神を合わせて神代七代といわれる十柱の神々（これらの神は五組の夫婦神なので二神を合わせて一代と数える）が登場し、それには、伊邪那岐神《いざなきのかみ》と妹伊邪那美神《いもいざなみのかみ》が含まれる。妹《いも》とは女神（妻）という意味だ。この神代七代の神々は、身を隠したとは記されていないので、地球創世に直接関わった神といえるだろう。

古事記では、次に場面が変わり、伊邪那岐命《いざなきのみこと》と伊邪那美命《いもいざなみのみこと》の二神が現れ、国産みを行う。ここで創られた国々は、現在の西日本にある国の名が綴られ、文章では地質学的・物理的に国が創られたかのようになっているが、実際は、社会学的な国（集落）が創られたとも読みとれる。つまり、伊邪那岐・伊邪那美命は、神というより人である可能性も考えられる。名前も神から命《みこと》に変わっている。

ということは、伊邪那岐命と伊邪那美命は、竹内文書の上古時代の天皇と同じ宇宙人であろう。竹内文書と古事記、それぞれ表現や神々の名前は違うが、大筋ではそれほど大きな違いは感じられない。古事記のほうが簡略化されてはいるが。

しかし、古文書だけではよくわからない部分も多くあるかと思う。そこで、ここで視点を変えて、最近、アメリカなどでよく行われている「チャネリング」による情報を検討してみたい。

ジャーメインが語る宇宙の歴史／創造の礎たちとは？

チャネリングというのは、チャネラー（通信者／霊媒師、巫女）と呼ばれる人たちが高次元の意

ジャーメインからのチャネリング情報を伝えるリサ・ロイヤル氏

識体や宇宙存在、宇宙人などと交信して、彼らからのメッセージを伝えるもので、日本でも古くから今現在にわたり行われている。竹内文書や古事記の神話の部分もこうした方法により得た情報をもとに綴られたものだろう。邪馬台国の女王・卑弥呼も優れたチャネラーだったに違いない。

日本では、高次元の意識体や宇宙存在、宇宙人などを神と表現しているだけだ。神という言葉を使うと宗教っぽくなるが、高次元の存在と交流すること自体は、宗教ではない。

宇宙創世についての情報をもっともよく伝えてくれる存在と交信を行っているのは、米国・アリゾナ州フェニックス市在住のリサ・ロイヤル氏だ。彼女はマサチューセッツ州立大学ボストン校で心理学を学び、その後数度のUFO目撃体験によって目に見えない世界の存在に目覚めた経緯をもつ。

彼女がチャネルする存在は、おもにジャーメイン。宇宙の集合意識体だという。『プリズム・オブ・リラ』（リサ・ロイヤル、キース・フリースト共著／ネオデルフィ）に情報がまとめられている。

その情報によれば、まず初め「大いなるすべて」という存在があった。その存在の一部が、琴座のプリズムを通過したことによって、意識の集団が生まれたという。彼らは「創造の礎たち」と呼ばれる。もちろん肉体などもたない存在。光は、プリズムを通ると七つの色に分かれるので、もしかしたら、「創造の礎たち」は七柱の神ということになるかもしれない。そうなると、古事記の話に似てくる。「大いなるすべて」は、天之御中主神で、「創造の礎たち」は、神代七代の神々にあたる。神代七代の神々は、夫神と妻神に象徴されるように、陰と陽の二極性を備えている。

「創造の礎たち」も両極に分裂した状態を認識した。そして、その後に予定されている新たな分裂も同じパターン、同じパラダイム（体系的な枠組み）となることも。そしてやがては、再び琴座のプリズムを通過して再統合する仕組みも理解した。

やがて、「大いなるすべて」の一部が思念によって宇宙領域を創造したように、「創造の礎たち」も自分たちの思念によって自己を分裂させ、個別の意識を誕生させた。この個別の意識たちは、宇宙の探検に乗り出したのだ。

「創造の礎たち」のあるものは、物質的現実に入るために、自分たちのエネルギーを適度に物質化させ、肉体的な存在として生きることができるようになる。ジャーメインによれば、銀河系宇宙種族の意識は、すべて「創造の礎たち」の一部であるという。「創造の礎たち」とはつまり火水伝文でいう元つ神だ。そしてその個別意識たちが最初に入植したのが、琴座とその近隣の星々だった。

双子の宇宙／『宇宙人ユミットからの手紙』に書かれた驚異的な情報

さて、「創造の礎たち」が誕生したとき、すでに宇宙は陰と陽の二極性をもっていた。これはどういう意味だろうか。ここで、『宇宙人ユミットからの手紙』を紹介したい。そこにツインユニバース（双子の宇宙）について書かれているからだ。

『宇宙人ユミットからの手紙』については、同名の書籍（ジャン＝ピエール・プチ／徳間書店）に詳しく述べられている。著者のジャン＝ピエール・プチは、トップレベルの宇宙物理学者。本のプロフィールによれば、フランス国立科学研究庁主任研究員で、マルセイユ天文台で観測を行いながら、星雲の螺旋構造や宇宙論の研究に従事している。また、それまではフランスの原潜ミサイルのための固体燃料ロケット推進装置を製造するプロジェクトにテストエンジニアとして勤務していたこともあるそうだ。

この科学者が奇妙な手紙を目にすることになる。その手紙とは、幾人かのスペイン人に舞い込んだもので、書き手は、ウンモという惑星から来た宇宙人（地球外知的生命）、ユミットを名乗っているという。どの手紙にもユミットの署名と送り主の親指で押された押印がなされている。もちろんすべて切手が貼られ普通の郵便物として配達されたものだ。約三十年の間に、その数およそ六千通。彼らがウンモと呼ぶ惑星は、地球からほぼ十五光年のところにある乙女座の中にある惑星だという。

内容はさまざまだが、非常に高度な科学的な内容で、十八年間にわたって検討を続けてきたプチ氏にも難解でわからないところもあるという。しかし、手紙に含まれている新しい科学情報はプチ氏の研究に少なからず影響を及ぼし、おかげで多くの論文を作成することができたそうだ。フランスの科学者たちは、旧ソ連のノーベル賞級の科学者が絡んだイタズラではないかという。けれども、プチ氏はそうは考えていない。これほどの知的な内容なら相当な時間をかけたはずで、内容をまったく理解できないスペイン人にそれを送りつけてもなんの意味もないからだ。

プチ氏は、地球外知的生命体がすでに地球に侵入し、手紙を書いたのではないか確信している。たとえば、湾岸戦争の直前に送られてきた手紙には、湾岸戦争の経過が細かく予告され、ほぼそのとおりになったという。これを書くには現場の状況やアメリカ側の作戦計画を相当詳しく知っていないと書けないものだった。巡航ミサイルを使用する際の細かな技術的な問題や標的の優先順位まで指摘されていたのだ。また、他の手紙には宇宙船の複雑な構造や飛行原理について述べられ、それが現実的に存在する可能性を彼は（科学的にも）否定していない。

そして、それら手紙のなかに、宇宙の双子構造について書かれたものがあった。それによると、宇宙は一つではなく、ペアになった宇宙が数限りなくあるという。著書からその部分（手紙）を引用してみよう。

「宇宙の生成にもやはり二重性がある。ペアになった、A、Bの二つの要素の相違は、それぞれの

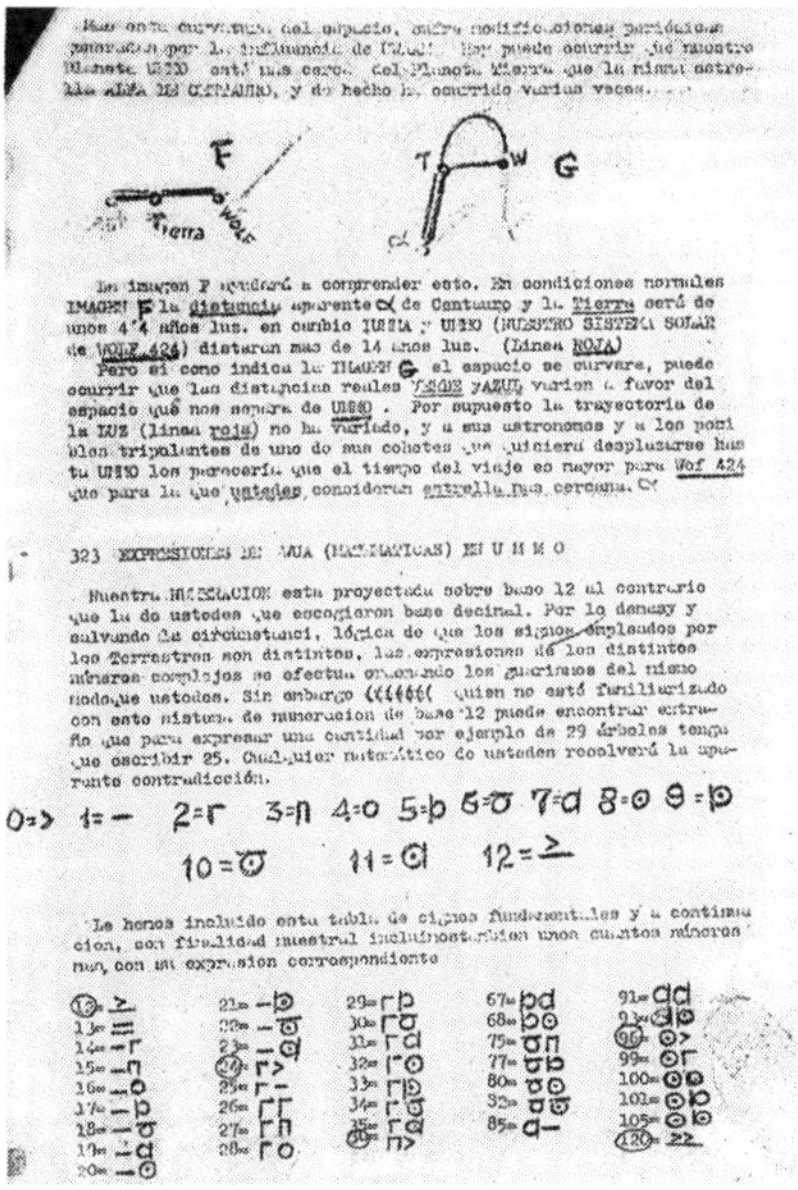

Mas esta curvatura del espacio, sufre modificaciones periódicas generadas por la influencia de (...). Hoy puede ocurrir que nuestro Planeta UMMO está mas cerca del Planeta Tierra que la misma estrella ALFA DE CENTAURO, y de hecho ha ocurrido varias veces.

La imagen F ayudará a comprender esto. En condiciones normales IMAGEN F la distancia aparente α de Centauro y la Tierra será de unos 4'4 años luz. en cambio TIERRA y UMMO (NUESTRO SISTEMA SOLAR de WOLF 424) distaran mas de 14 años luz. (Linea ROJA)

Pero si como indica la IMAGEN G el espacio se curvare, puede ocurrir que las distancias reales VERDE y AZUL varien a favor del espacio que nos separa de UMMO . Por supuesto la trayectoria de la LUZ (linea roja) no ha variado, y a sus astronomos y a los posibles tripulantes de uno de sus cohetes que quiciera desplazarse hasta UMMO les pareceria que el tiempo del viaje es mayor para Wof 424 que para la que ustedes consideran estrella mas cercana. α

323 EXPRESIONES DE (...) (MATEMATICAS) EN U M M O

Nuestra NUMERACION esta proyectada sobre base 12 al contrario que la de ustedes que escogieron base decimal. Por lo demas y salvando la circunstanci, lógica de que los signos emplados por los Terrestres son distintos, las expresiones de los distintos números complejos se efectua ordenando los guarismos del mismo modo que ustedes. Sin embargo quien no esté familiarizado con este sistema de numeracion de base 12 puede encontrar extraño que para expresar una cantidad por ejemplo de 29 árboles tenga que escribir 25. Cualquier matemático de ustedes resolverá la aparente contradicción.

Le hemos incluido esta tabla de signos fundamentales y a continuacion, con finalidad muestral incluimos tambien unos cuantos números, con su expresion correspondiente

ユミットから送られてきた手紙

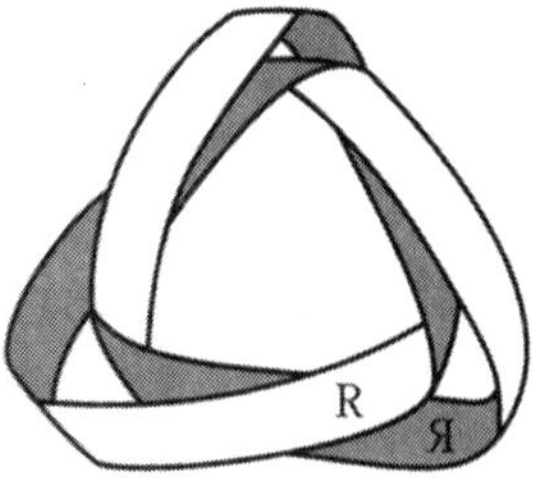

ジャン＝ピエール・プチ博士

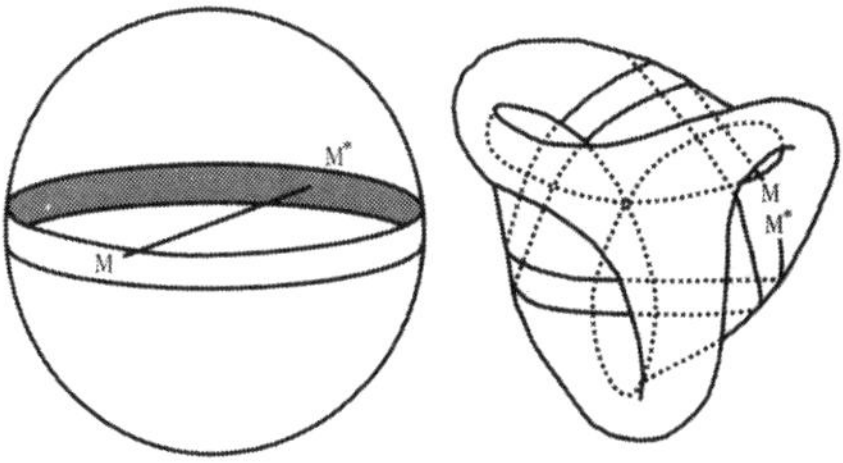

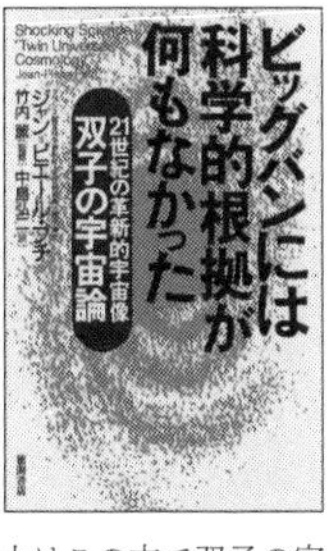

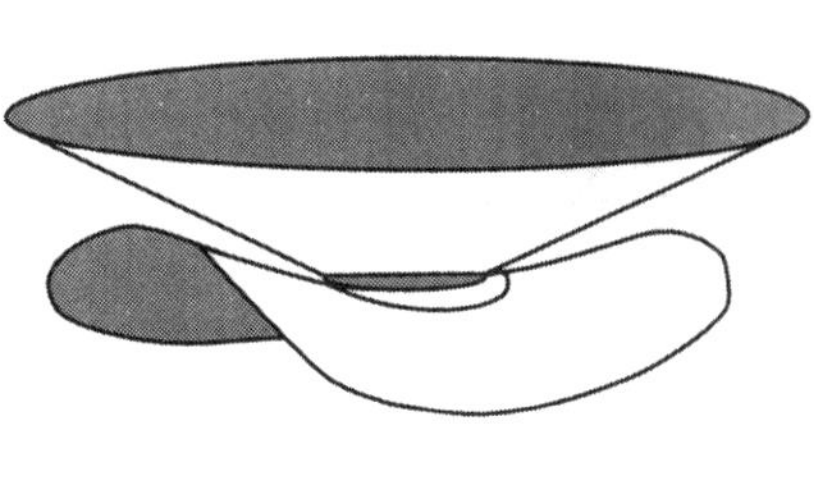

プチ博士はこの本で双子の宇宙論を展開している

ユミットからの手紙にヒントを得て構築された双子の宇宙論のモデル

原子構造が電荷の記号によって異なることによって生じたものである（あなたがたはそれを誤って物質と反物質というふうに呼んでいるが）。従って双子の宇宙は存在する」

「宇宙の原子の中では、膜は陽電子（ポジトロン）でできており、これは原子核の周囲の軌道を運動している反陽子によって維持される」

「二つの宇宙は絶対に接触する可能性はない。両者を分離する次元関係が存在しないのだから、出会いの可能性を考えるのは無意味である（何光年離れているとか、両者の存在は時間的には同時だなどというのは無意味である）」

「二つの宇宙は同じ質量（別の手紙では絶対値は同じで符合が異なるとある）であり、マイナス曲率の超球に相当する半径も同じである」

「ペアになった二つの宇宙は同時に創造されたが、時の流れも同じだと考えるべきではない。つまりこの宇宙がわれわれの宇宙と時間の中で共存しているとか、以前に存在していたとか、今後存在するだろうなどと言うことは、非論理的なのだ。それは存在するが、『今』でも『今後』でも『以前』にでもないとのみ言うのが正しい。ただし進化が一段進めば、われわれの宇宙と並存し、同一なものとなるだろう」

この文章は、プチ氏にもよくは理解できない難解なものだが、あえて、イメージすると、二つの宇宙は二枚の薄い層状になっており、二層の宇宙は左右対称形で、鏡の向こうとこちら側の関係だという。プチ氏は、このモデルを参考に思考を重ね、パリ科学アカデミー報告に、「時間の流れが正反対になっている左右対称の宇宙」というタイトルの論文を公表した。

私は、要するに、物質的な宇宙に、いわゆる霊体の宇宙が重なり合うように存在していると理解している。簡単にいえば、陽の宇宙と陰の宇宙があるということで、ジャーメインや古事記、竹内文書、古神道などの情報と重なるところがある。さらには、リサ・ランドール博士からの科学的視点もだ。そして大事なのは、「進化が一段進めば、われわれの宇宙と並存し、同一なものとなるだろう」という指摘だ。ジャーメインも文明や意識も統合をめざすことになると語っている。

陰陽の統合をめざす意識体／舞台はシリウスからオリオンへ

さて、話を「創造の礎たち」から分裂した個別の意識のその後に戻ろう。

琴座に入植した個別の意識は、人間型生命体となった。琴座星人の誕生だ。具体的には、琴座のなかの複数の惑星に自然発生した霊長類のDNA構造内部にプラズマエネルギーを当て、何世代にもわたって遺伝子を操作し、高度な人間型生命体の下地を作ったという。この肉体に分裂した個別の意識体が宿ることで琴座星人が生まれたのだ。

ほかにも、ベガ（琴座の一等星）、アペックス（琴座にあった惑星）、シリウス、オリオン、プレアデス（昴）、アルクトゥルス、レチクル座ゼータ星などに意識体は入植した。これらは地球にも関わりをもつ。

こうした銀河系生命体の歴史は、地球人類の成り立ちに大きく関係してくるので、少し長くなるが、ジャーメインの説明する歴史に耳を傾けたい。

琴座で生まれた惑星文明は、やがて進化して宇宙旅行の技術をもつようになり、惑星間の交流も始まった。そして、技術、思想、社会面で急速な発展を遂げた。一方ベガ星人は、独自の思想と霊性を形成し、琴座のほかの文明とは距離を置くようになる。利己的な思想と縮小志向をもち、琴座の陰極を体現した。ほかの琴座文明は拡大志向で他の文明の母体にもなったので、陽極といえる。

両者は統合には向かわず、対立が深まった。やがて、琴座に第三の文明が生まれた。陰陽の統合をめざす目的で生まれたので、三角形の頂点（統合点）を意味する「アペックス」と呼ばれた。アペックスは、琴座とベガの両方の特徴をもった文明で種族も混血種だったが、紛争が絶えず、汚染と核戦争により、この惑星は滅亡してしまった。惑星の住民の一部は地下に避難したが、核爆発により惑星そのものが別次元に移動してしまい、空間からは消滅してしまったのだ。ただし、地下に避難した住民は、別次元でそのまま生き続けていた。そして、のちに重要な役割を果たすことになったという。

琴座の複数の集団は、ベガ文明との摩擦を避けるために、アルタイルやケンタウルス座など数多くの星々に移住した。

一方、大犬座のシリウスにも、「創造の礎たち」から分裂した個別の意識が集まった。シリウスは、三つの恒星からなり陰陽両極とその統合を意味する三角形を象徴していた（※シリウスが三つの恒星からなることに関して、この項の参考にしている『プリズム・オブ・リラ』では、「地球の天文学ではいまだに科学的に確認されていないが実は三つの恒星からなる」と述べている。確かにそれまでは二つしか確認されていなかったが、近年、現代科学はシリウスが三つの恒星からなることを確認した）。

さて、肉体をもたないシリウス星人は、物質レベルの生命体が生存できる環境を整えたが、同時に非物質的な状態にとどまることを望む意識が存在できる領域も創造した。意識体として活動することになったシリウス星人は、のちに「シリウスの長老たち」と呼ばれた。このシリウスでも琴座のベガの両文明を統合すべく、双方から入植が行われた。ここでもベガ星人は、男性原理の追求に偏り、「支配の原理」を押し通した。「支配の原理」は、物質レベルの現実でのみ可能だったため、自ら自分のたちの意識にベールを被せ、自分たちの起源を忘れてしまった。そして、支配欲の追求に走る物質文明を発展させた。

琴座からやってきた意識集団は、肉体をもたないことを選択し、他者への奉仕を指向するポジティブな意識と活動を行った。自らの霊性を否定するネガティブ指向のシリウス星人（元ベガ星人）とは対極に位置するようになる。ポジティブ指向の意識たちは、シリウス星人の潜在意識と無意識の領域に膨大な量の愛と癒しのエネルギーを送り続けたが、彼らにとっては苦痛でしかなかった。両者は紛争を引き起こした。

ついに、「シリウスの長老たち」が介入し、紛争はひとまず回避されたが、統合の場はオリオン座に舞台を移す。陰陽の統合をめざす意識は、オリオンへ向かったのだ。

オリオン文明は、高度な技術を発達させることができたが、「支配を欲する人々」と「自己犠牲をまったくいとわない人々」との葛藤は相変わらずで、統合を果たすことはできなかった。ただ、ここに生きた魂たちは、合い戦う両勢力に交互に輪廻転生することで、陰陽のバランスを取る方法を学んだ。

また、「支配を欲する人々」と「自己犠牲をまったくいとわない人々」に加え、新たに「抵抗組織」が生まれたのは新しいパターンだ。この「抵抗組織」は地下に潜り抵抗運動を繰り返したが、問題は解決せず、戦闘が激化するばかりであった。

この状況は、いまの世界を如実に表している。地球は、統合の場だ。現在、地球もオリオンと同様、「支配を欲する人々」と「自己犠牲をまったくいとわない人々」がおり、地球を舞台に争いを行っている。そして、「支配を欲する人々」からの抑圧から逃れるために、「抵抗組織」が生まれた。それがアメリカからテロ組織と指摘されている人たちだろう。しかし、テロ組織が勝利することはない。それはオリオンの歴史が物語っている。

オリオンでは、この後、奇跡が起こった。平和をめざす種子が育まれ、オリオン星人たちのあらゆる希望と夢を具現化する魂が誕生したのだ。この魂は「否定的な行動を通じて肯定的な状況を生み出すことはできない」という、宇宙原則を人々に示した。

この原則は、地球上でも通用する。

それはともかく、オリオンの抵抗組織は気づいた。彼らの意図は善でも、彼らの行為そのものが憎むべき状況を作り出していたことを……。そして、心に「恐れ」ではなく「愛」を抱くことが大切で、「愛」を生活のなかで実践することが統合へ向かうという。

この気づきは一般民衆のレベルでも起こり、統合へ向かって第一歩が踏み出された。さらに、オリオン文明の陰陽両エネルギーの統合に向けて新たな舞台が用意されることになった。この舞台こそ、地球だったのである。

では地球の創世について、ジャーメインはどう伝えているか。

地球は、陰陽統合の最終プロジェクトの場と位置付けられている。ここで、統合が実現すれば、銀河系宇宙ファミリー全体が琴座のプリズムを通過して、再び統合の状態へと回帰する道を開くことになる。

地球人類の創造には、おもに三つのグループが関与した。「創造の礎たち」「琴座系グループ」「シリウス系グループ」の三つだ。「創造の礎たち」は、地球人類の創造を非物質レベルにおいて導き、この計画の総監督の立場にあった。「琴座系グループ」は、「創造の礎たち」の非物質レベルからの関与に気づかないまま、物質レベルの創造を行った。

「シリウス系グループ」はそれを援助した。

琴座系グループは、遺伝情報の単一化を排除するために、自分たちだけなく、プレアデス星人にも応援を求め、そのDNAを提供してもらった。

初め地球には、琴座文明が花開いた頃、陰陽の葛藤から逃れたい一団が、独自の文化を発展させようと、地球に移り住んだ琴座星人がいた。彼らは、地球環境に適応するよう、土着の霊長類のDNAを体内に取り入れて肉体を少しずつ変えていった。「地球系琴座星人」の誕生だ。彼らは地上での生活にうまく順応していったが、そこに別の琴座星人の集団が地球にやってきた。その集団は、地球の土着の霊長類に琴座星人のDNAを組み込み始め、その結果、新たな琴座星人の集団と「地球系琴座星人」は、旧来の葛藤を再燃させてしまう。

そこで、「地球系琴座星人」は地球を離れ、新天地を求めた。それがプレアデス星団だった。彼らは「調和」と「真理」と「無条件の愛」を基礎とする文明をそこに築いた。プレアデス星人が築き上げた文化は、何千年にもわたって安定した状態を保ち、技術力も進歩したが、平和と静寂に愛着するあまり、ネガティブな要素をまったく受け入れることができなくなってしまった。彼らの生活には、葛藤がない代わりに、学びもなくなってしまった。虚無感にも襲われるようになったのだ。

そこで、オリオンの紛争解決に力を貸すことで、「生の実感」を取り戻すことになった。彼らはオリオンの闇と戦ったが、問題を解決することはできず、プレアデス星団の一惑星がオリオン帝国に破壊されてしまった。この事体は、プレアデス星人に壊滅的な打撃を与え、プレアデス星人はひとまず退却した。

そういう状況下で、琴座星人から、地球人創造プロジェクトへの参加の依頼があったのだ。プレアデス星人は、当初、他の星のことに首を突っ込むことを躊躇していたが、地球土着の霊長類の遺

モアイ像はアルクテゥルスの意識との交流の証だという

伝子を組み込んでいたプレアデス星人の遺伝子がどうしても必要という琴座星人の説得に折れた。そして、プレアデス星人のDNAを地球の霊長類に組み込み、新たな地球人を誕生させることになったのだ。

プレアデス星人は、誕生する地球人と血統的に最も近い関係になるので、地球人に関与することを許された。宇宙人や宇宙船を描いた洞窟壁画や民話や神話など地球上に数多く残されているのは、彼らのことを記したものが多い。古代のシュメールの神々は、プレアデス星人だということだ。

しかし、地球人がプレアデス星人を神の如くあがめたので、プレアデス星人のなかには、自分たちの権力をもてあそぶものもあった、という。とはいえ、多くの善意のプレアデス星人は、ネガティブ指向の他の宇宙星人の地球関与を制してきたそうだ。

また、天使の姿で地球人の前に現れるのは、アルクテゥルス（牛飼い座の一等星）の意識だという。アルクテゥルスの意識はエーテル的な存在で、天使、指導霊、インスピレーションなどの形で現れる。湧き起こる創造力や無条件などの愛の高まりは、この意識からもたらされることも多い。宇宙ファミリーの意識たちを、さまざまな気づきのレベルで援助する使命をもっているそうだ。感情に対する癒しも行ってくれる。イースター島のモアイ像は、アルクテゥルスの意識と人類との直接的な交流の物証だそうだ。モアイ像は水平線かなたの大空を見上げ、アルクテゥルスの意識たちの帰還を待ち望んでいる。人の意識は死んで肉体を離れるとアルクテゥルスの領域を通過する。臨死体験で見られるまぶしい光やトンネルの出口の光は、アルクテゥルスの波動だということだ。

プレアデス星人とシリウス星人の善悪二極性についての対立が地球人種に反映される

さて、それでは、話を地球人の創造に戻そう。琴座星人は、これまで分裂を招いてさまざまな闘争が起こってしまった反省から、地球では最初から統合を果たすため、二極性をもたない人種創りを考えた。そして、地球上の霊長類の進化がある臨界点に達したとき、琴座星人はプレアデス星人の遺伝子をその霊長類に組み込んだ。その後さらに進化して生まれたのが、いまの人類の誕生だ。

琴座星人は、その人類に二極性つまり「善悪」の知識をもたないよう制御を行った。創造に関与した宇宙人たちに、地球人に善悪についての知識を与えないよう指示を出した。二極性をもたなければ統合が容易と思ったようだが、それでは選択の自由は制限される。

この様子は、旧約聖書の「創世記」に述べられている。アダムとイブの物語のことだ。アダムは神から言われる。「園のすべての木からとって食べなさい。ただし、善悪（二極性）の知識の木からは、決して食べてはならない。食べると必ず死んでしまう」という一節（創世記・第二章十六節）がそのことを伝えている。

一方、シリウス星人は、地球をシリウス三恒星系に属する天体の一つ（シリウスは地球から八・

七光年離れている が地球に一番近い恒星）と考えており、彼らにも地球種族の遺伝子操作を行う権利があると考えていた。そして、琴座星人の考え方にも賛成できなかった。選択の自由を制限することは、人間型生命体に本来与えられるべき権利を侵すものと思ったのだ。

そこで、シリウス星人は人々に善悪の知識を与えた。「へびは女に言った。『（善悪の木の実を食べても）決して死ぬことはない。それを食べると、目が開け、神のように善悪を知るものとなることを神はご存知なのだ』」（創世記第三章四節）。善悪を知った二人は裸であることを知り、「私は私」という自我が芽生えたのだ。

これを知った琴座星人は怒り、「命の木」の知識を知らせまいとした。これは聖なる起源つまり「大いなるすべて」とのつながりを教えなかったということだ。だから、私たちは、いまだに魂の起源を知らない。ＵＦＯや宇宙人の存在を疑っている人がまだ大勢いる。神への信仰をもっていても、その神が宇宙人であることを知らされていない。

古事記にも、そのことが象徴的に述べられている。イザナギとイザナミの対立で起こった「岩戸閉め」だ。イザナミノ命は、ヒノカグツチノ神を産んだとき陰部を焼いて亡くなった。神避ったとある。黄泉《よみ》の国へ行ったのだ。やがてイザナギノ命は黄泉の国へイザナミノ命を訪ねて行く。そして、イザナギノ命はイザナミノ命に「いとしいわが妻の命《みこと》よ。私とあなたとで作った国は、まだ作りおわっていない。だから現世にお帰りなさい」といった。そこでイザナミノ命はこう答えた。

「それは残念なことです。もっと早く来てくださればよかったのに。私はもう黄泉の国の食べ物を食べてしまったのです。けれどもいとおしい私の夫の君が、わざわざ訪ねておいでくださったことは恐れ入ります。だから帰りたいと思いますが、しばらく黄泉の国の神と相談してみましょう。その間私の姿をご覧になってはいけません」

イザナギノ命はその約束を守れなかった。あまりにもイザナミノ命の返事が遅いので、御殿のなかへ入って様子を見に行った。そこで見たのは、イザナミノ命の朽ち果てた姿。驚いたイザナギノ命は逃げ出すが、それを知ったイザナミノ命は、「私によくも恥をかかせた」といって追いかける。

イザナミノ命が現世と黄泉の国との境の黄泉比良坂《よもつひらさか》にやってきたとき、巨大な千引《ちびき》の岩を引き据えてその境を塞いでしまう。これが「岩戸閉め」だ。

これにより、以後、黄泉の国について、人類はわからなくなってしまうのだ。そして、イザナギノ命が約束を破ったことによって「悪」が生まれた。約束を破るということは、大したことのない悪かもしれないが、それまでイザナギノ命とイザナミノ命との間に悪はなかった。ここに善悪の二極性が生じたのである。

シリウス星人は、潜在的《ジャンク》なDNA情報を組み込んだ/だから人類は波動上昇する!

黄泉の国とは、霊界のことだ。そして、もう一つ意味がある。それが神の国すなわち宇宙の星々の国。境を閉じたということは、もう、イザナギノ命は母国へ帰れなくなったことを意味する。そして、人類は、その起源がわからなくなった。神とはどういう存在かが隠されたのだ。

しかし、心配はいらない。シリウス星人が琴座星人とともに、地球人創造計画に参加していたときに、シリウス星人は、人間の細胞のなかに、ある種の潜在的なDNA情報を組み込んだという。このDNA情報は、人類が霊的に進化し始めたときに起こる波動の上昇によって起動するそうだ。一度これが起動すると、人類はこれまでの狭い視野から抜け出し、「大いなるすべて」の全貌を知ることができる。最近のDNAの研究によれば、はたらいていないあるいははたらきのわからない「ジャンクDNA」というのがほとんどだそうだ。これが、ある種の潜在的なDNAといえるだろう。

琴座星人が隠した「命の木の実」を、シリウス星人はこうして人類に与えようとしたのだ。「創造の礎たち」は、琴座星人の計画を容認した。そしてシリウス星人の計画も。これが「創造の礎たち」の計画だったともいえる。やはり陰陽の葛藤劇を経験しなければ統合について学ぶことはできない。しかし、これですべてが解決というわけにはいかなかった。

統合のための新人種創造で生まれたアジア人／日本は遺伝子実験場に指定された

地球人創造に関わった宇宙人たちの一部は、その種族がたどる未来の可能性について、見てみることにした。その頃は時空を超えることができるほど彼らは進化を遂げていた。すると、誕生していた種族は、あまりにも多様性に富み、望むような統合を果たすことが難しいことがわかった。未来は、このままでは彼らの計画が失敗する可能性が高いことを告げたのだ。

彼らは未来の宇宙人に助言を求めた。そして得た答えが、「将来、地球の各種族の統合を促すような新種の人類を創ること」だった。そこで、それまでのプレアデス星人やシリウス星人の遺伝子に加え、グループ意識を強くもつ宇宙人の遺伝子をさらに組み込んだ新人類を創造した。

そうして誕生したのがアジア人だ。これまで、環境に合わせて、白人種や黒人種などは創られていたが、黄色人種はこのときに生まれたのだ。ただし、地球人をあくまで宇宙人に隷属させたい宇宙人のグループには、この計画は内密にされた。そのため、このプロジェクトは、隔離された場所で秘密裏に行われた。

その場所は、日本。遺伝子実験場（創世記にあるエデンの園）や特別に行われた教育は、安芸の宮島や東北の十和田湖近くの「迷ヶ平《まゆがたい》」などが選ばれた。これは、いまからおよそ十万年前から十五万年前のことだそうで、日本はその頃、ムー文化圏に属していたという。どうやらその頃日本に住んでいたのは、黄色人種ではなく、黒人種だったようだ。

さて、迷ヶ平と聞いて、山根キクを思い出した人もいるかもしれない。山根キクは、竹内文書を研究し、実地踏査を行ったうえで、昭和十二年に『光は東方より』という書を著して、「キリストが日本に来て死んでいる」ことを証明しようとした。竹内文書にはそう書かれているのだ。

竹内文書によると、イエスは、岩手県の八戸に上陸し、青森県の戸来《へらい》村、そして迷ヶ平まで足を延ばしている。その後、迷ヶ平に永住したというのだ。ゴルゴダの丘で磔《はりつけ》になったのは、イエスの弟のイスキリだったという。ではなぜ、イエスは日本に来たのだろうか。竹内文書によれば、イエスは青年の頃日本を訪れ、ここで修行し、バテレンの法を会得したという。つまり、キリスト教の原点は日本にあり、そのため、再び日本に戻ったということだ。戸来村には、太古に戸来神宮があり、皇祖皇大神宮の分霊を祀っていた。そこでイエスはここを訪れたのだ。この話をもとに、現在では、キリストの墓が三戸郡新郷村に作られ、村おこしに一役買っている。

その山根キクが迷ヶ平を「エデンの花園」と命名したのだ。山根は古事記の「高天原」は「エデンの花園」のことだという。山根の指摘は当っていた。つまり、竹内文書に書かれていることはそれなりに根拠があったということかもしれない。

（上）戸来村のイエスの墓
（下）竹内文書を実証する作業を行った山根キク

学界では、当然、あり得ない話としてこれも偽書の根拠にしているが、ジャーメインのチャネリングを行っているリサ・ロイヤル氏は、プレアデス人サーシャのチャネリングもしており、そのサーシャが次のように説明する。

「キリストの誕生は人類を進化の新たな段階に引き上げるものだった。聖母マリアにコンタクトした天使は、宇宙人で、彼女の『処女懐胎』は、いまでいう『アブダクション』（宇宙人による人間の『誘拐』）による妊娠だった。キリストの誕生に関係した宇宙人は地球上に新しい種族を誕生させてそれを広めたいという願望があり、それゆえ、キリストのもっていた遺伝子は黄金よりも貴重なものだった。だから、キリストは十字架の上では死なず、彼は多くの子孫を残した。磔のあと、キリストは南欧、インド、日本を訪れてそこで子孫を残した。東北にある『キリストの墓』には、キリスト自身ではなく、彼の子孫の一人が埋められている」（『宇宙人遭遇への扉』徳間書店より抜粋）

アメリカ人によるチャネリングと古文書。まったく接点のない二つの証言に共通点があることは大変に興味深い。

また、プレアデス人サーシャは、キリスト教徒が聞いたら卒倒しそうなことを述べている。イエスの誕生が、宇宙人のアブダクションによる妊娠だったという点だ。確かに、聖母マリアによる「処女懐胎」は生物学的にはあり得ない話だ。自然界には、メスだけで子を産む「単為生殖」が行われることは珍しくない。しかし、その場合、遺伝子は親と同じになる。ヒトの場合、男はＸＹという性染色体をもち、女はＸＸという染色体をもつ。つまりＹ染色体をもっているということが男の条件だ。当然、聖母マリアはＹ染色体をもっていなかった。イエスは男性。Ｙ染色体が外部から持ち込まれなければ男性が生まれる可能性はゼロなのだ。

聖書の神／「琴座星人」が仕組んだファティマの奇跡

ファティマの予言をご存じの人も多いと思う。一九八一年、アイルランド国際航空のボーイング737型機がロンドン・ヒースロー空港着陸寸前でハイジャックされた。この犯人の要求は、「ファティマ第三の秘密を全世界に公表せよ」というものだった。犯人は元トラピスト会の修道士だった。この命を賭けた修道士の要求は無視され、ファティマ第三の秘密は公開されずに犯人は逮捕された。

ファティマ第三の秘密とは、ファティマの予言のことだ。一九一七年、まだ第一次世界大戦のさなか、ポルトガルの首都リスボンの北東百五十キロにある寒村ファティマに聖母マリアが出現した。対面したのは、当時十歳のルチア・ドス・サントス、九歳のフランシスコ・ペトロ、七歳のヤシンタ・マルトの三人の子どもだった。合計六回の出現のなかで、三つの予言を行った。それは、七月十三日のこと。聖母マリアは、第一の予言として、第一次世界大戦はまもなく終結すること、第二の予言として第二次世界大戦の勃発と核兵器の使用、それに旧ソ連の脅威を挙げた。そして、第三の予言は公にはされなかった。ファティマ第三の秘密とはこの明かされなかった第三の予言のことだ。

ではなぜ秘密にされたのか。聖母マリアは、一九六〇年までは明かしてはならないと告げた。それは守られたが、それ以降も秘密のままだったのだ。それでハイジャック事件まで起こってしまった。

当時、ノストラダムスの予言は話題になっており、冒頭に掲げた人類滅亡の予言(?)が注目されていた。そこで、第三の予言もそれと関係するのではないかと思われていた。というのも、予言を見た歴代の教皇が卒倒しそうになったと伝えられていたからだ。

その後、最近になって予言は明かされた。内容は予想されていたように、人々が回心しなければノアの大洪水より厳しく神は罰するというものだった。大規模な戦争が起こり、海の水は蒸発して何千万の人が非業の死を遂げ、生き残った人は死者をうらやむほどの地獄がこの世に展開されるというものだった。

しかし、私は、その内容に納得していない。まだ大事な部分を隠しているのではないかと思う。というのも、この程度の内容で、歴代の教皇が卒倒しそうになるはずがないからだ。パウロ六世は、第三の予言を読んだとき、体調を崩し、数日間も途方にくれていたと伝えられている。また、教皇執務室でメッセージを密かに開封したヨハネ二十三世や枢機卿の顔には恐怖の色が見え、まるで幽霊を見たかのような様子だったという。

滅亡の予言だけでそうなるはずはない。ヨハネ黙示録は当然としてノストラダムスの予言も知っていたはず。彼らにとっては、もし起こったとしても死後のことだ。自分には直接関係がないことだ。それなのに、それほど驚くとは考えられない。考えられるとしたら、自分の信仰が土台から崩れ去る内容だったに違いないのだ。

だとすれば、それは、キリスト教の神は実は宇宙人だったこと。キリスト教は終わりを告げること。この二点だったと私は思う。なぜなら、ファティマの出現時、聖母マリアは、まるで宇宙人のような振る舞いを見せているからだ。

聖母マリアは、出現の証として奇跡を演じて見せた。聖母マリアの姿や声は、三人以外には認められなかったので、一般の人もわかるよう、ルチアが聖母マリアにお願いしていたのだ。ファティマでの最後の出現となった十月十三日、集まった七万人の群集は奇跡を見た。

その日は雨だった。人々はルチアの頼みで傘をたたんだ。体に雨が当る。聖母マリアの姿こそ見えないが、聖母が空を覆っていた雨雲に穴をあけると、そこから青空が見えた。そしてまもなく太陽が姿を見せた。その太陽は明るく輝いていたが少しもまぶしくはなかった。そして燃えさかる車輪のように回転し、四方八方へありとあらゆる色の光線を発した。さらに、数分後、太陽はいったん動きを止めたが、突然強烈な熱を発しながらジグザグに落下した。人々はいっせいにすさまじい叫び声をあげた。すると、太陽は、今度はジグザグに上昇して元の位置に戻った。

このことは十分ほどの出来事だったが、気がつくと雨は上がり、全員の衣服がすっかり乾いていたという。この現象は半径五十キロの範囲で見られたそうだ。地元の新聞が大きく報道を行っている。

この太陽がＵＦＯだったという指摘があり、私もそう思う。旧約聖書でいう神は、宇宙人（琴座

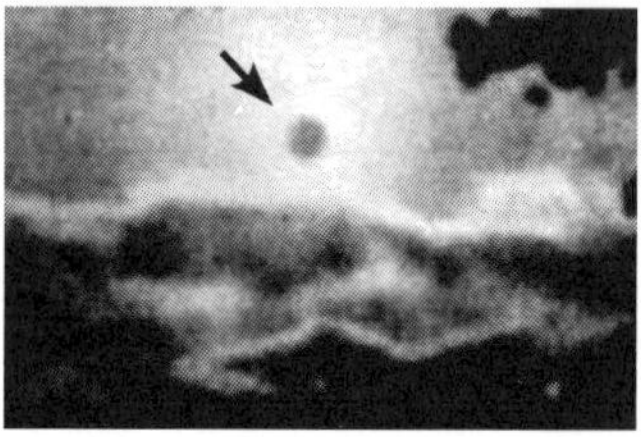

（上）聖母マリア（宇宙人出現事件）の当事者となった三人の牧童
（中）ファティマ奇跡で現れたUFO
（下）この奇跡を７万人が目撃した

星人）だったのだ。だから、聖書の神は人々に罰を与える。キリスト教の人々は神を怖い存在だと思っている。

もうまもなくキリスト教が終わるというのは、聖マラキの予言にある。聖マラキとは、一〇九四年にアイルランドに生まれた大司教のことだ。百十一の標語のなかにマラキの時代以後に誕生する歴代の教皇について、特徴などが比喩的に述べられている。百十番目がヨハネ・パウロ二世で、これまで、そのすべてが当っているという。ということは今後も当たる可能性が高い。百十一番目は、「オリーブの栄光」と記されている。約六百年ぶりに存命中に退位したベネディクト十六世のことだ。ではこの次は？

『聖マラキ・悪魔の予言書』（ダニエル・レジュ著、佐藤智樹訳／二見書房）には、次のように記されている。

「ローマ聖庁が最後の迫害を受けるあいだ、ローマ人ペテロが法王の座につく。ローマ人ペテロは多くの苦難のさなか、子羊を司牧する。苦難が去ると、七つの丘の町は崩壊し、恐るべき最後の審判が人々にくだされる――」

そして、二〇一三年三月十三日、コンクラーベ（法王選出会議）で新しい法王が選出された。南米アルゼンチンのブエノスアイレス大司教のホルヘ・マリオ・ベルゴリオ枢機卿が第二六六代目の法王に選出されたのだ。「フランシスコ」と名乗るそうだ。中南米から法王が選ばれるのは、初めてのことだ。

はたして、フランシスコ法王は、「ローマ人ペテロ」に該当するのだろうか。新法王は、アルゼンチン人だが、両親は二人ともイタリア北部ピエモンテ州から移民したという。それを考慮すれば、ローマ人と呼んでもあながち間違いとはいえないだろう。では、ペトロと呼ぶにふさわしいかというと、今のところ、根拠は見当たらない。新法王は、イエズス会に所属しており、イエズス会出身の法王は初だそうだ。このあたりに、鍵があるのかもしれない。

しかし、たとえ、そうではなくても、二六六代でローマ法王が終わる可能性は高い。

キリスト教は、1から8までの世界の教えであり、もうその役目は終わるからだ。

新法王フランシスコとなったホルヘ・マリオ・ベルゴリオ。マラキ予言では最後のローマ法王となる⁉

ヨハネの黙示録は、預言の書といわれている。しかし、私は、十二弟子の一人、ヨハネがエーゲ海のパトモス島で見た幻影は、過去の物語だったのではないかと考えている。アトランティスの滅亡のときのビジョンだ。このときは、六度目のアセンションへの挑戦であったが、それは失敗した。そして、七度目の今回、そのやり直しをしている。だから、歴史が繰り返された。それで、予言の書とも見えるわけだ。

となると、ハルマゲドンの後に来るとされる千年王国とは、いまの時代のことになる。実際は、千年ではなく、キリストが誕生してからも二千年が過ぎている。その間、決して平和が続いたわけではないが、この時代を千年王国と考えても、大きな矛盾はない。

もちろん、この黙示録を内なるキリストが降臨するまでの霊的な過程を描いたものという説も当たっていると思う。神示とはいろいろな読み方ができるものだ。

黙示録にはこう記されている。

「この一〇〇〇年が終わると、サタンはその牢から解放され、地上の四方にいる諸国の民、ゴグとマゴクを惑わそうとして出て行き、彼らを集めて戦わせようとする。その数は海の砂のように多い」（第20章7〜8節）

サタンとは、封印されたクンダリーニのことでもある。尾てい骨のところに押し込められていた蛇のことだ。

そのサタンが復活する。まさに今の時代ではないだろうか。

「そして彼らを惑わした悪魔は、火と硫黄の池に投げ込まれた。そこにはあの獣と偽予言者がいる。そして、この者どもは昼も夜も世々限りなく責めさいなまれる」（第20章10節）

このあと、最後の裁きが行われる。

「わたしはまた、死者たちが、大きな者も小さな者も、玉座の前に立っているのを見た。幾つかの書物が開かれたが、もうひとつの書物も開かれた。それは命の書である。死者たちは、これらの書物に書かれていることに基づき、彼らの行いに応じて裁かれた」（第20章12節）

そして、キリストの再臨があり、黙示録も終わる。21章にしるされている都は、ミロク世のことであり、アセンション後の地球のことだ。キリストの再臨とは、もちろん、魂に起こる。ここでいうキリストとは、後で記すが、火水伝文に述べられている「マコト」のことだろう。

「見よ、わたしはすぐに来る。わたしは、報いを携えて来て、それぞれの行いに応じて報いる。わたしはアルファであり、オメガである。最初の者にして、最後の者。初めであり。終わりである」（第22章12～13節）

ドゴン族が伝承してきた神より授けられた驚異の最先端知識

プレアデス人も私たちと深い関係にあるようだが、シリウス人も同様だ。ジャーメインのチャネリングが「偽書」でない証拠として、ドゴン族の伝承について話を進めよう。

ドゴン族は特異な宇宙論を現代に伝えている

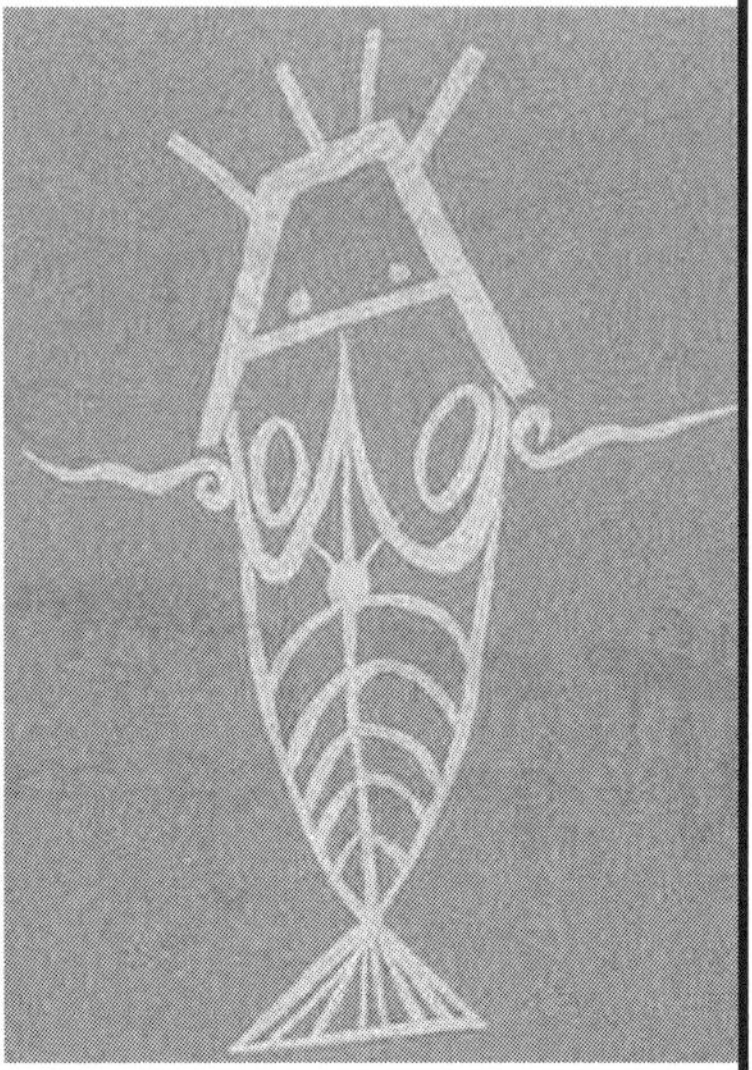

ドゴン族の神はシリウスからやってきた水陸両棲生物のノンモ。キリストと魚の深い関係もここから来ているのか!?

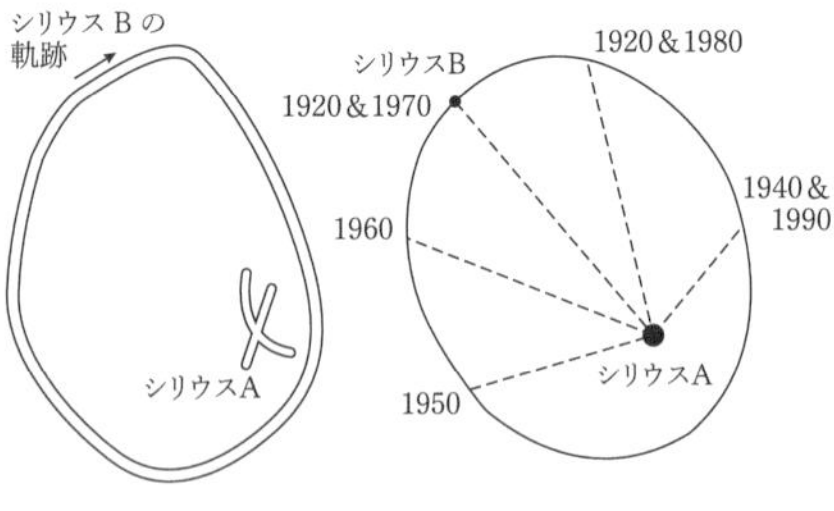

ドゴン族が描いたシリウスＡとシリウスＢの楕円軌道（左）と現代科学によるシリウスＡとシリウスＢの楕円軌道

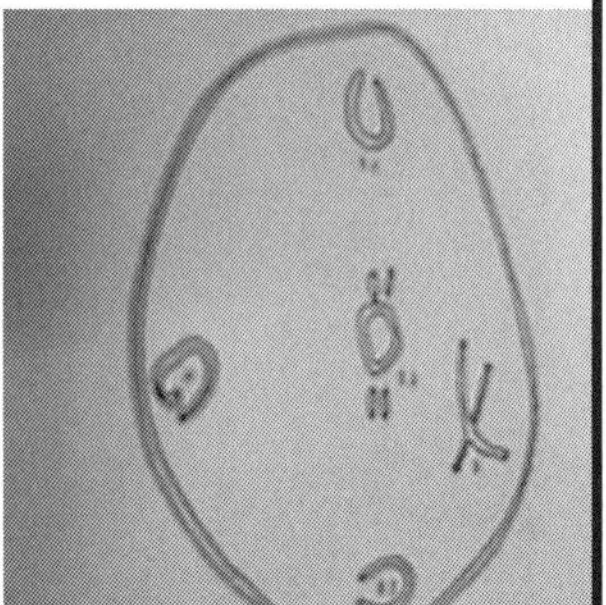

ドゴン族が描いたシリウス星系

英国天文学協会特別会員で王立歴史学協会会員でもあるロバート・テンプル氏は、「シリウス星系から知的生命体が訪れた」という仮説を提唱し、一九七六年に『シリウス・ミステリー』という本を著して、世間に発表した。この本は、ベストセラーになり、人々は本の内容に注目した。当時のイギリスの天文学界は、もちろん肯定はしなかったものの、好意的には受け止めたそうだ。

その根拠は、アフリカのマリ共和国に居住するドゴンという部族がシリウス星系についてきわめて正確な天文知識を継承していることだ。ドゴン族は、目に見えない二つの伴星があることを知っていた。

しかし、本が出版された一九七六年には、ようやく伴星の一つシリウスBが発見されただけで、その検証は一〇〇%ではなかった。ところが、一九九五年になって、フランスの天文学者ベネストとデュヴォンがシリウス系の原因不明の摂動からシリウスCと名づけるべき赤色矮星《せきしょくわいせい》の存在を確定した（『プリズム・オブ・リラ』の出版は一九九二年）。ロバート・テンプル氏は、最新改訂版を出し、改めて自説の正しさを訴えることになったのだ。その本の邦訳が『知の起源』（角川春樹事務所）。それをもとに、シリウスの神々の存在を検証していこう。

テンプル氏は、エジプトのギザにあるスフィンクスは、ライオンではなく、犬であるという。その理由としてスフィンクスにはたてがみがないこと。たくましい胸筋や尻尾に房がないこと。ネコ科の動物ならうずくまったときに腰の部分が大きく盛り上がらなくてはならないが、スフィンクスは平らなままであること。

これを犬と見ると、すべて問題がなくなるそうだ。つまりスフィンクスは犬をかたどったものということになる。その犬とは、アヌビス神だという。もともとは犬の顔をしていて、それをあとからファラオの顔に彫り直したので、胴体に比べ顔が不自然に小さくなっていると考えた。

ドゴン族の伝承によれば、宇宙から訪れた生命体は水陸両棲生物だった。だから、スフィンクスも水中に鎮座していた。実は、スフィンクスには下部に水による侵食が見られ、かつては下部が水中に没していたと考えられるのだ。

おおいぬ座のシリウスは、恒星のなかではもっとも大きく輝いているので、古代からその存在が知られていた。しかし、シリウスBという白色矮星がシリウスの周りを五十年かけて公転していることが十九世紀半ばになってわかった。そこでこれまでのシリウスはシリウスAと呼ばれるようになった。さらに、一九二〇年代になると、シリウスCの存在が推定された。シリウスAに蛇行運動が観察されたからだ。しかし、確証はなかった。シリウスBは、一九七〇年にアメリカ海軍天文台のアービング・リンデンブラッドによって撮影が行われた。それでもシリウスCの存在の証拠は得られていない。そして、シリウスCの存在が確認されたのは、すでに記したように一九九五年になってからだ。

望遠鏡をもたないドゴン族は、シリウスBが白色矮星でシリウスAの周りを五十年かけて公転していることを知っていた。そして、その軌道が楕円形であり、シリウスAはその焦点の一つであることも。一般に惑星の軌道が楕円であることを発見したのはヨハネス・ケプラー（一五七一〜一六三〇年）だ。それで、ケプラーの法則といわれている。ドゴン族はケプラー以前にそのことを知っていたことになる。ドゴン族はシリウスCの存在も知っていた。

シリウスBは自転を行っているが、もちろん、それも知っていた。恒星はすべて自転することが知られているが、それがわかったのも近年になってからだ。またドゴン族によれば、シリウスBは「サガラ」という地球上には存在しない物質でできており、地球上のすべての鉄の重さに匹敵するという。これも最近、事実であることがわかった。

ほかにも、肉眼では見えない木星の四つの衛星の存在も知っていた。これは現在では「ガリレオ衛星」と呼んでいるものだ。さらに太陽系が天の川銀河に属していることもわかっていた。当然、地球が自転していることもコペルニクス以前より知っていた。

ドゴン族は、シリウスBを天空におけるもっとも重要な星と位置付けている。ドゴン族の伝えではシリウス系にも「地球」があり、その地球を「清浄なる地球」という。そして私たちの地球は「不浄なる地球」だそうだ。シリウス系の地球は「魚の国」で、そこには「ノンモ」が住んでいる。ノンモは水陸両棲生物で、下半身は魚。まるで人魚のようだ。そのノンモが地球に降り立った日は「魚の日」と呼ばれる。ドゴン族によれば文明はノンモがもたらした。そのノンモは、再び地球を訪れるという……。

いったい、このドゴン族のシリウスをはじめとする天文学に関する知識は、どこからもたらされたのだろうか。やはり、ドゴン族自身がいうように、シリウス星人からとしか考えられない。

同様にエジプト文明も、そしてシュメール文明もシリウス星人が関与していると思われる。ピラミッドも宇宙人が手伝ったなら、不思議でもなんでもない。

日本人の役目／それは琴座星人もなし得なかった善悪の統合だ！

竹内文書によれば、日本にもピラミッドがあった。山そのものや、山に手を加え人工的に作ったものもあるという。いまは、山と区別がつかないが、ピラミッドとされる山々には巨石群が発見されている。

地球の文明は、宇宙人が関係している。ジャーメインによれば、古代マヤ人は、シリウスから地球を訪れた「観光客」のようなものだという。地球人として生まれることで、肉体的な存在を経験することを選んだ者たちだそうだ。シリウス星人は、そのマヤ人に、物質を純粋エネルギーや純粋意識に変換する技術を伝えた。古代マヤ人がこつ然と消えたのは、この変換技術の習得によるものだそうだ。地球上での教訓を学び終え、シリウス星人の技術を使って、自らのエネルギーを他の位相に転換させたという。そのマヤ人の置き土産に、「マヤの暦」がある。

マヤ人は、自分たちの世界が始まった日から二万五六二五年までの暦を作った。この期間を十三パクトゥン（一パクトゥンは十四万四千日）で割り、それを五つに分けた。最後のカレンダーは、紀元前三一一三年に始まり、二〇一二年十二月二十二日に終わる。もちろん、前述のとおり、日付けは流動的だ。

その日、巷でいわれているフォトンベルトに突入するかのようだ。フォトンベルトとは、「銀河系の中心からは濃密なフォトン（電磁気エネルギーの最小単位である素粒子）が放出されており、それがプレアデス星団に対して直角に位置するドーナツ状のフォトン雲を形成している。雲の厚みは二千太陽光年（七五九兆八六四〇億マイル）ある」と定義されているものだ。もうじきそのベルトに太陽系が突入するとも、もうすでに突入しているともいわれている。そのエネルギーの影響で地球の温暖化が予想上に早く進んでいるというのだ。

ただし、その真偽は不明で、日本の国立天文台では存在を否定している。しかし、マヤでも同じように考えられていたのだ。

そのことはさておき、話を元に戻すと、私たちが神と呼んだ存在は、宇宙人だったことがおわかりいただけたかと思う。肉体をもち、私たちとあまり変わらない存在もいるし、肉体を最初から必要としない存在もいる。だから、一口に神といっても多種多様だ。

一番大切なことは、私たちの住むこの世界は、いまは相対二元の世界であるということ。陰陽に分かれた世界という意味だ。二元に分かれていなければ進歩発展はない。寒暖があるから、作物も生長し、気圧の高低があって風も起こる。善を知るには悪も必要だった。私たちは、そのおかげで肉体も魂も成長できた。

そして、今度、それが統合に向かう。善と悪という二つの相反する事柄の統合だ。これまで銀河系（琴座系）宇宙人にはそれができなかった。その最終舞台が地球だという。そして、その鍵を握るのがアジア人で、日本人には、とくにその使命がある。これは神に選ばれたということではない。単に、そういう役目、はたらきがあるということだ。

クラリオン星人と交流するマオリッツオ・カヴァーロ氏

さて、ここで、人類創造について、情報があるので、それを見てみたい。それは、クラリオン星人にさらわれたという、イタリアのマオリッツオ・カヴァーロ氏の話だ。

その体験は、『超次元の扉　クラリオン星人にさらわれた私』（徳間書店）および浅川嘉富氏との対談『クラリオンからの伝言　超次元スターピープルの叡智』（徳間書店）に詳しく述べられている。これらから引用して紹介しよう。

（上）『超次元の扉　クラリオン星人にさらわれた私』
（下）『クラリオンからの伝言　超次元スターピープルの叡智』

マオリッツオ・カヴァーロ氏がクラリオン星人と名乗る宇宙人と接触する、直接的なきっかけは氏がUFOを目撃したところから始まる。もちろん、これはあらかじめ仕組まれていたことで、偶然ではない。初めから、氏との交流を目的としてUFOが現れたのだ。そんなことは知らないカヴァーロ氏は、UFOの突然の出現に興奮したが、その後の交流は命令的になり、激しい頭痛や吐き気などの苦痛を伴うようになった。

つまり、初めは無理やりという言葉が適切で、UFOに拉致される格好で、円盤に乗せられた。しかし、クラリオン星人は危害を加えることはなくむしろ友好的で、カヴァーロ氏を地球の地下にある秘密基地やクラリオン星に案内したりした。そして、直接脳に伝える形でさまざまな知識を授けたのだ。

UFOに乗るときは、肉体が透明になるなど、肉体そのものが高い波動に引き上げられたという。自分の肉体を通してその先のものが見えたのだ。

カヴァーロ氏は、その後、離婚し友人も失うなど、大変な状況に追い込まれたが、クラリオン星人のとの交流は何物にも替え難く、いまでは感謝しているそうだ。

こうした氏の体験は、著書に詳しく語られているので、ここでは繰り返さない。しかし、クラリオン星人がカヴァーロ氏に明かした情報は、参考になると思うので紹介したい。もちろん、それが真実であるという証拠はない。しかしながら真摯に検討するだけの価値があると筆者は思っている。

まず、地球について、カヴァーロ氏（クラリオン星人）はこう話している。ピラミッドの地下には、もう一つの逆向きのピラミッドが埋まっているというのだ。この上下のピラミッドを球体のクリスタルエネルギーが覆って磁場を形成し、磁力を発生させていたという。この磁力で地球のエネルギーバランスを安定させていたのだそうだ。

というのも、太古の時代、地球には三つの月があり、六千五百万年前、金星と地球とが衝突して地球はバランスを崩して太陽系からはじき出される危険があったのだ。それを阻止しようと、宇宙人がピラミッドを建造して新たな磁場を作ったのだ。二番目の月は、金星と衝突したときに落ちてきて地球とぶつかった。

宇宙人は七つのピラミッドを建設して新たな磁場を作り、地球をとどめていくアンカー（錨）のようなはたらきをもたせたという。これらのピラミッドはいまもあり、南極の氷の下、アマゾンのジャングルのなかにあるが、ほかのありかは明かせないという。

クラリオン星人によれば、ジャン＝ピエール・プチ博士が情報を受け取っているウンモ星人とは、銀河連邦の同じメンバーだそうだ。この連邦には十六万の星が加盟しているという。

カヴァーロ氏はクラリオン星人から得た情報として、人類の誕生についてこう説明する。一億八千万年前、宇宙人が生命を地球に植え付けたという。そのころは、太陽が二つあり、一つはいまの太陽、もう一つはいまの木星がそうだった。木星はその後、何百万年という時間を経てエネルギーが衰え、現在のような惑星となるのだ。

宇宙人は、一億八千万年前、当時いた恐竜類に遺伝子操作を行い、羽をもった蛇を創った。それが、「羽の生えた黄金の蛇」といわれている、アステカ神話で語られるケツァルコアトルだ。蛇といっても体は人に近い形をしている。

(左) カヴァーロ氏が会ったクラリオン星人 (右) カヴァーロ氏が撮影したUFO

(左) カブレラストーンに描かれた恐竜タイプの人間誕生のようす (撮影：浅川嘉富氏)
(右) カブレラストーンに描かれた7つのピラミッド (撮影：浅川嘉富氏)

マオリッツォ・カヴァーロ氏にインタヴューして貴重な情報をひき出した浅川嘉富氏

この蛇人ともいうべき生命体に、さらに遺伝子を操作して人類が創られたという。ゴリラなどの類人猿は、その失敗作だそうだ。

イカの線刻石は、ご存じだろうか。南米・ペルーのイカ海岸オクカへの砂漠で大量に発見された石のことで、表面に見事な彫り物・線刻画が刻まれている。イカの線刻石とも、それを世に発表した、故ハビエル・カブレラ博士の名を取って、カブレラストーンとも呼ばれているものだ。日本では、カヴァーロ氏と対談を行った浅川嘉富氏が紹介している（『恐竜と共に滅びた文明』徳間書店ほか）。

この線刻石は、およそ一万五千年前に彫られたとされ、人類と恐竜がともに暮らしていたことを示す図柄となっている。恐竜は、六千五百万年前に滅びたことになっているので、いまの科学では説明できない石なのだ。

人間に脳の外科手術を行っているような絵もあるが、カヴァーロ氏はこの石について、これこそが脳下垂体をいじって、トカゲ型の人間を進化させている様子を表したものだというのだ。

イカの石には、近年彫られた偽物が多い。しかし、本物と思われるものも一万個以上あり、これらは、爬虫類から人類へと進化させた過程が刻まれているとカヴァーロ氏は説明する。また、太陽が二つある絵もあり、これは、先に説明した太陽だったときの木星と現在の太陽だそうだ。

カヴァーロ氏の説明は、説得力があり、イカの石の研究家である浅川嘉富氏も納得できるものだという。

しかし、ジャーメインの情報によれば、人類は霊長類の遺伝子を操作して、人類を創ったとあるので、爬虫類が土台だとするクラリオン星人の説明とは一致しない。これはどう考えたらいいのだろうか。

カリフォルニア出身のバーバラ・マーシニアック氏は、プレアデス人とのチャネリングを行っており、これらの内容は、『プレアデス+かく語りき』『プレアデス　光の家族』(いずれも太陽出版)に詳しく紹介されている。

これによれば、人類には、レプテリアン(爬虫類人)と呼ばれる存在があり、地球を裏から支配しているという。もちろん、すべてのレプテリアンが闇の組織に属しているのではない。また、鳥のような存在として地球に現れたものもおり、古代文明の鳥や爬虫類の絵は、そうした存在を描いているという。

船井幸雄＋太田龍
日本人が知らない「人類支配者」の正体
「世界の本当のしくみ」を知るための必読書!!
船井幸雄氏と今は亡き太田龍氏の貴重な対話を収めた本。ヒカルランドより刊行されている

また、二〇〇九年に亡くなられた太田龍氏は、レプテリアンこそが人類を支配していると、まったく別の情報を根拠に主張していた。彼らは、トカゲの姿に戻るときがあるという。

これらの情報をつき合わせてみると、人類には、爬虫類と霊長類と二つのベースがあったのではないだろうか。クラリオン星人はそのうち、爬虫類人に関与していたのだ。あるいは、爬虫類のDNAを受け継いだ霊長類に、再び遺伝子操作

を行って人類が創られた可能性も考えられる。

爬虫類のDNAが人類と混じっていることは、記紀にも記されている。

神武天皇の父である鵜葺草葺不合命《うかやふきあえずのみこと》の母である海神《わたつみのかみ》のむすめの豊玉毘売命《とよたまびめのみこと》は、大ワニだったとあるし、崇神天皇の時代のオオタタネコの父親である三輪山の大物主神《おおものぬしのかみ》は、蛇神であることが記されている。

日本では古来、蛇神や龍神を信仰してきた歴史もある。同じ爬虫類といっても、トカゲ、ヘビ、ワニ、龍などの種類があり、しかも、これらは決して同族ではないのだ。

とくに、トカゲ、ヘビ、ワニと龍とでは大きく異なる。前者の爬虫類は実際に地上に現在も存在するが、龍は架空の動物だとされる。もちろん架空ではなく、人の目に見えないだけだ。つまり、龍は次元が一つ以上、高い存在だといえる。

さらに、龍にもいくつかの種類があり、役割も異なるらしい。元つ神の存在が物質次元ではたらかれるときも、龍の姿となると我空さんは話したことがある。

学会が認めていない古史古伝の一つに『先代旧事本紀大成経《せんだいくじほんぎたいせいきょう》』がある。これは聖徳太子と蘇我馬子が編纂《へんさん》したとされる書物だ。詳しくは触れないが、この書を偽書とした裏には、伊勢神宮と伊雑宮との確執があった。私は、この先代旧事本紀大成経にも歴史の真実の一端が記されていると思っている。

それによると、神武天皇は、「身の丈、一丈五寸（約三メートル十五センチ）、身の太さは一囲五寸（両手一抱えして十五センチあまる）、頭に両《ふたつ》の角を有生《はや》し、三寸、目は、なお雪のごとく、尻《そびら》に素《しろ》の龍尾有り、長さ六咫四寸（約一メートル二十センチ）、尾の背に大鱗《おおうろこ》有り、数は七十有二、齢《よわい》は百十有五歳にして立て皇太子と為り玉ぅ」とある。

まさに龍人そのものだ。百十五歳で皇太子となったのだから、古事記が百三十七歳で崩御したとするのと矛盾はない。身体が人間離れしているのは、崇神天皇、神功皇后まで続く。神功皇后は、「目には二つの瞳があり、乳房には九つの穴があり、力は建物の柱を揺るがす」ほどだったという。いまでも天皇のお顔を「竜顔」、お身体を「龍体」というそうだが、龍体だったときのなごりと指摘する研究者もいる。

つまり、一般の人類は、見てのとおり霊長類だが、支配層と呼ばれる人たちは、爬虫類の身体が元になっていると考えられるのだ。しかも、トカゲ族、蛇族、ワニ族、龍族などいくつかの種類に分けられる。

中丸薫氏によれば、王族などの支配層は、戦に敗れ、追われて他国に逃げても、その国でも支配層でいられるという。それは、支配層にはこうした身体的特徴があり、一目で、それとわかるからではないだろうか。だからこそ、彼らは、血のつながりを重要視し、日本の天皇家も万世一系にこだわったと思われる。

龍族と蛇族との争い／支配階級は国境を超えて万世一系！

ワニは水棲型の爬虫類だ。ドゴン族の伝承によれば、宇宙から訪れた生命体は水陸両棲生物だったということだから、この生命体は、きっとワニ族に違いない。現在、地球に生息しているワニ類は、多くが淡水域に棲んでいるが、海岸付近に生息するものも知られている。古代には海水に生きるワニも多くいたと思われる。古事記の「因幡の白兎」には、海に棲むワニが登場するし、「海幸彦と山幸彦」にも、海神《わたつみのかみ》の国からワニの背中に乗って戻る山幸彦のことが述べられている。

そして、山幸彦である火遠理命《ほをりのみこと》は、海神《わたつみのかみ》の娘の豊玉毘売命《とよたまびめのみこと》と結婚する。そこで生まれたのが、鵜葺草不合命《うがやふきあへずのみこと》で、神武天皇の父となる。豊玉毘売命はワニの姿に戻って鵜葺草不合命を出産するのだ。

中丸薫氏が著した瞠目の書

このワニ族の子孫が、日本で「海人族《あまぞく》」と呼ばれる人たちだと思われる。中丸薫氏は、著書『古代天皇家と日本正史』（徳間書店）のなかで、中国北西部のタリム盆地が古代シュメール文明の発祥地であり、天皇家のルーツもここにあるという。

北川恵子氏がチャネリングする「宇宙神霊《うつのかむひ》アーリオーン」は、アートライン・プロジェクト著『アーリオーン・メッセージ来たるべき地球大変動の真相』(徳間書店)のなかで、古代の日本について述べている。それによれば、紀元前三~二世紀にパミール高原から「人類の進化を促し、真の繁栄に導くことを目的として」旅立った一族があるという。それがAMA族(アマ族)だ。

このアマ族は、漢字で記せばおそらく天族で、海人族とは近縁なのかもしれない。興味深いのは、パミール高原の東側の麓にあるのがタリム盆地だ。タリム盆地は、天山山脈、パミール高原、崑崙《こんろん》山脈に囲まれている。中丸薫氏のいう、古代シュメール文明はタリム盆地が発祥というのが本当だとすると、そこにアマ族が関わった可能性も否定できない。このアマ族は、蛇族だと思われる。優れた知恵と精神性、霊能力、超能力を生まれながらに備えていたという。

パミール高原からは、二つのグループが旅立った。それぞれ陸路と海路に分かれて日本をめざしたのだ。「活火山の多い日本列島は、人類の進化と活性化に適した特殊な磁場をもっていた」からだ。

陸路をたどったグループは、インド北部、ネパールから中国江南地方を経て博多湾沿岸に上陸し、北九州から日向地方に強大な国家を建設した。族長は、イザナギ、イザナミと呼ばれた。

海路のグループは、東南アジアの島々を経由して朝鮮半島に渡り、壱岐島から出雲地方に上陸したと『アーリオーン・メッセージ 来たるべき地球大変動の真相』にある。しかし、本当は壱岐ではなく、隠岐諸島から若狭湾の丹後地方に上陸したのではないかと筆者は考えている。壱岐だったら、北九州に上陸するのが自然だ。

陸路のグループの族長は、スサノオの曽祖父とスサノオの父のフツだという。陸路のグループは、海路組よりやや遅れて到着した。同書では、海路グループを日向族、陸路のグループは出雲族だ。

さて、ここで、古事記が正史だと思っていた人は混乱するかもしれない。なぜなら古事記ではアマテラスとスサノオは姉弟であり、二人の父親はイザナギとされているからだ。それを別の一族としたのは、もちろん、アーリオーンからの情報に従ったものだが、実は、在野の古代史研究家が同じことを述べていたのである。

彼の名は、原田常治《はらだつねじ》。明治三十六年生まれで、昭和五十二年には没している。だから、アーリオーンとはまるで接点はないし、アーリオーンをチャネリングする北川恵子氏も原田のことは当然知らなかった。

では原田はどのようにしてそのような結論に達したのかというと、全国の古い神社を一つひとつ廻り、そこに残された記録や伝承を調べ、古代の地図、遺跡や古墳の分布、出土品などと照らし合わせたのだ。その結果は、『記紀以前の資料による古代日本正史』(同志社)にまとめられている。

その原田の説を見てみよう。著書によれば、スサノオは、西暦一二二年頃、出雲国沼田《ぬた》郷、今の島根県出雲市に生まれた。父の名前はフツ。フツというのは満州系の名前で、奈良県の石上神宮に布都御魂の剣として祀られているという。

年代を考えると、アーリオーンの情報と合致しないところもあるが、おおむね一致している。これは驚くべきことといわざるを得ない。なお、アーリオーンの情報によれば、スサノオには角があったという。確かに二本の角があれば、牛に似ていてもおかしくない。スサノオは牛頭天王とも呼ばれている。

スサノオの一族は、その後、鬼として日向族から迫害を受けたと考えられる。

日向族と出雲族は、「日本で落ちあったあと、一致協力して日本を治め、人類の進化と文化の盛隆を促す」はずだった。ところが、先に日本に到達してすでに国創りが始まっていた日向族は、それを拒否、出雲族が保有する皇位継承の証である「十種神宝《とくさのかんだから》」の引き渡しを求めた。

そこで、フツは、息子スサノオとスサノオの第五子のトシ（のちのニギハヤヒ）とともに九州の日向族を征伐することに決めた。それに恐れをなしたイザナギとイザナミは、娘のアマテラスをスサノオの妻に差し出し関係の修復に努めた。それはうまくいったが、「アマテラスの義弟たち」が自分たちの陰の権力が危うくなると判断し、出雲族や日本の聖地を呪術で封印してしまうのだ。

同書では、このことが、その後の日本の歴史に「二分された勢力による対立構造」をもたらしたとする。たとえば、蘇我氏と物部氏の抗争、源平合戦、南北朝の対立、明治維新前の尊皇派と攘夷派の争いなどだ。

しかし、大きな視点で見るならば、それも仕組まれたことのようだ。なぜなら、ジャーメインによれば、日本には二極の対立を経験した後、その統合を図る使命があるからだ。

ところが、アマテラスの義弟たちのエネルギーの封印は、別の形でも現れたように思う。それはアマ族すなわち蛇族の日本支配の終焉だ。朝鮮半島からの渡来人によって、天皇家は政権交代をやむなくされたのだ。つまり、本当は、天皇家は万世一系ではないのだ。いや、大きく見れば万世一系だ。朝鮮半島の支配者一族も、広く見れば、天皇家と同族だからだ。

それを明らかにしたのは中丸薫氏だ。詳しくは、氏の著書を参照してほしいが、ここでは概略だけを紹介したい。時代は、歴史の教科書に「大化の改新」と記される出来事が起こった七世紀だ。当時日本は、まだ倭国と呼ばれていたようで、中国、朝鮮半島の国々と深い交流があった。いや、交流があったというより、中国の覇権主義に近隣諸国が巻き込まれ、生き残りをかけて戦っていたというのが正しいようだ。日本も例外ではなかった。

当時日本は、教科書では十七条憲法を発令したとある聖徳太子らによって中央集権国家を作り上げていたような印象を受けるが、そうではなく、中央集権国家を建設することで中国の干渉を退け、独立国家としての道を模索していた時代だったようだ。

この混迷期に、百済の王子だった翹岐《ぎょうき》という人物が天智天皇になり、高句麗の蓋蘇文《がいそぶん》が天武天皇となった。つまり、翹岐は中大兄皇子《なかのおおえのおうじ》であり、蓋蘇文は大海人皇子《おおあまのみこと》ということになる。

どうして、百済や高句麗の人たちが日本でも権力をもち、また天皇に昇りつめることができたのか。それは、朝鮮半島の指導者たちも爬虫類人の血を受け継いでいたからだ。大海人皇子はその名のとおり、海人族で、ワニ族であったのかもしれない。中丸氏によると、大海人の父親は百済の武王（記紀では舒明天皇）で、武王は水中で龍から生まれたと自称しているという。日本書紀では、大海人を「人より抜きんでた姿だった」とあるので、爬虫類族であったことは間違いないが、水との関係が深いところを見ると、ワニ族だった可能性のほうが高いのではないだろうか。

正史によれば、天武天皇のあとは、持統天皇となり、文武天皇に引き継がれる。そして七〇一年に大宝律令が制定され、律令国家としての体制が整えられる。中丸氏の説に従えば、天武天皇から大津皇子が天皇として即位し、その後、高市天皇に一時引き継がれ、さらに、天武天皇と鸕野讃良《うののさらら》の長子の軽皇子《かるのみこ》が文武天皇となる。正史では、鸕野讃良は持統天皇だが、中丸氏は、記紀ではこの間のごたごたを隠すために持統天皇を立てたが実際は即位していないということだ。

いずれにしろ、日本はようやく国家として形が整うが、この時代に古事記と日本書紀が編纂される。おそらく、天武天皇、文武天皇が神武天皇から万世一系の正式な系統であることを主張するために編まれたのであろう。

そして、第十代崇神天皇の時代に創建されたという伊勢の皇大神宮（伊勢神宮）が現在のような神宮として社が整うのもこの時代だ。二十年に一度の式年遷宮もこの時代から始まっている。

これも、記紀の編纂と同様、自身の系統の正当性を周囲に認めさせる狙いがあったといえる。この時代はまだ、宗教と政《まつりごと》の区別はついていなかった。表向きはそうではなくても、裏では両者は密接に関わっていたはずだ。

聖徳太子の時代、物部氏が蘇我氏に敗れて、神道から仏教の時代に移ったとされる。

彼らのルーツもシュメールにあるだろう。

このようにも日本の歴史は、二元の対立と統合をテーマに繰り広げられている。

第六章

蛇と龍の戦い／元つ大神の御霊統（龍）が蛇の道を薙《な》ぎ払う！

天津火継《あまつひつぎ》／二本の神様の火は天照大神と須佐之男命か⁉

　ところで、東京にある皇居には、皇祖とされる天照大神《あまてらすおおかみ》と申し上げる神様の御霊代《ごれいだい》として御神鏡をお祀りされる賢所《けんしょ》（正式には「かしこどころ」と読む）、歴代天皇と皇后や皇族の御霊をお祀りする皇霊殿《こうれいでん》、皇室の守護の神様として八百万神をお祀りする神殿《しんでん》がある。この三殿は宮中三殿と呼ばれている。ここでは、毎年、歳旦祭《さいたんさい》、神嘗祭《かんなめさい》、新嘗祭《しんじょうさい》（一般的には「にいなめさい」という）などの二十回を超える御祭がある。そのしきたりは、平安時代から変わりがない。ここに勤める巫女は、内掌典《ないしょうてん》と呼ばれ、一般の公務員と同様の処遇を受けている。

　内掌典は、皇居内に寄宿し、表向きの皇室行事とはまったく関係なく、遠い昔から続けられている御殿の御神事、御殿の御用を行っている。

　この内掌典を昭和十八年から、五十七年間にわたって務められた高谷朝子《たかやあさこ》氏が、『宮中賢所物語』（ビジネス社）を著し、当時の思い出や内掌典の仕事について述べられている。

　そのなかに次の一節がある。

「賢所には御燈が上がってございます。
　朝夕の御燈の中の土器に菜種油を注ぎ足します。細い燈心二本の先に明るく燃える小さなお清い御火でございます。
この御燈の御火は、神様の御火でございます。『もったいない御火』と申します。遠い昔より絶えることなく灯された『天津火継《あまつひつぎ》』とも教えていただきました。決して『おしめり（消える）』になりませぬように、命をかけて大切にお守り申し上げますお清い御火でございます」

賢所では、「天津火継《あまつひつぎ》」と呼ばれる火が、神様の火として、平安の昔より、灯されてきたのだ。私が注目したのは、その火が二本あるということだ。「細い燈心二本」とある。なぜ、二本なのか。もちろん、一本では消えてしまう恐れがあるからかもしれない。具体的にどのように灯されているのかもわからない。しかし、「神様の御火」とある以上、その火は、神様の御霊代であるに違いない。

つまり、賢所では、実は、二柱の神様をお祀りしているのではないかと考えている。一柱は、天《あま》照大神《てらすおおかみ》様。そしてもう一柱は、須佐之男命《すさのおのみこと》だ。

このことは明かされることはなく、正解を得ることもないが、「二元の対立と統合」を黙示しているように思えてならない。

福島第一原発の被災は天の警告か？／原子力は「あやま知」そのもの

子宮内宇宙を閉じていた岩戸が開かれ、人類は、産道に突入した。人類がこれまで積み上げてきたあるゆるメグリを解消すべく、さまざまなことが起こるだろう。宇宙的規模で異変が起こるに違いない。先の東日本大震災は、その第一弾だ。

今日の異常気象は、序章にすぎないのではないか。しかし、神は、あるゆる事象を通じて私たちにそれを伝えている。

たとえば、いま日本の各地で熊が人里に現れて、人を襲っている。熊の餌であるどんぐりが異常気象で不足しているからだといわれているが、そうではないという人もいる。理由はともかく、熊が出没していることは事実だ。

熊は、九間《くま》。地球が九の間すなわち産道に入ったことを人々に告げに来たのだ。

東日本大震災のときには、鹿島灘の下津海岸に五十二頭のイルカたちが命をかけて異変を伝えに来てくれた。およそ一週間前の三月四日のことだ。

少し前のニュージランド・クライストチャーチでの地震のときには、その二日前にスチュワート島にクジラが百七頭も打ち上がっている。

よく気をつけていれば、異変は察知できるのだ。

それはともかく、東日本大震災の地震と津波は、とんでもない事態を引き起こすことになった。もちろん、福島第一原発のことだ。一号機から三号機の非常用冷却設備が損傷し、発電は停止したものの冷却に失敗し、制御不能となってしまったのだ。四号機は、もともと定期点検中で運転は停止中だったが、使用済み核燃料棒と点検のために移動させてあった燃料棒が空だき状態に置かれ、再び熱を発して、水素爆発が起きて建屋の上部が吹き飛んだ。

つまり、一号機から三号機までの原発で炉心溶融が起き、四号機でも燃料棒が損傷して放射能が大量に漏れ出す事態となったのだ。とくに三号機では、MOX燃料という、プルトニウムとウランの混合燃料が使われており、発熱量が大きく、「再臨界」寸前の状態までに陥った。三号機の建屋だけ、鉄骨が折れ曲がるほどの大きな損傷を受けたことがそれを物語っている。

一号機も燃料棒の損傷が激しく（七五％と推測）再臨界する可能性が大きかったと発表があった。

今は、落ち着いているような印象を受けるが、完全廃炉になるまで、油断はできない。

まずめざすべきは、脱原発だ。今後日本では、新しい原発を設置することは難しいだろう。人々に節電意識が高まり、エネルギーを無駄遣いしないという気持ちが生まれた。これは大きな進歩だ。

それでも、原発は必要だとする人たちもいる。まだまだ原発で大もうけしようとする人たちはたくさんいる。マスコミも反原発の動きを積極的に報道しようとしない。東電の広告費がなくなって原発マネーがマスコミに流れにくくなってからは、少しずつ報道されるようになったが、それでも控えているところが感じられる。

だが、こうは考えられないだろうか。今度の福島での事故は、最終警告であると。一九七九年三月のアメリカ・ペンシルベニア州のスリーマイル島原子力発電所での事故、一九八六年四月の旧ソビエト連邦（現ウクライナ）のチェルノブイリ原子力発電所四号炉の爆発事故、そして「フクシマ」と三度の大事故が起こった。

これで、私たちは、原発が決して安全ではなく、そして、安く電力を供給してくれるものでもないとわかったのだ。これまで、発電時のコストだけが論じられ、原発は「安い」とされてきた。しかし、炉の廃棄にかかるコスト、そしてひとたび事故が起これば、膨大な処理費、補償費がかかってしまう原発は採算が取れないといっていいだろう。今度の事故でも国がお金を一円も出さなければ、東電は破産に追い込まれていたはずだ。

何より、負の遺産である放射性廃棄物を長期にわたり安全に保管できる場所は、日本のどこにもないのだ。いまある原発はどうするつもりなのだろうか。

経綸の場合、型出しは三度行われる。大きな原発事故はこれで三度目だ。だからこれが最終警告だろう。ここで脱原発をめざさなければ、更なる大事故が起こるかもしれない。第二、第三の「フクシマ」が起こってしまう。問題の多い原発はいくつもあるのだ。

問題は、代替エネルギーの確保と原発で働く人たちの生活だが、日本人の誰もが欲を捨て、叡智を集めれば解決できる問題だ。

ただし、その前に私たちもやらなければならないことがある。それは節電だ。火水伝文に次の文があったのを思い出していただきたい。

「汝の厭ぅ原子力、背後で育む悪親は『あやま知』病みたる汝等の『我善し』使ぅる電力のひたすら消費が真の親ぞ。汝等、悪滅っせんと申すなれど、握りた糸切ったかや。汝等欲糸引かずば悪育たず。生ぜず。自ら滅するの他無きであろぅが。糸切りて滅びる産業、悪の業と知る時ぞ。惨業でありたのじゃ。滅びる他に無きものでありたのじゃ。お役目終わりぞ」

（P．22〜23）

必要のない電力は極力使わないようにつなければならない。

東日本大震災当時、放射性物質を恐れた外国人は、日本から逃げ出した。外国人は日本政府の発表を信じていないようで、母国に続々と帰還してしまった。もし、福島からの放射性物質拡散が止まらず、首都圏へも汚染が広がったとすれば、横田基地（米空軍）やキャンプ座間（米陸軍）、厚木基地（米海軍）に駐屯する米軍はどうしただろうか。日本から脱出しただろうか。

静岡県の浜岡原発が問題になった。活断層の上にあり、さらに東海地震や東南海地震の発生も予想されながら、この原発も想定が甘くなっていた。大津波が来れば、「フクシマ」と同様のことが起こるだろう。ここから放射能が漏れ出せば、偏西風に乗って首都圏に飛来する。米軍基地が放射性物質にさらされることは、十分に考えられるのだ。

幸い、菅首相（当時）が浜岡原発の停止を要請し、原発の稼働は止まったが、問題は解決されていない。使用済み核燃料は、冷却が滞れば、再び発熱し溶融することが、福島第一原発で明らかになったからだ。

菅首相の英断は評価できるが、米軍基地の汚染を恐れたアメリカからの要請もあったようだ。

普天間基地移設問題では沖縄が大きく揺れている。沖縄には原発はないけれど、本土からの影響を受けるような事態が起きて沖縄に放射能汚染が広がれば、米軍は沖縄を手放さざるを得ない。米軍の基地を作れない日本に、アメリカは魅力を感じないだろう。さらに噴火や地震が多発すれば、アメリカは日本の支配権を手放すかもしれない。

そこまで汚染が広がれば、日本人も無事ではいられないかもしれない。しかし、アセンションすれば何の問題もない。原爆にもびくともしない身体となるのだから。

火水伝文に従えば、今度の災害においても被災者はいても被害者はいないことになる。肉体を離れた魂たちは、いまは混乱していても、やがてケガレから解放され晴れ晴れとするかもしれない。アセンションのときを楽しみに待っている魂も少なくないはずだ。

残された人々も忘れていた共生の心を取り戻しつつある。

しかし、ケガレがすべて祓われるまで天変地異は収まらないだろう。首都圏直下型地震、東海・東南海・南海地震、これらは今すぐ起きても不思議はない。科学的にも予想されているのだ。予期せぬところでも地震が起こるかもしれない。火山の活動も活発になってきた。原子力発電所は、日本各地に存在する。

ここに及んでも、義援金詐欺を行ったり、電動式の鍵が開いてしまった銀行の金庫から大金を盗んだり、避難して空家になった家から貴重品を奪うなど火事場泥棒をする者もいる。品不足に付け込み法外な値段でものを販売する者もいる。

私たちが、自然界の教えてくれる事象をキャッチし、三真釣りを行い、三点セットを実践していれば、恐れるものは何もない。たとえ肉体を失うようなことになっても困ることはないだろう。アセンションのチャンスは、誰にでも平等にやってくる。ただし、魂があまりにも曇っていると自らアセンションを拒否してしまうのだ。神や仏、ご先祖様の霊魂を否定する人間がどうしてそれらの言葉を受け入れられるだろう。

せめて、目に見えない世界があることを信じられる人になってほしいものだ。

私たちが創造するこれからの日本／「フジの年（二〇二〇年）までに終わればよいぞ」

建て替えは始まった。今後どう建て替えていくのかは、神々にお任せしよう。私たちにできることは、その後、どう建て直していくかだ。以前と同じ社会を復興させるのでは、建て替えた意味がなくなる。

中央集権国家は、国どうしが争っているときには必要なものだった。国家、国民が一丸となって敵国に立ち向かわなければ、戦争に勝利できない。しかし、この体制は、最高権力者を頂点としたピラミッド型の社会構造となりやすく、弱者が強者を支えるという形になってしまう。事実、これまで世界の多くの国々がそうなり、いまの弱肉強食社会を創り上げてしまったのだ。日本も例外ではない。

そのために厳しい建て替えを受けることになったのだ。同じ轍を踏むことは二度と許されない。

新しい世界においても、国境はなくならないだろう。国々には、民族等による独自の文化があり、それは受け継がれるべきだからだ。国を残したうえで、人々は共生し、互いに助け合いながら、それぞれ発展を遂げていけばよい。しかし、ベースはあくまで個となる。一人ひとりが自立した生活を送らなければならない。神に頼ることは許されない。一人ひとりがこれまで神と呼んだ存在にならなければいけないのだから。

肉体が半霊半物質になるまでは、これまでどおりの生活が必要だ。

原発がだめなら、エネルギーをどうしたらいいのだろうか。無尽蔵にあるといわれるフリーエネルギーが活用できるようになれば、問題はなくなる。それまでは、天然ガスをベースにするのがいいのではないか。天然ガスは、石油に比べて二酸化炭素の排出量がおよそ半分だといわれている。

いま、もっとも有力視されているのが、「ボトリオコッカス」「オーランチオキトリウム」という、微生物だ。「ボトリオコッカス」は、「「ボトリオコッカス・ブラウニ」と名づけられた藻類で光合成を行う。細胞の中に石油系オイルを溜めているので、石油の代用品として使うことができる。筑波大学等で研究中で、現在は、まだ採算ベースには至っていないが、効率よく培養できるようになれば実用化されるだろう。

「オーランチオキトリウム」は、有機物を栄養として増殖する微生物だ。光がなくても培養できるので、狭い場所でも培養が可能だ。こちらも石油系オイルを含有する。し尿排水の処理と両者を組み合わせたプラントも考えられている。日本の微生物の発酵技術は世界レベルなので、今後の研究が期待できる。

もちろん、それでも二酸化炭素の問題は残るが、そもそも温暖化の原因が二酸化炭素等のガスによる温室効果とされていること自体が胡散臭い。

実は、二酸化炭素の使用量が増える一九〇〇年代より百年前の、一八〇〇年代から気温は上昇に転じていたのだ。それまでは小氷河期といわれる時代で、日本では、冷害による天明の大飢饉（一七八二年）や天保の大飢饉（一八三三年）が起こっている。しかし、この後は、ときに冷害はあっても総じて気温は上昇に転じたのだ。

縄文時代は、三内丸山遺跡が証明するように、日本は、いま以上に温暖化が進んでいた。当時、青森の地で豊かな暮らしができたのは、そこがいまより暖かかったからだ。暖房はたき火くらいしかない時代だ。寝具も満足なものはなかったはずだ。

確かに、極地の氷は溶け、海面は上昇していた。それは縄文海進と呼ばれている。関東では、奥多摩のあたりまで、海水が入り込んでいたようだ。温暖化で北極の氷が溶け、シロクマの生存が心配されているが、それも問題ないかもしれない。シロクマは縄文時代でも生き延びているのだ。

地球は、温暖期（間氷期）と氷河期を繰り返しており、そのなかでも小規模の気温の変動が起きている。今日の温暖化も、そのような地球規模の変動によるものと考えられるのだ。あるいは、フォトンベルトと呼ばれる不可視のエネルギーの影響も考えられる。アメリカはそのことを知っているから、二酸化炭素削減に熱心ではないのだ、という人もいる。

二酸化炭素による温暖化を主張する学者たちは、一九〇〇年代以後の気温の変化図しか示していない。詳しくは、赤祖父《あかそ》俊一《ふしゅんいち》氏の『正しく知る地球温暖化』（誠文堂新光社）を参照してほしい。

原発が二酸化炭素削減には欠かせないことをアピールすることで原発を推進させたい人たちの思惑が、二酸化炭素温暖化説を吹聴させているのかもしれない。

天然ガスは尖閣諸島をはじめ日本の各地に埋蔵され、採掘技術が向上すれば、輸入しなくてもまかなえるという。

メタンハイドレートと呼ばれる固体化したメタンガスも日本近海の海底に眠っているようだがこちらのほうは、採掘がいっそう難しそうだ。

いずれにしろ、天然ガスを主体のエネルギー政策に転換させることが望ましいのではないか。もちろん、風力発電や太陽光などの自然エネルギーに転換できればベストだが、まだまだ多くのエネルギーをまかなうことは難しいのが現状だ。もう一つ石炭も技術が発達してきているので有望といえる。日本にはまだ多くの石炭がねむっている。

そしてできれば、各企業あるいは各家庭が、それぞれで自家発電するのがいいだろう。一戸建てなら個別で、マンションやアパートなら、一棟単位で発電する。ソーラーや天然ガスを利用して発電すればよい。今現在、エネファームなどの製品が実用化されているが、まだ発電規模は小さく、停電時には発電できないなど問題点も多い。しかし、国が力を入れて真剣に開発に取り組めば、満足できるものが作れるはずだ。

住宅が密集する都市部を除いて下水道をやめ、個別に合併浄化槽を設置したほうがよい。最終的には地下へ浸透させる。上水道もなるべく使わず、地下水を活用する。川の護岸のコンクリートをはがして地下水を復活させるのだ。各家庭で浄水器を設置すれば、地下水も飲み水にできる。

ライフラインの設置は最小限にして、なるべく家庭で賄えるようにするほうが、災害時も安心で復興も楽だ。原発も必要なくなる。ダムも最小限ですむ。膨大な施設費も節約できる。もちろん、家庭での負担は増えるので、補助も考える必要があるだろう。

「共生」が社会創りの基本概念だから、農業も大地に優しい農法が望ましい。それには、無農薬のリンゴ栽培に成功した木村秋則氏の自然農法が参考になる。また、岩澤信夫氏が提唱する「不耕起栽培」もいいだろう。これらには、特別な肥料も必要ない。生ごみを集めて、「ハザカプラント」で堆肥にすればそれで十分なはずだ。ハザカプラントとは、葉坂勝氏が考案した、生ごみの堆肥化プラントのことだ。

希望すれば、誰でも自給できるだけの農地（四人家族で一アール程度）を確保できるようにすべきだろう。本来土地は誰のものでもなかったはずだ。かつて、飛鳥時代に班田収受の法が実施され、民に区分田があてがわれた。その現代版というべきものを考えたらよい。

どのような社会にするのかは、私たち人の意志にかかっている。

それにしても仕組みの進行は遅れているようだ。いわゆる善神の中つ神が善なる人々の祈りを受けて、建て替えである天変地異を遅らせているからだと思われる。もちろん、元つ神もそれを許しており、想定もしていたことだ。だから「フジの年に終ればよいぞ」と我空さんに告げたのだ。遅くなればそれだけ、私たちも魂の浄化の時間がもらえることになる。

大国常立大神は予定どおり復活された。大神様が地球次元ではたらかれるときは、龍の姿をとられる。同時に坤（南西）に隠遁されていた大豊雲大神も復活なされた。こちらの大神様は、鳳凰のお姿となって降臨される。大豊雲大神は鳥族のようだ。

これからは、龍と鳳凰が力を合わせて新しい世界を築くことになる。龍と鳳凰の時代の幕開けなのだ。

空を飛べない蛇族は、アセンションをめざすことになる。

私の精神世界への探訪は、ノストラダムスの予言がきっかけになったといってもよい。

とくに、第10章　72の予言詩には、驚かされた。今回、この詩をプロローグで紹介したが、実は、こんな解釈もできるのだ。それは、アンゴルモアの大王とは、誰かということだ。もう一度詩を見てみよう。

【第10章　72】
一九九九年の七か月
天から驚くほど強い恐ろしい王がやってきて
アンゴルモアの大王をよみがえらせ
その前後火星はほどよく統治するだろう

大乗和子訳『ノストラダムス大予言原典（諸世紀）』（たま出版）より

驚くほど強い恐ろしい王とは、国常立大神のことだった。大国常立大神として復活されたことを示している。そして、その神がアンゴルモアの大王を復活させるのだが、その王とは、カムスサナルノ大神と解釈した。火水伝文にもこうある。

「**この度、神響きにて地のへの王の王の王と現れなされミロクを顕じます、尊き御役のご一柱をカムスサナルノオオカミ様と称し奉る**」（P．147）

だから、そう考えたのだが、もう一つ別の解釈もできる。それは、カムスサナルノ神とは、私たち一人ひとりのことでもあるのだ。玉置神社に火水宇気霊を奏上しに行ったときの話を思い出していただきたい。玉置神社に素盞嗚尊がお祀りされていないのは、宇気霊を奏上する人たちそれぞれがスサナルノミコトだからであった。玉置神社でのことは、型示しだ。

スサナルとは、「主《ス》座成る」という意味に解釈できる。

つまり、この度のアセンションでは、私たち日本人がスサナルノミコトとなって、ミロク世を創るのだ。アンゴルモアをモンゴリアンと解釈する研究家も多い。

アンゴルモアの大王とは、まさに私たち日本人ことを指している。

アセンションには、もう一つ大事なポイントがある。奇魂を開く前に草薙ぎの剣を授かる必要があるのだ。火水伝文にこうある。少し長いが紹介したい。

「今今の世申すは、『蛇の火』が心の宮を奪う事に必死になりて居りて、悪の教えを良き事の様に、どうあってもだまし通すお積もりで、魔釣りの道具を総て使うて、金漬け物漬け色漬けの欲漬けに致して、汝等の身欲を精一杯煽るだけ煽りて来るから、陽気な心の持ち様でありたなら危ういぞ。『蛇』は『蛇』じゃ。

『蛇』と成して型示しあるは、どこまで行きても『蛇』であるは解かりて居ろうに《我欲》のご都合で真釣りの基を崩すから、遂には仇成すものまで信じる様に成りてしもうのじゃ。

魔釣りばかり上手に成りてしもうてどうするお積もりじゃ。

真釣りた火のご霊統と、真釣りて無い火のご霊統を取り違え居りては、大失態をやらかすぞ。真釣りた火のご霊統申すは、竜体にて現れなさる生き通しの元つ大神様のご霊統にござる。真釣りて無い火のご霊統申すは、蛇の体にて現れなさる知恵の神のご霊統でござるよ。竜と蛇をハキリ、タテワケ成さらいで居りてはマコトは見えんぞ。汝等の申す邪竜いうは、蛇の化《ば》かした姿にてあるから、何時までも化かされて居るのでないぞ。竜は天降りてハラに【マコト】を開く成り。草薙ぎの剣と申すなり、蛇は底より上り来たりてアタマに『分かつ知の目』を開く成り。魔眼と申すなり。こ度は竜と蛇との戦ぞ。ハラとアタマの戦いでござるよ。

人民様には未だマコトが解からんから、せっせと蛇の道を開く努力を成されて居るが、どんな事に成りても神はもう知らんぞ。汝の底に封印せしものを、自ら解き放つのであるから、この方は知らんと申して居るのぞ。どんな辛い行にも堪えスミキリたマコトの者が成さるのであれば、この方が特と見届けて、ご霊統のご竜神にお出まし願いて、汝のハラに天降り行き、汝のマコトを開き行きて、万古末代守護なさる、草薙ぎの剣を渡すなり。こは真釣る至誠の神宝《かむだから》にござるのぞ。

神宝を持ちて蛇の封印を解き真釣るが、こ度の事に関わりて大事な事でありたなれど、取れる人民様居ない程に、蛇の道ばかりどんどん開いてしもうて、一挙に事を成さねば鳴らぬ時節に至りて、一挙に汝等皆々に、草薙ぎの剣をお渡し致さねば鳴らぬ成りてしもうたが、世界は蛇の道が九分九厘開かれてしもうて、日本の中にもどぷり蛇の力に魅入られ居る人民様数多居るから、授かる草薙ぎの剣で、苦しさの余り自ら払う酷き有り様が見えるによりて、気の毒で、この方は見るのがいやであるぞ。今今な獣から人に早う戻りて下されよ。時は無いのぞ。

　草薙ぎの剣いうは火土水《ひとみ》の事であるぞ。一二三《ひふみ》の火土水《ひとみ》の事であるぞ。真言の事であるぞ。息吹合うた言魂の事であるぞ。生く言魂の事にござる。マコトを申すのでござるよ。余りにケガレた身魂のままである者に取りては、一挙に一回でマコトをハラに据えられては、生くるも成らず、死ぬも成らず。苦しみの余り改心致すも底の見えてる改心由、それも成らず。悶え暴れ狂いて、しまいには自らの頭を、自らが潰す末路と成り果ててしもうのぞ。

　蛇はアタマを潰さねば死なぬと同じ道理でござるよ。神、頼むぞ。汝はこう成りては下さるなよ。末代地獄で暮らす事に成りてしまうぞ。二度とヒノモトのお土踏めん様な恥ずかしきザマと成りてしもうから、よくよくに注意して置くぞ」（P．120〜123）

　アセンションには、どうしてもマコトが必要らしい。おそらく、アセンションのときに一挙に据えてもらうのかもしれない。

　『分かつ知の目』の魔眼とは、アメリカの一ドル札に印刷されている「万物を見通す目」のことだろう。フリーメーソンの象徴といわれている。

「汝の底に封印せし」蛇とは、クンダリーニのことに違いない。これを身欲のままに上げてしまうと大変なことになると解釈できる。確かに、オウム真理教がはからずも実証してしまった。

麻原彰晃こと松本智津夫死刑囚は、おそらく、クンダリーニを一部開放してしまったのだ。結跏趺坐を組んだ状態で、空中浮揚を行っている写真を見たことがある。空中浮揚といっても、一瞬浮かんだだけだと思うが。

この万物を目通す目こそが「分かつ知の目」の魔眼！

そのことにどういう意味があるのか、そう問う声も聞かれるが、クンダリーニも空中浮揚も科学では説明がつかない。つまり、超能力を発揮したことになる。オウム真理教事件を起こした信者に、医師や理工系の高学歴の者が多くいた。どうしてそのような人がオウムなどにという声を耳にしたこともある。その理由は簡単だ。科学を超えた何かがあると感じたからだ。

事件後、信者の一人が週刊誌に手記を寄せていたのを読んだことがある。それによると、クンダリーニが開放されたと思われる体験が述べられていた。たとえ、科学では説明できなくても、松本智津夫死刑囚だけでなく、自分自身にもそういう体験があれば、信じたとしても不思議はない。あるいは科学的に探求したいと思ったのかもしれない。

しかし、オウム真理教には大事な点が抜けていた。しかもとても重要なことがなかったのだ。そう、我と身欲、保身を捨てることだ。それができなかったため、自分自身を錯覚してしまったのだ。

火水伝文でしつこいくらいに身欲と保身を捨てることの大切さを解いている理由がよくわかる。魔眼を開いてしまっては、最悪の結果が待っているのは容易に想像がつく。

伝文にも、

「三真釣り持たずに汝等の底底に封印せし舵を解き放ち、これを真釣りてマコトに結ぶは、なまなかの事にありては出来はせんのぞ。十中八九逆様と成りて、真釣りた積もりが魔釣られて、知らぬうちに使われる居る由、気付けず。いつの間にか悪神のけん族と成り果てしもうて、化かされ、神民に仇成す力ばかり知らず与えられあるから、一見、善きように思え見ゆれども、やる事成す事、裏で世を持ち荒らす事に結びつきあるが解からんのじゃ。汝等の霊性申すは開発するモノにあらず。真先に心払い清めるが霊性顕現の基であるぞ」（P．124）

とある。心が身欲に穢れていたら欲に支配されてしまうのだ。瞑想でクンダリーニを上げてはダメなのだ。それではマコトは得られない。

九分九厘まで、払い清める努力をしたら、最後の一厘で、大国常立大神様がマコトを渡してくださる。マコトとは、いろいろと説明があったが、具体的なことはよくわからない。日月神示には、

「〇九十（マコト）とは、〇一二三四五六七八九十まであるぞ。一二三四五六七八かくれてゐるの

ざ」（海の巻14帖）とある。つまり、宇宙全体とも考えられる。

マコトとは、草薙ぎの剣だとも述べられている。アセンションのとき、奇魂をそれでかちわり直霊をお出しするのであろう。魂が穢れていれば帝王切開だ。相当苦しいらしい。また、マコトは、再臨するというキリストのことでもあろう。

そして、マコトによってほどかれる魂こそが、舵すなわち悪魔のことになる。直霊を閉じ込めていたからだ。魂にとっては、肉体が悪魔だったが、直霊にとっては、四魂そのものが悪魔だった。まさに「悪の中に一厘」があったのだ。

いずれにしろマコトが、「一厘の仕組み」の一厘であることは間違いないだろう。アセンションの日までの楽しみにしておきたい。

とにかく、私たちがすべきことは、心の座を払い清めることだ。そして、授かった草薙ぎの剣で封印を解けば、霊魂も開花して万事うまくいくはずだ。

魂が美しい花を咲かせたとき、直霊と肉体が合一するのだ。その直霊を覆っているのは、和魂と幸魂だ。ここを開くことができるのは、喜びしかない。喜びを今今に産み続けること。それが鍵となる。一厘を足して、すべてを喜びに変えるのだ。

その日は、それほど遠くはないかもしれない。

アセンションのその日まで頑張ろう／元つ神は龍と鳳凰の姿になって激しく活動している！

これまで、火水伝文が降りてきた経緯、ならびにその内容、さらに、それを取りついだ我空徳夫氏が担ってきた神仕組みを紹介してきた。火水伝文には、アセンションの具体的な内容とその理由、さらに、それをどのように受け止め、迎えたらよいかが、述べられていた。

アセンションを恐れる必要はまったくない。三歳苦難は、私たちの囚われをほどいてくださるわけだから、むしろ歓迎すべきことなのだ。「悪を抱き参らせる」とはまさにこのことだ。自分では成し得ない魂の穢れを取り払ってくださる。そして、たとえ、肉体を失ったとしても、霊魂として新しい世界へ移行できる。

次に人として生まれてくるときは、新しい地球が生まれていることだろう。一部の支配者たちが思うままに動かしている地球は今のままではどうにもならない。日本では、自民党から民主党に政権が交代し、人々は、改革に期待を寄せたが、結局は、自民党時代と変わらなかった。現在は、その自民党時代に逆戻りしてしまった。TTPに参加すれば、さらに格差社会が広がっていくだろう。自民党も新・日本を模索しているが変えることはできない。

なぜなら、根本的発想が「体主霊従」だからだ。物質至上主義が転換されなければ、根本は変わらない。だから、一度すべてが大きく変化する必要がある。「体主」を担っていた人々がこの世から退場しなければ「霊主」の世界は築けない。

そのためのアセンションだから、私たちは、大いなる希望をもってその日を迎えようではないか。「体主」の人々には、自滅が待っているという。だが、そういう人々にも、アセンションのチャンスは与えられる。そのとき、自ら拒否しなければ、やがては新世界へ移行できる。もちろん、魂の穢れを祓ったのちのことであるが。

神人合一の神宝である「意乗り真仮名ヰ行」を実践し、少しでも魂の穢れを祓うことができた人は、その分、楽にアセンションを迎えられるはずだ。何の心配もいらない。そして、次代のリーダーとして活躍が期待される。

この地球は光輝く世界となる。だから夢と希望を抱いて、その日をお待ちいただきたい。元つ神々は、龍と鳳凰のお姿になられて、その日のために懸命におはたらきくださっている。

大相撲の第六十八代横綱は、朝青龍。六十九代が白鵬だ。そして、二〇一二年九月二十六日に日馬富士が横綱に推挙された。龍と鳳凰が並び立ち、今度は富士の名をもつ横綱が誕生した。

龍といえば、もう一つ忘れてはならない大神様がいらっしゃる。白山菊理姫の大神だ。加賀の白山神社（白山比咩神社）にお祀りされている。菊理姫様は「くくりひめ」とも呼ばれ、この度の経綸にはたらかれるという。白寿といえば、九十九歳のこと。白という字は、百に一が足りないことから、そう呼ばれる。つまり、くくりとは、括ることであり、九十九里すなわち、九九路のことでもある。

九の道、九九路の道を出産まで導いてくださる神様だ。

我空さんは、かつて、「菊理姫様が現実界でおはたらきになるとき、箱根の神山から、九頭龍のお姿となって現れる」とおっしゃったことがある。

この九頭龍神は、箱根芦ノ湖の湖畔の九頭龍神社に祀られている。この九頭龍神社も、近年、パワースポットとして有名になった。箱根はいま、地震が多発し、噴火のきざしではないかともいわれている。富士山の周囲でも、異変が多く見られ、地下のマグマが動き出しているようだ。

菊理姫様を祀る白山神社の奥宮がある加賀白山も、いずれ活動を再開するにちがいない。いよいよ、大掃除が近づいたと見るべきだろう。

「富士動くまで何がありても堪えて下されよ」(P.32)と伝文にもある。

最後の仕組みが動き始めたのかもしれない。

あとがき

「悪神も、邪鬼も中つ神々も、汝等お一人お一人も、真釣るマコトに帰一する、元つ仕組みの神真釣り、一立ち二透み三鳴りて、ヒフミの御代に生くるには、真釣るマコトに神結ぶ、正位正順タテワケて、大天、大地、小天の、成りしマコトを知り行きて、大天、地天の理に、詫びて戻すが始めなり。戻し真釣りたその後に、火立ち土透み行鳴るが、神立ち幽透み顕鳴るが、霊立ち力透み体鳴るが、口立ち心透み行鳴るが、一二三マコトの姿鳴り、マコトヒフミの姿鳴り。日立ち月透み地鳴れば、この地ミロクへ結ぶ鳴り。スミキルマコトの無かりせば、適わぬ事と知れぞかし」（P．241〜242）

この火水伝文の言葉が、この度の岩戸開き（アセンション）のすべてを物語っている。私たちは、ただただ、真釣りを考え実行すればいいのだ。おのずからミロク世がやってくる。三歳苦難を恐れることは何もない。私たちの天命は、この地にミロク世を創造することなのだ。

「汝等が、幾転生再生に渡りてご苦労致し来たりたは、唯ただ、汝等の不調和を調和に和する真ハタラキを顕すがためであるぞ。マコト、マコトの神真釣りに帰一するがためじゃ。元つマコトに神真釣る、成り鳴る響きを鳴り顕すがためでありたを今今に知り置かれよ。この地にミロクを顕ずるが汝の天命にござるのぞ」（P．28）

それでも、どうしても不安が押し寄せてきたら、「大国常立大神」のご神名を唱えればよい。

「めぐりだけの事はせにゃならんが、三真釣り持ち行く者なれば呼べば助くる手出しすると申して居ろうが」（P．25〜26）

元つ神がそう保証してくださっている。安心して、魂の御掃除に励もうではないか。

◉最古の歴史書「竹内文書」ははたして偽書か

日本最古の歴史書は古事記だろうか。実は、それより古い歴史書が存在する。その一つが「竹内《たけの》内文書《うちもんじょ》」と呼ばれる古文書類だ。茨城県北茨城市磯原にある皇祖皇太神宮の管長職にある竹内家に代々秘蔵されていたもので、文書だけでなく、古器物なども伝わっている。すべてをまとめて「竹内文献」ともいう。

成立年代は不明。原典は「神代文字」で書かれていたといわれ、武内宿禰《たけのうちのすくね》の孫の平群真鳥《へぐりのまとり》が、漢字カナ交じりに書き改めたと伝えられている。それが五世紀の後半のことで、古事記の成立より二百年以上も前のことだ。

混沌から天地が生じて、天神が治めていた時代からの「歴史」が綴られている。古事記が神話としている神武天皇以前の時代についても年代とともに出来事が述べられ、歴史が記されているのだ。

たとえば、古事記が神とする天照大神も歴代の天皇の一人として記載がある。もちろん科学的に見て納得できない部分も多くあるが、それは古事記も変わらない。

ではなぜ、竹内文書が歴史の教科書に登場せず、古事記が最も古い歴史書といわれているのだろうか。それは、竹内文書が偽書とされているからだ。元京都帝国大学文科大学長（いまの文学部長）の狩野亨吉《かのうこうきち》博士が、「天津教古文書の批判」という論文を昭和十一年六月号の「思想」（岩波書店）に発表して、「天津教古文書すなわち竹内文書は偽書」と断定したのだ。

以来、一般の歴史や考古学の学者の間では偽書ということで定説化され、顧みられることはなかった。権威ある学者によって、一度、そのような決定がなされれば、それに異を唱える学者は異端扱いされ、出世の道は閉ざされる。日本の学問の世界は、そういう体質をいまだにもっている。

しかし、本当に偽書なのだろうか。そもそも偽書とはなんだろうか。史実を忠実に伝えていない歴史書を偽書とするなら、すべての歴史書は偽書だ。古事記、日本書紀も例外でない。

歴史は見方で善悪の判断が変わる。国が歴史書を編纂すれば、時の権力に都合の良い歴史書が出来上がるのは、誰でもわかる道理だ。むしろ、自己の権力を正統化するために歴史書が作られるといってもよく、歴史が捻じ曲げられて書かれることは当然のことのように行われている。

これは竹内文書も同じだ。竹内文書のすべてが真実とはいえない。だから、真の歴史を知ろうとするなら、記紀もその他の古文献も、読み解くときにはそこに書かれている真実の部分を探り当てる作業が必要になってくる。

偽書にはもう一つ別の見方がある。完全に創作した歴史を記述し、それを歴史書と偽り、そこには真実は何もないというものだ。竹内文書はそういう扱いをされている。いったいそういうものが存在するのだろうか。そういうものを書く理由はなんだろう。お金儲けだろうか。世間を惑わせようとしているか。

竹内文書の場合、膨大な資料が残っていた。およそ三千六百点にも及ぶ。これをすべて創作するには、大変な年月がかかる。お金だってかかる。金儲けが目的なら、まったく採算がとれない。竹内文書を伝えた竹内巨麿《たけうちきよまろ》は、明治四十三年に、新宗教・皇祖皇太神宮天津教を開いた。その教えを正統化するために、創作されたという見方もあるだろう。

しかし、事実は逆のようだ。竹内文書の内容を伝えるために、天津教を立ち上げたと考えられる。そもそも天津教を正統化するために創作するなら、三千六百点もの資料は必要ないだろう。常識で考えても偽書とする根拠は希薄だ。

狩野は論文の中で「天津教古文書の全部はことごとく最近の偽造」と述べている。もし天津教のためにその時代に創作されたものならば、文書が書かれた紙がいつの年代のものかを鑑定すれば、簡単に判明する。現代科学をもってすればそれは簡単。

ところが問題は現物が残っていないことだ。天津教は弾圧され、神宝を含む三千六百点の竹内文書はすべて没収され、太平洋戦争の折、裁判所の地下室にあった文献類は昭和二十年三月九日、十日の大空襲ですべてが焼かれてしまったという。現在伝わっているのは、竹内巨麿自身が書き残した写しの一部のみだ。

それでは、資料を科学的に分析することはできない。それなら、偽書の汚名を晴らすことはできないのか。そんなこともない。狩野亨吉が偽書とした論文「天津教古文書の批判」を検証すれば、ある程度のことがわかるはずだ。幸い、原文を新漢字新かな遣いに改めただけのものが『別冊歴史読本特別増刊・「古史古伝」論争』（新人物往来社）に掲載されているので、それを検討してみよう。

狩野亨吉は、昭和十年八月に「日本医事新報」から依頼され、天津教古文書の真贋の鑑定を行った。鑑定したのは、手元にあった竹内文書の写真七枚のうちの五枚だけだ。膨大な資料に対して、わずか五点。しかも、現物ではなく、その写真だ。これで真贋が判定できるだろうか。実は、その資料は、それ以前に天津教の信者が鑑定してほしくて持参してきたものだった。天津教としても鑑定家として高名な狩野から、文書が本物であるとのお墨付きが欲しかったのだ。

狩野は、「片鱗をもって全体を見ることはできない」としながらも、「生命を取るには一個の致命傷にて足る」と自身の鑑定に自信をもっていた。はたして、本当に致命傷を与えることができたのか。

狩野が鑑定したのは、「長慶太神宮御由来」「長慶天皇御真筆」「後醍醐天皇御真筆」「平群真鳥真筆」「神代文字之巻」の五点の写真だ。これら一つひとつを詳細に検討し、解説を加えているのでそれを見てみよう。

まず、「長慶太神宮御由来」について考察する。この文書については、「文字が細かい上に汚染のため不明な所もあるが、之を拡大して見れば一字を除き間違いなく読める」という。狩野がこの文書を「偽書」とした理由は、次の四点だ。

①奇妙な熟語や当て字を使っていて一部文法にも誤りがある。文全体の調子が比較的近頃の人の作のようだ。②筆跡に菱湖の影響が見られる。従って天保以前の作ではありえない。③竹内家郎党の名前が近頃の有名人に似ている。そして、もっとも重要な点として、④官位を記す書式に誤りがある、ことを挙げている。

正四位という位には、上下があり、たんに「紀氏竹内越中守正四位惟真」と書き下したのは、典故を知らないのにもほどがあるというのだ。もちろん、書き落としたことも考えられるが、大事なことだから校読したときに気がつかないはずはないという。従って、位階に上下がなくなった明治以後に書かれたものと結論づけている。

これについての私見を述べる前に、竹内文書がどのようにして伝えられてきたかを明らかにしておこう。竹内家の記録によれば、和紙にニスのようなものを塗って巻物状にし、銅管に入れて油紙をかぶせ、さらに大きな壷や甕におさめて、それを土中深く埋めたという。何人もの人が時の勢力から地中のご神宝を守るために命を落としたそうだ。そして、ときどきは虫干しを行い、それでも汚損してしまうので、数代ごとに書き改めながら今日（火事で消失するまで）まで伝えてきたという。

もし、それが本当なら、狩野の批判は意味をなさなくなる。古事記の最古の写本は真福寺法生院が所蔵しているもの（国宝）で、これは「真福寺本」と呼ばれている。応安四年（一三七〇）から五年かけて、当時の真福寺の住職信瑜が賢瑜という人に書写させ、それを信瑜自ら原本に照らして校訂したとされている。

その「真福寺本」でも、誤字脱字が多く、他の流布本と照らし合わせてみなければ「本当の古事記」とはならない。これは『国宝真福寺本古事記』（桜楓社）のなかで解説の小島憲之氏が述べていることだ。こうした古文書は、何度か書写されるうちに、誤字や脱字が起こったり、当時の当て字に改められたりされる。文法も変化するだろう。

有名な魏志倭人伝でも、「邪馬台国」か「邪馬壱国」かの論争が起こっている。台の字が壱の字に記されていたからだ。だから、狩野の説に従えば、大事な国名を間違えるはずはないから、「邪馬壱国」になるはずだが、学会は、「邪馬台国」としている。

歴史書の目的は、正しい歴史を後世に残すことだ。大事なのは、原文を一〇〇％忠実に書写して、骨董的価値を高めるということよりも、内容を正確に伝えることにある。書写したときに、言葉使いをその時代のものに書き改めることは、むしろ正しい歴史を伝えるためには必要なことでもある。古いままにして後世の人が読めなかったり読み違いしたら困ると考えるからだ。書き換えたら偽書扱いされるとは夢にも考えていなかったろう。

現に私がいま読んでいる狩野論文もすでに新たな漢字、かな使いに改められている。狩野説に従えば、後世の人がこの狩野論文を読んだとき、これは狩野亨吉の名を語って作られた偽書といわねばならなくなる。なぜなら、狩野の時代にはこうしたかな使いはしていなかったからだ。書写するときにその時代の人にわかるように書き改められることがあることは、頭に入れておかねばならない。

三千六百点にも及ぶ資料だ。どんなに注意しても、書写時における誤字脱字は免れない。それを上か下かの一字が抜け落ちただけで、まるで鬼の首をとったように偽書だと決めつけるのは、悪意があるとしか考えられない。現に、彼は天津教にかなり批判的だったのだ。そのことは、正直に述べられている。そして、〝正史（記紀）〟以外に歴史書が存在すること自体が許せなかったのだと思う。筆跡が天保以後のものなら、その文書は天保以後に書写されたものだろう。不自然な点ではない。

次に、「長慶天皇御真筆」を見てみよう。狩野は次の事柄により偽書とする。①これも誤字、脱字、当て字が多い。「原文をありのまま読めば巫女の口寄せか御筆先かの口調に類し」、（教養豊かな）長慶天皇が書いたとは考えられないということ。②筆跡が「長慶太神宮御由来」と一致すること。そして決定的な点として、③書かれた内容を挙げている。文を吟味するために、全文を掲載しよう。この文書は「写真の標記に長慶天皇御真筆とあり、二通より成立する」ということだ。

第一文書

鳴ゆたかなり諸国巡り

父をふて合して帰る
河内の口ち寺
元中九壬申八月二十六日
ゆたなり（華押）
惟真へ
宗義へ
信治へ
第二文書
嗚呼覚り天に神辟
獅子口に隠魂都百重
帝乃千代守り
元中九壬申十閏月九日
覚理（華押）
惟真へ
宗義へ
信治へ
狩野は、第一文書を抜けたと思われる字を補って「嗚呼寛成は諸国を巡り、父を追うて合して河内の獅子窟寺に帰る」と訳した。同じく第二文書は「嗚呼覚理は天に神避け、獅子窟寺に隠れ都す、百重原は帝の千代守る所」という意味ではないかという。こう読むと確かに意味不明で、長慶天皇が本当にこのような文を書いたのか、疑うのも無理はないかと、私も思う。

第一文書の「父をふて合して帰る／河内の口ち寺」を「御父君後村上天皇の御跡を追われ御一所に河内に入らせられたと取ったのである」と狩野は記している。「御一所」はいまなら御一緒と書くところだ。

それはともかく、「長慶天皇が河内に入られたのは、長慶太神宮御由来によって見ても此文書の日附元中九年八月二十六日より遠く遡ることはないと推せられる。即ち後村上天皇崩御の正中二十三年よりずっと後のことである」と述べている。つまり、史実では父である後村上天皇はすでに亡くなっているので、会って一緒に帰ることはあり得ないというわけだ。従ってこの文章は偽物と結論付けた。

もしかしたら、「史実」のほうが間違っていて、後村上天皇の崩御の日付が違っている可能性も指摘できるが、私は、「史実」は正しいと考える。この謎を解く前に、三番目の文書「後醍醐天皇御真筆」を見てみたい。これも二通あり全文を掲載しよう。

第一文書

流が礼くる常陸のくに居

足し王洗良日の国帰り

隠魂都こそ
與国二幸巳九月六日
尊治（華押）
惟光へ
惟真へ
第二文書
我礼隠魂ゆく登む霊実ば
帝枝たむく帝の国倍栄
万づ代守るぞ
與国二幸巳九月十二日
尊治（華押）
惟光へ
惟真へ
狩野は、この文書も偽書として次の理由を挙げている。
①これも誤字脱字等が多いこと。②筆跡、文章から見て、この文書は、長慶天皇御真筆、長慶天皇太神宮由来と同一人物が書いたと思われること。③内容が理解できないこと。④與国二幸巳は、興国二年のこととし、そうであれば、後醍醐天皇は延元四年八月十六日に崩御したと史実にあるゆえ、

崩御してから七百五十九日たっていることになる。これはおかしい。
狩野は文意をこうとらえた。「第一文書は後醍醐天皇が常陸国大洗へ御著になり其所で崩御あらせられたと云う様に取られ、第二文書は御隠れの後と雖も帝を助け国を守るべしとの仰せごとの如くに聞こえる」。これは面妖で理解しがたい文章という。

「長慶天皇御真筆」と「後醍醐天皇御真筆」を比べて見ると、狩野の指摘どおり、確かに、文章の形式、文字使いが似ており、同一人物が書いたとも感じられる。筆跡も同一という。筆跡が同一という点は、朽ち果てるのを恐れた伝承者が「御宸筆（天子の直筆）」でなくなるのを承知で書写したと考えれば説明がつく。内容を残すことが大事だからだ。正倉院のような保存に適した場所に保管されていたのではない。見つからないように秘匿していたのだ。傷みが早くなるのは致し方なかった。もし、明治以後に創作されたものなら、別人に書いてもらえば済んだことだ。誰もが偽書と疑うようなまねはしないはずだ。

誤字脱字が多い点はむしろ、この文書が古い時代に書かれたことを物語っている。書写すればするほど、誤字脱字が増えるのが自然だ。伝言ゲームを思い出してほしい。仮に明治時代に創作したのなら、このような短い文章のなかでは誤字脱字はほとんどないはずだ。偽書と見ぬかれないように、その点は慎重を期したはず。普通に文章を書いてもそれほど誤字脱字が多くなることはない。同様のことが年代についてもいえる。史実と敢えて違える理由は何もない。後村上天皇や後醍醐天皇の亡くなった日時を「史実」と違えれば、必ず偽書と疑われる。まったくの創作なら史実に合うように日付を設定するはずだ。

つまり、このことは、逆に偽書ではないことを証明しているようにも思える。それなら、史実の日付が間違っているのだろうか。私はそうは思わない。史実もこの文書も日付は正しいと思う。

この「御真筆」は、いずれも天皇ご本人が書かれたものではない。その日付の日時に降霊によって書かれたものではないだろうかと私は推測する。そう考えると、内容の不可解さ、日付の問題は氷解する。冒頭で真実を得るには、「目に見えない世界からの視点が大切」と述べた。ここでもそれが必要だ。陰陽師か霊媒師による降霊が行われとすると、一気に文章の信憑性が増してくる。「御真筆」は長慶天皇と後醍醐天皇による「霊界通信」だったと思われる。おそらく竹内家には、そのような能力をもった人がいたのだろう。今日でもそうした能力をもつ人は、恐山の「いたこ」から霊能者まで含めたくさんいる。

長慶天皇も後醍醐天皇も、ご自分の死後の様子を伝え、帝の世を守るから心配するなという伝言を遺したのだ。そういう視点で文章を読み返すと、すっきりと腑に落ちる。だから、狩野がいうように、「口寄せか御筆先かの口調」となってしまった。そう感じ取った狩野もこの点では慧眼の持ち主といえるだろう。

これが事実とすれば、竹内文書のほかの文献にもこうした霊界との通信によって得た過去の情報が新たに加えられた可能性がある。というより、多くがこうした方法により情報がもたらされたものだろう。そうでなければ超古代のことがわかるはずがない。口伝ということも考えられるが口伝だけで、何億年前のことを伝えるのは不可能だ。

つまり、竹内文書は、今日では多くみられる「チャネリング本」の一つと考えられるのだ。それが、偽書と疑われる原因にもなってしまった。もちろん、それゆえ真実であるという証明もできないが、真実の歴史を考えるヒントにはなる。しかし、繰り返すが、当時は偽書と疑われるなぞ思ってもみなかったことに違いない。「真実」を残そうという気持ちのほうが強かったはずだ。

それにしても、竹内文書にどうして、このような文書が加えられているのだろうか。後醍醐天皇（九十六代）、後村上天皇（九十七代）、長慶天皇（九十八代）と続く天皇の系列は南朝だ。そして南朝は次の後亀山天皇（九十九代）で終わりを告げる。後醍醐天皇や長慶天皇が帝の世を心配じた気持ちは十分に察せられる。竹内家は南朝に肩入れしていたのであろう。

狩野の鑑定した文書はあと二つある。「平群真鳥真筆」と「神代文字之巻」だ。これについても簡単に反論しておこう。

「平群真鳥真筆」の問題点について、狩野は、文法や文字などのこれまでの指摘に加え、「棟梁」「天神人祖一神宮」「五色人」「宝骨像神体宝」等の言葉やその内容について挙げている。こうした言葉が意味不明なことを偽書の理由にしているが、これらは竹内文書独特の言葉使いだから仕方がない。とくに「五色人」については、「皮膚の色を以て人類を五種に大別したのはブルーメンバッハの説より始まることで、まだ百五十年も経ったか経たないかの事である」と述べ、それ以後書かれた証拠としている。

これについては、竹内文書の他の文献を読んでいればすぐに納得できたはずだ。竹内文書に出てくる天皇は、天空浮船というUFOのような乗り物で世界各地を巡っていたという。人類を五種に大別してもなんの不思議もない。それとも古代にそういう発想があってはおかしいとでもいうのだろうか。熊本県蘇陽町にある幣立神宮という古社には、古代世界の五人種を表す「五色人面」の古神面が残されている。狩野がこの事実を知っていれば、そうした誤まりを犯すこともなかったであろう。天津教とまったく関係がない神社にそのような面が伝えられていたことは、逆に竹内文書の信憑性を証明する一例となる。

「宝骨像神体宝」についても同じ。狩野は、日本には「骨を以て人形を作る風習の存在せしや」と疑問を投げかけ、偽書の根拠としているが、日本にも風葬の習慣があったのだ。科学的知識や文化レベルの範囲を超えている言葉や内容があるから偽書と決めつけるのはいかがかと思う。むしろ、天津教を正統づけるために創作するならこうした言葉は使わないはずで、なにかしらの真実が含まれていると考えたほうがよい。

「神代文字之巻」というのは、神代文字という古代文字で書かれた文書のことだ。「上記《うえつふみ》」という古文書にも同じ文字が使われており、狩野はそのような文字が存在することを当初は知らなかった。それでも狩野は、神代文字を自ら翻訳し、内容も吟味している。その努力は大いに認めるところだが、自分が簡単に解読できたのだから神代文字は後世の創作であると断定するのは、根拠がない。日本各地の神社にはさまざまな神代文字で書かれた御札がいくつも残っている。

伊勢神宮の古文庫にも、藤原鎌足や稗田阿礼、菅原道真、源義経、後醍醐天皇などの歴史上の有名人たちが、さまざまな神代文字で書き遺した奉納文が大切に保管されている。太古の日本の神々は、外来の宗教や漢字などの文字を嫌われるとされていたので、奉納文は神代文字で書くことが慣例だったという。

　また、内容について、伊弉那美尊が伊弉那岐尊より後に御隠れになったことにしてあるのは、正史に反し、それゆえ偽書としているが、これこそ、正史（記紀）が正しいとは限らず検討すべき問題だ。

　さらに、「伊弉那岐尊は百億万年にして御位を天照太神に譲る」という一文があり、百億万年は荒唐無稽の数字だとしている。確かに、狩野に限らず、竹内文書を偽書と考える人たちは現代科学では説明できないこのような数字が出てくることを問題だとしている。もちろん、科学的にはまったくおかしい。ただそのことをもって偽書と考えるのは早計ではないか。古事記や日本書紀の神話の部分はまったく科学的ではない。しかし、つじつまの合う考え方はいくらでもできる。何度もいうように、本当に偽書を目的として創作したなら、そうした数字は使われなかっただろう。

　いわゆる「古史古伝」といわれる古文書は竹内文書のほかにいくつかある。たとえば、「富士文献」「九鬼文献」「秀真伝《ほつまつたえ》」「上記」「東日流外三郡誌《つがるそとさんぐんし》」などだ。これらもすべて偽書とされている。

　ここでいう偽書とは、騙す目的で創作された架空の歴史書という意味である。確かに、「東日流外三郡誌」については、その一部が偽書であることが明らかになったが、もしかしたら、製作者が参考にしたなんらかの資料（古文献）があったのかもしれない。

犯罪の解明には、動機が重要なポイントとなるが、こうした文書を偽造する動機ははっきりしない。制作には、多大な時間と労力、資金が必要だが、それに見合うだけのメリットがない。しかし、これらを偽書として葬る権力側には、葬りたい理由がある。それは、真実の歴史が暴かれれば自分たちの権力の基盤が失われるからだ。学者も同じ。これまで築き上げてきた学問体系が崩れてしまっては自己の保身に関わってしまう。これは困る。真実の部分は見なかったことにして、不合理な点だけを取り上げて偽書扱いをする。

この点は、オーパーツと呼ばれる遺跡等から発掘される出土物も同じだ。考古学者たちは、「正史」に合わない遺物はなかったことにして沈黙してしまう。

話を歴史に戻そう。記紀にも同じようにおかしなところはたくさんあるのに、こちらのほうは善意に解釈して不問にしている。たとえば、古事記によれば、神武天皇は百三十七歳まで生きられたことになっている。これは変だという学者は多い。しかし、だからといって古事記全体が偽書であるという理論は聞かない。偽書どころか「正史」とされている。ところが、竹内文書の場合は、その程度のことでも全文が偽書とされてしまうのだ。誤字脱字は同じようにあるのに、それをもって偽書とする。それこそ不合理ではないか。

また、竹内文書には、キリストやモーゼが来日したり、日本で死んだことになっている。こうしたことはとても考えられないということで、これも偽書の理由になっている。しかし、このような百人が百人とも疑ってかかることを偽書なら入れることはあり得ない。キリストゆかりの人物が日本に来て亡くなったなどと、善意に解釈すればそれほど無理なく説明がつくはずだ。荒唐無稽なのは、むしろ記紀の神話とされる部分だろう。まだ竹内文書のほうが科学的だ。それなのにどうして記紀を偽書としないのだろうか。

もう一つ、竹内文書には、サンフランイスコサンドサン、カナカニユイヨイク、オストリオセア国など、サンフランシスコ、ニューヨーク、オーストラリアなど近世につけられた名前と似ている地名が出てくる。このことも偽書の一因となっている。これはどう考えたらいいのだろうか。一つ考えられるのは、やはり霊視だろう。遠い外国の地名は透視などの能力を使って調べたのかもしれない。ただの創作なら、もっと別な名をつけたはずだから。もちろん、これらの部分はあとからの創作と考えることもできる。

以上、多くのページを割いて、狩野亨吉が偽書とした論文を検証してきた。確かに狩野が偽書と考えた理由もそれなりに論理的ではあるが、それはあまりにも一方的な見方で、別の考え方もありうることを示せたと思う。少なくとも狩野論文における竹内文書偽書説は崩れ去ったと考えている。やはり、四千点の資料に対して、たった五枚の写真を鑑定しただけで結論を出すにはあまりにも無謀であった。

◉八幡八雲神社においての「岩戸開き祭」に寄せる一文

「中の結びの三年も、余すところ一年程となりました、後一年、皆様がどう息結《いきむす》ぶか、これまでの二念の音（おん）をお返し致すべく、来たる六月八日迎えを得て、お会い出来る運びとなりました。先々にヒムカの神示の一部をお届け申し上げ、出会いの日をお待ち申し上げたく存じます。

示

この方（ホウ）も手を出さぬ事、いよいよに戻り来たりて居るぞ、幾億万年来が最期が時の神約なれば、この方は弥栄なれど、そなたらは、〇九十大丈夫でござろうか、九（コ）のミチ歩みて居らるるか、神産（カム）の九九路（ココロ）を取り違いなされたままでは喜びが渦もまけまいがな、我（ワレ）が喜びにてはないぞ、早よう憂き瀬に浮ぶ民草に、弥益（イヤマス）程にア田田交（タカ）キ、田田交産（タタカウ）勇気を渡しくれ。さればユ目（メ）に目覚めん、キ炎産（ボウ）にも、喜び生くるが出くる申しあるに、間に合わんから五六七（ミロク）の神気（トキ）も渡しあるに、裏も表もいつまでも、我善（ワレ）が念（オモイ）にひたりて居るから、今今に至りても、初発がカラも破れぬのであろうがな。そが様で、いかに初九二（ハックニ）知ろし召す御（オン）

ハタラキ出くる申すのじゃ。この方の、戻せし鏡と剣鳴（ナ）れ、玉成（ギョクナ）す奇神産宝（クシキカンダカラ）、歪みた二元界（ママ）の申し子の、一元界（ワレヨシオモイ）の方々に、使える道理は無かろうがな。まして仕（ツカ）え奉る、須賀し気付（キヅキ）はありようまい。神、もう待てんから、裏も表も無い交（マ）ぜにし参るぞ。時無（ノ）うなりて後（ノチ）、渡せし五六七（ミロク）の神気（トキ）なれど、カラが内では限りあるぞ。臣民殿、しっかりして下されよ。

九二

最後の九二とは「くう」と読み、我空氏のことだ。この部分は実際は活字ではなく、本人の署名となっている。

◉伊勢神宮内宮前の宇治橋前広場にての「岩戸開き祭」に寄せての一文

奉祝『⦿岩戸開き祭』

人の代は、昼ばかりでは生き成らず、夜ばかりでも生き成らず、息吹き無くれは誠叶（カナ）わず。斯（カ）程に弱き人間に、生きよとばかりの慮（ハカ）らいを、古きを今に尋ぬれば、元の心のアタタカキ、弥栄（イヤサカエ）坐（マ）す太神（オオカミ）の、神産（カム）の慮（ハカ）りの神産芝居（カムシバイ）、命（ミコト）の光を宿らしむ、三歳（ミトセ）立たざる我子等に、光産ましむ神産舞台（カムブタイ）、幼くあれば、辿（タド）らしむ、真中（マナカ）の光の芽吹くまで。光を産むに足らざるを、幼き心の足らざるを、使うて足らす旅なれば、苦しきことのみとぞ思（オボ）し召（メ）し、裏に表に支えなし、命（ミコト）の光を自らに、息吹きて統（ス）べるそれまでは、自ら生きては行けぬゆえ、仮りの二元の殻内（カラヌチ）で、真中（マナカ）顕（アラ）わるそれ迄を、千代（チヨ）に八千代（ヤチヨ）に守らしむ。一元、二元、三元の、命（ミコト）の光が芽吹く迄、辛（ツラ）き次元の旅ならん。

対極二元の殻内（カラヌチ）は、古きを今に息吹かしむ、天の岩戸の開き様（ザマ）、今も今なる心内（ヌチ）、旅路の果ての今伝（ツタ）ぅ、事の次第をありやかに、今にも目覚めん我子等よ。闇（ヤミ）と成したは自らの、光を産み成す母体なれ、内なる闇を解（ホド）かれて、光産み成す力成る、元の慮（ハカ）りのマツリミチ。されど初めに気付き無く、自ら産み成す苦労無く、楽に走りて神騙（ダマ）す、奪う心に染（ソ）まり行く。我善（ワレヨ）し力のおぞましき、奪うが基（モトイ）の成し様（ザマ）は、後の幾代（イクヨ）に照（テ）り映（ハ）えて、敵対分離の御代（ミヨ）と成す、闇を責むるが御光（ミヒカリ）と、幼きままの取り違え、闇を責めねば成り立たぬ、光のどこを御光と、思うことこそ切なけれ、守り責む、心が光の闇なれや、敵対分離の仇花（アダバナ）を、恥無く称（タタ）える幼きの、頼る心の恐しき。幼きゆえに頼りなす、我善（ワレヨ）し力の御光（ミヒカリ）は、光を奪う光ぞや。
掛（カ）けまくも畏（カシコ）し太神（オオカミ）を、騙（ダマ）しむ力も無かりせば、騙せた如くに思い成す、岩戸開きが岩戸閉め、狂言回しの猿芝居。更なる深き岩戸内（ヌチ）、玉子が如くに自らを、守るがために自らに、閉ざした更なる殻（カラ）なれど、頼る心の証なる、光を求め歪（ユガ）み膿（ウ）む、守る心と責め心、膿みて顕わる自らの、望みを守るを叶うるに、我さえ善かれば力善し、同じ逆巻（サカマ）く渦と成る。

限りある、二元が内のことなれど、清（スガ）し二元を歪（ユガ）み成す、敵対分離の生き様（ザマ）の、頼る心の結末は、光を求めて闇を産む、末代（マツダイ）結べぬハタラキの、生くるに難（ガタ）き代と成るを、誠の岩戸の開く迄、千代（チヨ）に八千代（ヤチヨ）に映（ウツ）し成し、散り行く花の艶（アデ）やかさ、結ばぬ花と知ろすのみ。

自らを守るがために、頑（カタクナ）に、閉ざした心の殻（カラ）なれど、既に月満ち極まりて、息吹（イブ）きも出来ぬ殻内（ヌチ）と、苦しき慮（ハカ）りが殻破る、命（ミコト）の光の芽吹く時。自らに、閉ざし創りた殻なれば、自らタタカウ勇気もて、自ら解（ホド）くが理（ミチ）なれや。深き誠の慮（ハカ）らいは、清（スガ）し涼（スズ）けき月室（ツキムロ）に、命（ミコト）の光の種蒔（タネマ）きて、月満つ迄にことよさせ、闇と光を介添えに、透（ス）け切る結びを力させ、ヒフミと喜び息吹く理（ミチ）。恥知り足れば理（ミチ）開く、命（ミコト）の光産む迄は、頼る心の末を絶（タ）ち、自ら結ぶ位（クライ）出し、頼る心のもとも絶（タ）ちませ我子等よ。
光、闇、善悪いうも光なる、夫婦（メオト）が如く喜びを、真中（マナカ）に結びて光産む、対で成り立つ息吹きなれ。闇を尚、闇とぞ思（オボ）ゆ我善しの、心をこそ闇成るを、知りてぞ目覚めん我子等よ。結ぶ位（クライ）の自覚もて、万（ヨロズ）二元はすべからく、結び産ましむ介添えの、神の慮（ハカ）りの光なる。我（ワレ）とのタタカイ奉（タテマツ）り、我善し思いを解（ホド）かれて、責めて守りた恥を詫び、認め許してそれぞれの、息吹きを執（ト）り持つ程（ホド）迄に、澄（ス）み切りて後に顕（アラ）わるる、結びの位（クライ）に坐（マ）しまさむ、透（ス）け切る心の発動は、光と成りて甦（ヨミガ）える、清（スガ）し二元を介添えに、ヨミガエりの結びなる、誠の喜び結ぶもの。息吹きの如く正逆（セイギャク）の、寄せては返えす働を、区別立て別（ワ）け交流の、動きの順序に従いて、争そうことなく、アタタカキ、タタカイ奉（タテマツ）りて喜びを、結ぶ渦芽（ウズメ）がマツリなれ、結び産まれし喜びは、命（ミコト）の光と弥栄（イヤサカ）う。
一九九六八一　示し申す
〇岩戸開き祭弥栄祈願至奉　元津御玉之宮（モトツオンタマノミヤ）九二（クウ）

◉火水伝文下つ文に関する「お詫びとご返金と、近況のご報告」文

「お詫びとご返金と、近況のご報告」

奉

大変ごぶさた致しておりますが、お元気でいらっしゃいましょうか、ご壮健なる息吹きをご祈念申し上げます。

さて、早速ですが、先に皆様にお申し込み頂いたままに、今迄据え置かれて居りましだ〝シモツフミ〟につきまして、先づは永きわたり、文句のひとつもおっしゃらずにお待ち頂いたことに深く御礼申し上げると共に、〝シモツフミ〟の内容そのものは、〝シモツ〟の名を秘め、既に、いくつかの講演を通し、又、ドンカメ基金終了後に設けられた様々な機会を通じ、特に、〝操舵の司〟を開催させて頂きました際に、九重神示の一部とともに、九御座を中心に、集中して、〝シモツフミ〟の残りの総てを口頭にて、渡し切らせて頂いた旨、ここにご報告申し上げると同時に、フミにてのお渡しが成し得ぬ時節となりました事を、深きお詫びの内に、異なる喜びをもって、お伝え申し上げます。我空の至らなさは度し難くあっても、太神様は、皆様それぞれに見合われた質だけのことは既に充分お渡し申し上げて居られますが、更に、この機会をとらえて、皆様の歩みの内に、人間となる遺伝子のアイウエオから、命持ちと成る遺伝子即ち、アオウエイへの組み換えを穏やかに超されるための一厘への遺伝子を、九御座をもってお渡し出来ることを嬉しく思います。

この九御座は、二〇〇〇年に入るに至り、火水の歩みの上で、大方の方々がやり残して来た、又、やり残す事共を、ひとつの流れに束ね顕わすため、持ち来た〝種〟です。そのために、独り神となって、ヨの表に、ご神紋の復活（一九九九年十二月二九日、ニューヨークタイムズ誌上にフルページの声明を顕わさせて頂きました。※今回同封の案内の内側、左三分の一の所に縮小掲載して居ります。ご参照下さい）を世界に宣すると同時に、責任の存する所として公的に初めて名を顕わさせて頂きました。

既存の次元の方々と総て別れを告げ、一人で借金を成し、これを道具と成し、返済していくプロセスの内に、このことを成す理を、歩み初めて居ります。

カムスサナルノオオカミ様の現象界における〝基軸ベクトル〟である〝喜律⦿統（キリスト）〟軸、即ち、〝喜びで律っし統べマツル〟息吹きが弥栄でありますように。

此の度のことは、太神《カミ》が解いて、太神《カミ》が結んで、太神《カミ》が納めます。どうぞ九重の宮の扉を開いて、一厘への理を肚に据え納めて下さい。

アリガトウゴザイマシタ　　一九九九十二三十一

九二⦿

白山大地　しらやま だいち
東京生まれ。古神道、古代史、チャネリング、神示、占術の研究を通して、独自のアプローチで地球の歴史を探求している。日本各地におけるフィールドワークをベースにした生命科学の視点から、環境、農業、医療に関する執筆も多い。著書に『火水伝文と○九十の理』『次元の旅人』『日天意神示と神一厘の仕組み』（いずれも四海書房）ほか。

本作品は、2013年５月にヒカルランドより刊行された
『元つ神の「光ひとつ上《あ》ぐる」仕組み』の新装復刻版です。

【復刻版】元つ神の「光ひとつ上《あ》ぐる」仕組み

第一刷　2021年11月30日

著者　白山大地

発行人　石井健資
発行所　株式会社ヒカルランド
〒162-0821　東京都新宿区津久戸町3-11　TH1ビル6F
電話　03-6265-0852　ファックス　03-6265-0853
http://www.hikaruland.co.jp　info@hikaruland.co.jp
振替　00180-8-496587

本文・カバー・製本　中央精版印刷株式会社
DTP　株式会社キャップス
編集担当　TakeCO

ISBN978-4-86742-046-1

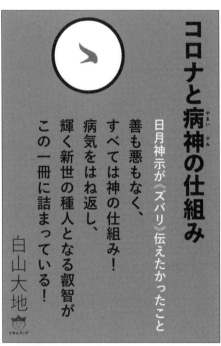